叢書・ウニベルシタス　844

ロック政治論集

ジョン・ロック
マーク・ゴルディ 編
山田園子／吉村伸夫 訳

法政大学出版局

INTRODUCTION, SELECTION, NOTES & EDITORIAL
MATTER of LOCKE: Political Essays
Edited by Mark Goldie.

Japanese translation rights arranged with
Cambridge University Press in Cambridge, UK
through The Asano Agency, Inc. in Tokyo.

日本語版への序文[1]

ジョン・ロックは、人間の自由をその根本から擁護した者の一人です。彼は、人々の同意こそが、国家の権威にとって、唯一正統的な源泉であると論じました。彼はまた、国家の権威は、たとえそれが正統的なものであっても、個人の生にたいするその管轄権には限りがある、とも論じました。市民社会や私的生活には、国家が介入すべきでないもろもろの側面が存在するからです。ロックは、各人が生得的に所有する権利を市民社会が守りうるような諸条件を示そうとしました。また、公共善にかこつけてその人民を食い物にする専制者を、ロックは相当に激越な言辞を用いて攻撃し、抑圧的な権力機構を支える追従的思想家たちを公然と非難しました。

しかし、ロックにとって「自由」が何を意味したかは曖昧であり、多くの論議がなされていますし、また、国家の適切な限度を彼がどう考えていたかも、特定が困難です。今日のアメリカのウェッブサイト上でロックに関連するものを探すと、政治的個人主義の大義と無制約の自由市場を断固として擁護するロックが、見つかります。しかし、ことはそう単純ではありません。たとえば「極度の窮乏に陥らないだけの物を、他者の余剰から得る正当な権利が、各人にはある」とロックは書きました。つまり、貧者は富者に要求する権利があり、この貧者の権利を保護する役割が国家にはある、とロックは論じたのです。

市場社会における富の不平等に関連する自由の問題は、ロックの自由概念にかんする多くの難問のうちの、ほんの一つにすぎません。他にも難問があります。われわれの自由とは、したいことをする権利なのか、それとも、われわれの自由は、自然法や神の命令によって制約されるのか？　少数派の宗派にはどこまで自由が認められるべきか？　国家はその構成員の個人的生活に、どこまで規律を強制すべきか？　とくにその構成員が国家から恩典を受け、かつそれを期待している場合に。両親のおかげで生存し、養育されている子供はどこまで自由なのか？

政治についての著述者としては、ロックは『統治二論』でもっともよく知られています。いや、むしろ、この二論のうちの第二論文、「世俗政府の真の源泉、範囲と目的にかんする論考」によってよく知られています。この論考を彼は、一六八八―九年のイングランド革命の数カ月後に出版しました。しかし、ロックは一六三二年から一七〇四年まで生きて、何十年にもわたって政治のことを深く考えてきましたから、彼の見解は変化も発展もしています。一七世紀中葉のイングランドの内戦期から啓蒙の世紀の開始に至るまで、ロックは不断に書き続けていました。若い頃には、ロックは権威により重きを置き、社会秩序の脆弱さに直面して、秩序の必要性を力説しました。後年、彼はよりリベラルになり、国家権力の濫用の危険性を強調するようになります。

政治についてのロックの多数の小論考は、彼の主要著作の理解を助けてくれるものです。自然法にかんするオクスフォード大学での講義や、宗教問題における国家権力にかんする論考を含む初期著作は、あまり知られていませんが、もっとよく読まれる価値があります。他にも、たとえば、ロックが助言を与えた『カロライナ憲法草案』、そして貧民の処遇についての覚書を含む晩年の論考のように、もっと知られて当然の作品があります。ロックの私的なノートには、倫理、教育、宗教と政治経済にかんする考察や覚書が、満載されています。

『統治二論』全体、またはより頻繁には第二論文のみが、多くの言語に翻訳されてきました。一八〇〇年までには、フランス語、イタリア語、ドイツ語とスウェーデン語版が登場しました。一九〇〇年までには、スペイン語とポルトガル語版が、そして二〇〇〇年までには、チェコ語、ヘブライ語、ヒンディー語、朝鮮語、日本語、ノルウェー語とロシア語版が出ました。

この数十年の間に、ロックの業績のいくつかは、日本語で出版されています。服部弁之助による第二論文の翻訳が一九四九年に出、一九五八年に再版されました。[2] 子供の性格形成にかんするロックの古典的論考『教育論』の押村襄訳が、一九五三年に出版されました。[3] 宗教的自由の権利にかんするロックの見事な小編『寛容書簡』は、平野耿訳で一九七〇年に登場しています。[4] さらに、貨幣改鋳危機における経済論議へのロックの助言『貨幣論』が、田中正司と竹本洋の訳で一九七八年に出版されました。[5] これらの翻訳とともに、日本の研究者は、ロックの作品のいくつかを英語版で出版しています。たとえば、寛容を擁護するロックの最初の論考『寛容論』An Essay Concerning Toleration について、ロックはそれを自分では出版しませんでしたが、井上公正の版が一九七四年に奈良女子大学、ロック哲学研究会によって出版されました。

本書は、日本語で利用できるロックの著作を増やすものであり、これは大変喜ばしいことです。本書によって、ロックの思想を歴史的文脈の中でより深く理解できるようになるでしょうし、彼が提起した問題についての議論も広がるでしょう。訳出作業に投じられた配慮や労力にたいし、吉村伸夫氏と山田園子氏に、深く謝意を表する次第です。ロックの英語はつねに理解しやすいとは言えませんから、この翻訳は重要な業績となるものです。本書はまた、ロック死後三〇〇年という節目を迎えるにさいしても、ふさわしいものです。ロックの死は、一七〇四年一〇月二八日、ロンドンの北二〇マイルにある、エセックスの荘園領主館においてのことでした。

二〇〇二年一〇月二八日

ケンブリッジ大学
マーク・ゴルディ

注

1 〔訳注〕文章や日付は、ゴルディ氏から原稿をいただいた時のままにしてある。
2 〔訳注〕『民主政治論——国家にかんする第二論文』（霞書房）、『政治論』（現代教育文庫）。
3 〔訳注〕『教育に関する考察』（玉川大学出版部）。
4 〔訳注〕『寛容についての書簡』（朝日出版社）。
5 〔訳注〕『利子・貨幣論』（東京大学出版会）。

編者序文

はたしてロックは、本書を歓迎してくれたでしょうか、定かではありません。というのは、一方では彼は「絶対に承認できないのは……編集者どもの馬鹿げた仕事である。学識ある者が書いたことをいちいち後生大事に集めては、それを世に出すというのが、連中のやり方なのだ」（書簡 1262）と言うのですが、他方ではまた自分の墓碑銘用に、「書いたものからその人を知るべきです。墓碑銘の怪しげな賛辞よりも忠実に、それは彼について語るべきことを明らかにしてくれるでしょう」とも書いているのですから。

私自身の編集者としての仕事は、幸運にも他のロック研究者の肩を借りられたおかげで、馬鹿げたものにならずにすみました。このような作業をゼロから始めていたなら、何年もかからずにはすまなかったでしょう。本書の作業が可能となったのは、ひとえに、ロックの草稿を早くに編集した人々のおかげです。現代ロック研究の基礎を十九世紀に固めてくれたのは、とくに、キング卿とH・R・フォクス・ボーンでした。また近年では、フィリップ・エイブラムズとヴォルフガング・フォン・ライデンをはじめとする人々が、本書に収録したうちでは最長の論考を編集しています[1]。他にも、次に名をあげる人々が、ロックの手稿を活字化しました。R・I・アーロンとJ・ギブ、J・L・アクステル、ジョン・ビドル、モーリス・クランストン、エズモンド・ドゥ・ビア、E・A・ドリスコル、ジョン・ダン、ジェイムズ・ファー、井上公正、パトリック・ケリー、ピーター・ラスレット、ジョン・ラフ、ジョン・ミルトン、フィリップ・ミルトン、M・E・パーカー、クレイトン・ロバーツ、マリオ・シナ、そしてジョンとジーン・ヨルトン。本書は、これらの方々すべてのおかげによって成ったものです。さらに、ヴォルフガング・フォン・ライデン『自然法論』の版権文書の使用を認めてくださったオクスフォード大学出版局関係者各位に、お礼を申し上げます。

ご意見やご提案を出され、質問にお答え下さり、また編集作業を助けていただいた次の方々に、深甚なる謝意を表します。故リチャード・アシュクラフト、ヴァージニア・カトマー、コナル・コンドレン、ジョン・ダン、ジェイムズ・ファー、リチャード・フィッシャー、イアン・ハリス、井上公正、クレア・ジャクソン、パトリック・ケリー、マシュウ・クレイマー、クリスティーヌ・マクロウド、ジョン・マーシャル、ジョシュア・ピーターセン、ジョン・ロジャーズ、クェンティン・スキナー、サンディー・ステュアート、シルヴァーナ・トマセリ、ジェイムズ・タリー、イアン・ウェイ、ジーン・ウィルキンズ、デイヴィド・ウートン、そしてジョンとジーン・ヨルトン。とりわけジョン・ミルトンは、ロック文書についてのすばらしい知見を惜しみなく提供して、いくつかの誤りを未然に防いでくれたばかりでなく、ロックの速記文の一部を判読転写して下さいました。

注

1 〔訳注〕『世俗権力二論』と『自然法論』のことを指すが、本書では訳出しなかった。「訳者あとがき」参照。

凡　例

一、本書は、Mark Goldie(ed.): *Locke Political Essays* (Cambridge Texts in the History of Political Thought), Cambridge University Press 1997 の部分訳である。
　この原書は、長編、短編、補遺に大別されている。長編は、『カロライナ憲法草案』と『救貧法論』だけを収録した。短編と補遺は、すべて収録した。補遺は、原書の段階ですでに抄録となっている。

　収録論稿を、長編、短編、補遺に分け、原書にはないが、それぞれ通し番号をふった。

　原書末にある「ロックの読書リスト」、「活字化されたロック手稿」と「参考文献一覧」については、「第4部　文献情報」として、原書からそのまま転載した。
二、原書冒頭にある編者解説などは、本書では巻末においた。ただし、編者解説に付された編者の凡例に相当する「略記と慣例」（原書 p.xl）は、この凡例の後に「編者による凡例」として独立させ、そのまま収録した。
三、各論考のタイトル直後に、文献情報や簡単な説明を加えた編者解題があるが、これはそのまま訳した。文献などに言及するさい、一貫して、Nidditch 1975 のように、著者・出版年を表記しており、訳書もこの表記を踏襲した。この表記は「参考文献一覧」と相関する。
四、編者解題についての訳者注記は、解題部分末尾で〔　〕内に示した。本文への注記は各論考末につけ、注番号の後に、原書の脚注は断りなく訳出し、訳者注記は〔訳注〕と記して記載した。
五、ラテン語やギリシア語の語句は、カタカナ混じり文で訳した。ラテン語等、訳者が原語を示す場合は、当該訳語直後の（ ）内に記載した。ただし、詩においては注で原語を記した。

六、聖書の引用は、原則として新共同訳に従ったが、聖書の文章にロック自身が加工を施した場合は、原書から直接訳出した。

七、人物名、固有名詞などの表記、ロックの著作の翻訳題名については、できるだけ、日本語で流布しているものに従った。

八、ロックの文章における書名などの表記は、原文通りとした。「第4部　文献情報　1　ロックの読書リスト」を参照されたい。

九、文中の記号等については、断りのない限り、以下のように処理した。

1　邦語にかかる（ ）〈 〉は原書のまま。

2　［ ］は編者ゴルディによる補充を示す。ただし、訳出のさい、register［registrar］のように、補充する語とされた語の訳し分けが困難な場合には、注で両方の語の原語を示した。

3　「 」は、原書でイタリック、または‘ ’で示された部分。

4　〔 〕は訳者による補充。

5　本文中の箇条番号、段落替え、行アキ等は原書のまま。

6　：および：はできるだけ原書のままとしたが、縦書き文章の関係上、句読点などに置き換えた箇所がある。中略記号…および各論考など冒頭の字下げについても同じ。

一〇、索引は、原書のそれを参考にしつつ、新たに作成した。

編者による凡例

本書全体をとおして、文献への言及には、著者・出版年という記載方法を用いた。十全な文献情報は巻末書誌にある。ロックの書簡への言及は、Esmond De Beer の *The Correspondence of John Locke* (1976-89) にある番号に従う。MS Locke はオクスフォード・ボードリアンライブラリーのラヴレースコレクションの文書を示し、PRO はロンドン・パブリックレコードオフィスのシャフツベリ文書と通商委員会文書を指す。BL はロンドン・ブリティッシュライブラリーを指す。Adversaria 1661（それは 1661 Commonplace Book としても知られる）は個人蔵である（かつてはニューヨークの Arthur A.Houghton, Jr の、今はパリの Henri Schiller の手にある）が、ボードリアンライブラリーで MS Film 77 で読むことができる。Locke, *Works* は一八〇一年版を指す。*ECHU* は『人間知性論』の略である（Nidditch 1975 が準拠版である）。*ELN* は『自然法論』の略である。

制定法への言及は、古い形式では、どの国王治世の何年に制定された第何番目の法令という記載による。一七世紀には一ポンド（£）は二〇シリング（s）、そして一シリングが一二ペンス（d）であった。

目　次

編者解説　（マーク・ゴルディ）

第1部　長　編

1　カロライナ憲法草案　The Fundamental Constitutions of Carolina

一六六九年。PRO 30/24/47/3. この手稿は一六六九年七月二一日の日付がある。主テキストは誰の手によるか分からない。しかし、最初の二段落と、第三段落の最初の文、および多数の修正の大部分は、ロックの手による。いくつかの修正は三人目の別の手による。ここで印刷したものは、修正を加えた一六六九年版である。さらに一層の修正を加えた後年の版は、印刷されたものしかなく、一六七〇年三月一日の日付がある。一六六九年版は、Sainsbury 1872, pp. 258-69, 一六七〇年版は Locke 1720; *Works* 1801, X, 175-99; Wootton 1993, pp. 210-32, 両版が Parker 1963, pp.132-85 に収録されている。さらに一六八二年と一六九八年に印刷された版もある。一六六九年と一六七〇年版に加えられた修正は、主として意味を明瞭にし、体裁を整えるためのものである。一六七〇年版における新たな条文番号を［　］内に入れて明示した。一六七〇年版におけるもっとも重要な内容的追加は、アングリカン国教会を特定する条項であった。これにロックは反対した、とデメゾーは言う（Locke 1720, p.42）。

この憲法の内容は次のとおりである。第一—二六条は領主、貴族、官職、土地分配、二七—五四条は裁判所と大評議会、五五—六四条は司法、六五—七三条は議会、七四—八五条は登録と都市自治体、八六—一〇〇条は宗教、一〇一—一一一条はその他についてである。これを議論したものとして、Haley 1968, pp. 242-8; Farr 1986; Glausser 1990; McGuiness 1990; Milton 1990; Tully 1994 がある。ラスレット編『統治二論』第一論文 §144; 第二論文 §§12, 24, 119 に引用がある。

ロックがどこまでこれを執筆したかは、難しい問題である。一六六九年手稿はすべてロックの手による、と誤って主張する研究者もいる。また、この憲法の「古臭い封建主義」をロックが主張したはずはない、とする研究者もいるが、「古臭い封建主義」はこの制度を正確に表すものではない。この憲法がロックの起草ということは、まずありそうもない。彼はカロライナの領主たちの秘書として活動していた。ロックは写しただけと推測する人もいる。ありうることは、ロックは草稿を手渡され、意見と修正を求められたということである。とはいえ、彼の余生において、ロックはカロライナやその憲法と密接に関連していた。彼はカロライナの伯（貴族）になり、彼にちなんでロック島の名前がつけられた（現在ではエディスト島）。領主の一人であるピーター・コルトン卿による一六七三年の発言は重要な証拠となる。「その組立にあなたがかくも大いに関与された、あの卓越した統治形態」（書簡 279）。ロックはしばしば友人に文書の写しを貸出している。MS Locke, c. 30, fo. 4 は憲法（一六七三年）一〇〇部の購入にふれている。ニコラス・トワナールへの書簡で、ロックはふざけて、邪悪なヨーロッパからカロライナへ逃げよう、と提案している（書簡 475, 600, 633）。トワナールとアンリ・ユステルは「あなたの憲法」、「あなたの法律」と呼ぶ（書簡 481, 504, しかし 490 と対比せよ）。書簡 354, 355, 849, 878, 888, 924, 1403, 3483, 3488 にはカロライナへのさらなる言及がある。Milton 1990 を見よ。憲法制定にたいするロックの関心は、ウィリアム・ペンの「ペンシルヴェニア統治体制」（一六八六年）にたいする彼の断片的批判にも明らかである。Cranston 1957, pp. 261-2 を見よ。MS Locke, c. 39, fo. 3 には、カロライナにかんするさらなる書き付けがあり、投票は発声によらず投票用紙による、という条項を含む。

　カロライナは、一六五〇年代に植民が始まり、一六六三年に王の勅許を得た。八名の領主のうち、アルバーマール、アシュリー（後のシャフツベリ伯）、バークリー、クラレンドン（一六六九年までには彼の息子）、およびクレイヴンの五名は貴族、さらにウィリアム・バークリー卿、ジョージ・カートレット卿、およびジョン・コルトン卿（一六六九年までにはピーター卿）の三名は平民だった。この憲法は、カロライナの実際の統治には、大きな影響を与えなかった。

（一）国王陛下は、その恩恵と仁慈により、われらにカロライナ領を賜り、あらゆる王の特権、所有権、司法権、およびカウンティ・パラティン伯領の特権を付与され、これらの特権は、ダラムのカウンティ・パラティン伯領のそれと同等であり、他の諸特権を伴う。当地のよき統治の実現と、領主の利益を対等かつ混乱なく設定するために、この領土の統治は、現行君主制に従う。この領土は君主制の一部を構成し、われらは多数民主制の設立を回避する。上記領土の真の絶対的な主かつ領主であるわれらは、以下のような統治形態が恒久的に設立されることに合意した。われら自身、われらの相続者と継承者は、案出しうるもっとも拘束的な仕方で、その合意にたいして義務を負う。

（二）［一］領主の最高年齢者がパラティン伯となる。現パラティン伯死去のさいには、七名の生存する領主のうち最高年齢者が、つねに継承者となる[1]。

（三）［二］他の七大官職が設立される。すなわち、首席裁判官、大法官、治安監察官、執事卿、会計官、侍従卿、海事奉行である。領主のみがこれらの職を負い、最初はくじで割り当てられる。七大職のどれかが、死去その他のために空席となれば、最高年齢領主が当該職の選任を行なう。

（四）［三］各［すなわちすべての］領土はカウンティに分割される。各カウンティは八つの領主領、八つの男爵領と四つの管区から成り立つ。各管区は六つの居留地からなる。

（五）［四］各居留地、領主領、および男爵領は一万二〇〇〇エーカーから成り、八つの領主領は八領主が、八つの男爵領は貴族が分有する。領主領と男爵領の両方において、各領主と貴族が全体の五分の一ずつを占め、五分の一は領主に、五分の一は世襲貴族に恒久的に設定され、五分の三は居留地として人々に委ねられる。土地をこのように設定し植民することで、統治の均衡が保持される。

(六)［五］一七〇一年より前のいかなる時点においても、いかなる領主も、自己の所有権、およびそれに属するすべての領主権、権力、または利益を他者に放棄、譲渡、および売却する権限を、すべてかつ完全に有し、別段の定めはない。しかし、一七〇〇年より後の時点で領主である者は、第一八条に設定された条件以外には、彼らの所有権を、それに付随する領主権、または特権とともに、何人にも譲渡、移管、または貸出してはならず、彼らの男性相続人が相続しなければならない。男性相続人がいない場合には、それに次ぐ、当該領主の女性相続人の子孫であるカロライナの方伯、またはカシーク[2]が相続しなければならない。その種の相続人がいない場合には、それに次ぐ傍系相続人が相続する。その種の相続人がおらず、空席となった場合、死去した領主を継承すべき方伯を、残る七名の領主が選出し、それら生存する七領主の多数によって選出された者、およびその相続人が継承して、他の領主と同様に、いかなる点においても十全な領主となる。

(七)［六］八名という領主の数はつねに保持される。所有権のいずれかが空席となり、空席後、二年毎に開会される二度目の議会前に、残存する七名の領主が領主となるべき方伯を選出しなければ、空席直後の議会を除く、二年毎に開会される次期議会が、領主となる方伯を選出する権限を有する。しかし、［七］一七〇〇年より後は、相続によるものであれ、選出によるものであれ、領主の所有権を、およびそれに付随する権力を継承した者は何人であれ、彼が継承した当該領主の名称と紋章を用いなければならず、それ以降、当該領主の名称と紋章は、彼の家族とその子孫の名称と紋章となる。

（八）いかなる方法であれ、方伯、またはカシークが領主となった場合は、当該領主権に付随する権力を得る。だが、付随する男爵領とともに、彼のかつての権限は領主の手に返還される。

（九）各カウンティには、パラティンの世襲貴族として三名がつく。彼らの一名は方伯、他の二名はカシークと呼ばれ、当地で議会の議席を得る。方伯は四男爵領を、二名のカシークは、各々が、同じく二つずつの男爵領を有し、それは世襲的かつ不変的に当該権限に付随し、かつ設定される。

（一〇）各カウンティの初代の方伯とカシークは、領主全体の共同選出により指名されるのではなく、八名の領主各々が別々に、一名の方伯と二名のカシークを指名、および選出し、その結果、植民された最初の八カウンティにたいし、八方伯と一六カシークが立つ。当該八カウンティが植民されると、次に植民された八カウンティにたいし、領主が同様の方式で、新たな八方伯と一六カシークを指名、および選出する。カロライナの全土が区画、および植民されるまで、この基本憲法における割合に従って、同様の方式で進められる。

（一一）一七〇一年より前のいかなる時点においても、いかなる方伯、またはカシークも、彼の権限を、それに伴う男爵領とともに、何人にたいしてもすべて完全に譲渡、売却、または移管する権限を有する。

しかし、一七〇〇年より後は、第一八条に設定された条件以外には、いかなる方伯もカシークも、彼の権限に伴う世襲男爵領、または何らかの部分を、譲渡、売却、移管、または貸出す権限を有せず、すべてを、それに伴う権限とともに、男子相続人が相続しなければならない。男子相続人がいない場合には、すべてを完全に、かつ分割せずに、それに次ぐ傍系の相続人に相続させる。そうした相続人もいない場合には、領主の手に返還される。

（一二）方伯とカシークの数はつねに保持される。方伯権、またはカシーク権が領主に譲渡され、譲渡後二年毎に開会される二度目の議会前に、パラティン伯裁判所がその譲渡された権限を、それに付随する男爵領とともに設定できない場合は、相続人なく死亡して権限、または男爵領を領主に譲渡した者の空席にたいしては、譲渡直後の議会を除く、次の二年毎に開会される議会が、何人かを方伯、またはカシークにする権限を有する。

（一三）何人も一つの権限のみを、かつそれに付随する領主権、または男爵権のみを有する。しかし、すでに領主、方伯、カシークである者が、相続によって権限を得るに至った場合にはいつでも、二つの権限のうち自己が好む方を、付随する土地を伴って、自己の選択で保持することができる。しかし、もう一つの権限については、血縁上直近の者に、付随する土地とともに所有させるが、その者は、彼の明白な相続人でも、現権限の確実な継承者でもない者である。ただし、方伯、またはカシークが領主となった場合、彼のかつての権限、または男爵領は、第八条のように返還される。

（一四）相続権によって方伯、またはカシークになった者は何人であれ、その権限にあった彼の先任者の名称と紋章を有し、それ以降、それを彼の家族、および子孫の名称と紋章とする。

（一五）領主、方伯、またはカシークの権限は分割されえず、それに付随する領主領、または男爵領は、当該権限を随伴して、永遠、十全に相続されねばならない。男子相続人がなく、女子に相続される場合、長女、および彼女の相続人が好ましい。これらの権限の相続、およびそれに付随する領主領、または男爵領において、共同相続人はあってはならない。

（一六）[3] 一七〇〇年より後に、二年毎に開会される議会の連続二会期間に、パラティン伯裁判所の許可を得ずに、方伯、またはカシークがカロライナを不在とする場合には、そうした不在後の二度目の二年毎に開会される議会終了時に、布告により召喚される。その召喚後、次の二年毎に開会される議会前にカロライナに戻らない場合は、それ以降、彼が戻る、または死亡するまで、彼の男爵領の地代、および収益のすべてを、大評議会が収受する権限を有し、および大評議会が適切と判断するに応じて、当該収益を処分する権限を有する。

（一七）［一六］各領主領、男爵領、および荘園において、各々の主は、民事刑事両方のあらゆる問題を裁くために、自己の名において法廷を開く権限を有する。しかし、当該男爵領、領主領、または荘園における住民、従者、または農奴[4]ではない何人かにかかわる場合には、その主は、領主の経費として四〇シリングを支払った上で、領主裁判所、または男爵裁判所からカウンティ裁判所へと、および荘園裁判所から管区裁判所へと控訴しなければならない。

（一八）領主領、または男爵領の主は、三生涯または三一年を越えない限りで、当該領主領、または男爵領の三分の二において、土地保有を認可する権限を有する。残りの三分の一はつねに領主直属地である。

（一九）［一七］各荘園の面積は、その全区域が、三〇〇〇エーカー以上、一万二〇〇〇エーカー以下である。しかし、一区域が三〇〇〇エーカー、またはそれを越え、かつ一名が保有するさいには、パラティン伯裁判所の認可により荘園と設定されない限り、荘園とならない。

（二〇）［二一］各荘園主は、方伯、またはカシークがその男爵領において有する権力、裁判権、および特権のすべてを、自己の荘園内において有する。

（二一）［一九］いかなる荘園主も、他の居留地領と同様に、彼の荘園を何人にたいしても、および彼の相続人にたいしては永遠に、それに付随するあらゆる特権と農奴とともに、すべて完全に譲渡、売却、または処分できる。しかし、荘園のいかなる部分の譲与も、相続可能財産として、または三生涯もしくは二一年を越える長きにわたっては、次の相続人に対抗して有効とはならない。［二〇］男子相続人がいない場合に、荘園は共同相続人の間で分割されず、当該荘園が一箇所であるなら、すべて長女、および彼女の相続人に相続される。もし複数の荘園が死亡者に保有されているなら、すべての荘園が取得されるまで、まず最高齢の姉妹が、次に二番目に高齢の者が、さらにその次の者が順に選択し、再び最高年齢者から始まる。このようにして、荘園に属する特権は不可分であり、荘園土地に付随する特権は完全に保持され、荘園はその特権をけっして失わない。そうした特権は、数名の保有者に分割してしまえば、必然的に喪失する。

(二二) 各領主領、男爵領、および荘園において、すべて農奴は、領主等からの訴えがなくとも、各当該領主、男爵、または荘園主の管轄下にある。農奴男女は、当該主から署名捺印文書による許可なくして、自己の主の土地から離れ、および他所に住む自由を有しない。

(二三) 農奴の子はすべて農奴であり、それは全子孫に該当する。

(二四) 領主、方伯、カシーク、または荘園主以外の何人も、荘園裁判所を開き、または農奴を有することはできない。また、カウンティ裁判所の登録において、自らの意志により自身を農奴としなかった者は、何人も農奴にはならない。

(二五) [二六][5] 農奴の主である者は、彼の農奴の男、または女の結婚にさいして、彼らに生涯間一〇エーカーの土地を与える。これにより彼らは主にたいして、年間、当該一〇エーカーの農産物および産品から、最大八分の一を支払う。

（二六）［二七］刑事事件にさいして、方伯、またはカシークは、首席裁判官裁判所法廷における以外には、および彼の同輩の陪審によって以外には裁判されない。[6]

（二七）［二八］八つの最高裁判所がある。第一が、パラティン伯裁判所と呼ばれ、パラティン伯と他の七名の領主から構成される。他の七大裁判官による七裁判所は、各々が、領主と、領主に加える六名の顧問をかかえる。この七つの法廷の各々の下に、補佐一二名の一団がある。各団の一二名の補佐は、二名は方伯会議によって方伯から、二名はカシーク会議によってカシークから、二名はパラティン伯裁判所によって方伯、カシーク、および領主の長子から、他の四名は平民会議によって、元または現議員、長官、またはカウンティ裁判所判事から選ばれる。残る二名はパラティン伯裁判所によって、上記の議員、または長官、またはカウンティ裁判所判事、または方伯もしくはカシークの長子、または領主の次男以下から選ばれる。

（二八）［二九］補佐団から六名の顧問が選ばれ、各領主の法廷に加えられる。その六名の各々は、パラティン伯裁判所によって方伯、カシーク、または領主の長子から一名、方伯会議から一名、カシーク会議から一名選ばれ、二名は平民会議から、一名はパラティン伯裁判所によって、領主の次男以下、または方伯もしくはカシークの長子、または上に規定された平民から選ばれる。

（二九）［三〇］顧問が死亡し、それによって空席ができた場合には、補塡すべき空席を占めていた先の者と同程度かつ同選任の人物を得られるならば、この空席を補塡するために、他の領主裁判所から異動する意向のある顧問を、異動させる権限を大評議会が有する。しかし、いかなる顧問も異動することに、またはそうした異動に合意せず、領主裁判所にいつまでも空席が残れば、それは大評議会の選任によって補填される。大評議会は、継承されるべき空席をかつて占めていた顧問と同程度かつ同選任の人物を補佐として、補佐団の何人かを異動させる権限を有する。大評議会はさらに、ある補佐団から別の補佐団への異動を希望する補佐を、もし彼が同程度かつ同選任であるならば、異動させる権限を有する。しかし、どこかの補佐団にいつまでも空席が残れば、死亡、または異動した補佐と同選任かつ同程度の人物がそれを補填する。領主裁判所においてはいかなる地位も、六カ月を越えて空席であってはならない。また、次の議会会期よりも長期にわたって、補佐団に空席があってはならない。

（三〇）［三一］大評議会員、または七補佐団の何人も、不品行以外の理由で、解雇されてはならない。不品行にかんしては、大評議会が判事となる。このように解任された人物の空席は、大評議会の選挙によってではなく、その人物を最初に選んだ人々によって、追放された者と同程度の者から補填される。しかし[7]、このことにより、領主、または彼らの代理人の何人をも、大評議会が解雇する権限を有すると理解されてはならない。領主は、固有独自の権限を自身に有する。

（三一）［三二］議会、議会内の各会議、および大評議会の選挙は、すべて投票によって決せられる。

（三二）［三三］パラティン伯裁判所はパラティン伯と七名の領主から構成され、パラティン伯、または彼の代理、および他の三名の領主、または彼らの代理の臨席と同意なくしては、何ごとも行なわれない。

この裁判所は議会を招集し、あらゆる犯罪を赦免し、領主の意によりあらゆる官吏を選任し、商港を指名、および任命する権限を有する。さらに、裁判所は会計官に命じて、公の財産をすべて処分する権限を有する。ただし、議会により認可され、および特定の公共の利用のために指定された金は除く。さらに、大評議会、ならびに議会の行動、命令、表決、および裁定すべてにたいして拒否権を有する。ただし、第七条と第一二条に該当する事例のみ除く。さらに戦争について、治安監察官裁判所と海事奉行裁判所の行動と命令のすべてに拒否権を有する。また、この基本憲法によって制約された事項を除き、国王陛下から受けた特許により領主に認められたすべての権限を有する。

(三三)［三四］パラティン伯は、軍隊、または領主裁判所のいずれかに本人が出頭する場合には、彼が臨席する法廷において、将官、または領主の権限を有する。また、パラティン伯が主宰する裁判所において、パラティン伯が臨席する間は、領主は顧問の一名にすぎない。

(三四)［三五］大法官裁判所は、領主の一名、および副大法官と呼ばれる彼の六名の顧問から成り、パラティン伯印璽を保管する。この印璽によって、パラティン伯裁判所による土地その他の特許、任命状、および認可等のすべてが有効となり、かつパラティン伯、またはその代理、および他の三名の領主、またはその代理によって署名されない文書に、パラティン伯の印璽を捺すのは不当となる。大法官裁判所には、さらに、国王陛下の勅許によって許可される限りで、近隣インディアン、または他の者たちとのあらゆる国事、急務、および約定にかんする権限が属する。さらにこの裁判所には、良心の自由の法の侵害と、宗教を口実とする公共の平和の攪乱すべてにかんする、さらに、出版許可にかんする権限が属する。この裁判所に所属する一二名の補佐は、記録者と呼ばれる。

（三五）〔三七〕[8] 大法官、または代理は、つねに、議会議長と大評議会議長を務め、彼と代理の欠席時には、副大法官の一名がそれを務める。〔三八〕首席裁判官裁判所は、領主の一名と、彼の六名の顧問から成り立つ。彼らは、ベンチ裁判官と呼ばれ、民事と刑事両方のあらゆる訴えを裁く。ただし、他の領主裁判所の管轄、または裁判権下にある事項はすべて除外し、その種の事項は各々の裁判所で審理される。文書、または契約書の登録の管理および規制は、この裁判所の管轄に属する。この裁判所の一二名の補佐は、補佐官と呼ばれる。

（三六）〔三九〕治安監察官裁判所は、一名の領主と彼の六名の顧問から成り立つ。彼らは司令官と呼ばれ、陸上のあらゆる軍事、すなわち、陸軍、武器、弾薬、装備、駐屯地、要塞等のすべてについて、および戦闘に属するすべてを命じ、決定する。治安監察官の一二名の補佐は中将と呼ばれる。〔四〇〕有事のさいには、治安監察官は、軍務について軍隊の大将となり、彼の下で、彼の六名の顧問、またはパラティン伯が時宜と任務に応じて任命する者たちが、直属の将官となり、彼らに次ぐ者たちが中将となる。

（三七）〔四一〕海事奉行裁判所は、一名の領主と彼の六名の顧問から成り立つ。彼らは領事と呼ばれ、潮流が及ぶ限りのすべての港湾、防波堤、または航行可能河川に責任を負い、査察を行なう。さらに、カロライナの公的運航、およびそれに付随する貯蔵、およびすべての港湾都市の業務がここに属する。

この裁判所は、海事奉行裁判所の権限を有するとともに、カロライナの領土外で生じるカロライナ商人間の通商の全事項にわたって、さらに、カロライナ住民と外国人との間で生じる取引上の争議すべてにわたって、商慣習法によって審理、および裁定する権限を有する。この裁判所に属する一二名の補佐は、副領事と呼ばれる。〔四二〕有事のさいには、海事奉行は海上に出て指揮をとり、彼の六名の顧問、またはパラティン伯が時宜と任務に応じて任命する者たちが、奉行直属の将官となり、副領事は彼らに次ぐ。

(三八)〔四三〕会計官裁判所は、一名の領主と彼の六名の顧問から成り立つ。彼らは副会計官と呼ばれ、公的歳入と会計にかんする全事項に責任を負う。一二名の補佐は監査役と呼ばれる。

(三九)〔四四〕執事卿裁判所は、一名の領主と彼の六名の顧問から成り立つ。彼らは検査官と呼ばれ、海外貿易、国内通商、製造業、公共建築物、および労役所、幹線道路、冠水時溢水路、排水、下水、および防波堤、橋、郵便、物流、縁日、市、大気および水の腐敗または感染、ならびに公の商取引および公衆衛生を制序するためのあらゆる業務にたいして、責任を負う。さらに、土地を区画、および調査し、管区に建てられるべき街区の場所を区画、および指定し、当該裁判所が命じる型に従って、当該街区の形姿、および規模を規定、および決定する。そうした型に反して、またはそれとは異なって、何かを街区に建てる者は、何人であれ適法とはならない。

(四〇)〔四四〕執事卿裁判所は、さらに、公共建築物、もしくは新たな幹線道路を建設し、または何人かの土地にたいし古い幹線道路を拡大する権限を有する。さらに、河川を航行可能にし、沼沢地を干拓し、または他の公共の利用のために、掘割、土手、水門、橋を建設する権限を有する。土地の所有者がこうした公共事業によって、またはそれに伴ってこうむる損害は査定され、大評議会が指定する方法で補償される。この裁判所に属する一二名の補佐は調査官と呼ばれる。

(四一)［四五］侍従卿裁判所は、一名の領主と、副侍従卿と呼ばれる彼の六名の顧問から成り立ち、大評議会の招集権限を有する。さらに、あらゆる儀式、式次第、紋章、公的使節の歓迎、ならびに家系、すなわち出生、埋葬、および結婚のすべての登録、嫡出化、および婚姻にかかわり、またはそれに起因するすべての事項に責任を負う。さらに、あらゆる風習、衣服、記章、遊戯、または娯楽を規制する権限を有する。この裁判所に属する一二名の補佐は、執務官と呼ばれる。

(四二)［四六］いかなる領主裁判所に属する事件も、またはその管轄下にある事件も、各々の裁判所において審理、および最終的に裁決され、上訴はない。

(四三)［四七］領主裁判所は、判決以前、または以後に、他の下級裁判所において科されたすべての罰金を軽減し、およびすべての刑の執行を差し止める権限を有する。

(四四)［四八］領主裁判所におけるあらゆる争論、審理、または裁決において、当該裁判所の各々に属する一二名の補佐が出席する特権を有するが、意見を求められない限り発言してはならず、裁決権もない。彼らの任務は、各裁判所の指令によって、彼らに付託される業務に備えることである。さらに、裁判所が開廷される場所、またはその他の場所において、その裁判所が適切だと考えるような任務を遂行し、事項を処理する。

(四五)［四九］すべての領主裁判所において、よりよい業務の遂行のために、つねに領主とその顧問のいずれか三名が定足数を構成する。どの事件が、いずれの三名の定足数によって、審理裁決されるべきかを指令するのは、パラティン伯裁判所の権限である。

(四六)［五〇］大評議会は、パラティン伯、七名の領主、および七領主裁判所の四二名の顧問から成り立つ。彼らは、領主裁判所のいずれかの間で、彼らの各々の管轄をめぐって生じる争議に、または、同じ裁判所の構成員同士の間で、手続きの様式、または方法をめぐって生じる争議に、決着をつける権限を有する。さらに、近隣インディアンと宣戦、和睦をなし、同盟、約定等を結ぶ権限を有する。陸上、または海上で、軍隊を招集、配置、または解散するために、治安監察官裁判所、および海事奉行裁判所にたいして全般的な命令を出す権限を有する。［五一］議会が提案したすべての事項にたいして準備する権限も有する。最初に大評議会を通過しなければ、何ごとも議会で提案されず、大評議会通過後の案件は、議会においてそれぞれ三日を費やして審議された後、通過、または却下される。

(四七)［五二］パラティン伯、または領主の何人か、または領主裁判所の顧問の何人かにかかわるあらゆる事件、または訴えについて、大評議会はつねに判事となる。さもなければ、その種の事件は、大評議会員自身が判事となる当該裁判所で審理されることになる。
(四八)［五三］大評議会は、議会により与えられ、および議会によって特定の公共の利用に指定された全金額を、会計官裁判所にたいする令状によって処理できる。
(四九)［五四］大評議会の定足数は、一三名である。そのうち、一名は領主であり、またはその代理の場合、代理はつねに一名である。
(五〇)［五六］[9] パラティン伯、または領主のいずれも、代理の設置を、署名捺印の下で、大評議会に登録させる権限を有する。代理はあらゆる点で十全に、自身が代理する者と同じ権限を有する。ただし、第七〇条にあるような議会の法の承認を除外する。このような代理は皆、四年終了時に任期完了、および権限終止し、およびいかなる時点においても、代理させる者の意志によって廃止される。
(五一)［五七］いかなる領主の代理も、代理させる者がカロライナのいずれかの場所にいる限り、何の権限ももたない。ただし、彼がその代理を務める領主が未成年者である場合を除く。
(五二)［五八］領主が未成年の間は、彼の後見人が彼の代理を立て、任命する権限を有する。
(五三)［五九］領主の最高年齢者で、カロライナに身柄を置く者は、当然の事項として（of course）、パラティン伯の代理となる。もしそうした領主がカロライナにいなければ、カロライナにいる領主の何人かの明白な相続人から代理を選ぶことができる。もしいかなる領主にも、カロライナに居住する二一歳以上の明白な相続人がいなければ、大評議会の方伯のいずれかから一名を代理として選ぶことができる。上記の明白な相続人、または方伯の一名を、パラティン伯の署名捺印の下で代理に選ぶまでは、方伯の最高年齢者、および方伯がいない場合には、カシークの最高年齢者で、カロライナに身柄を置く者が、当然のこととして、彼の代理となる。

(五四)［六〇］各領主の代理は、つねに、各領主の六顧問の一名が務める。また、領主のいずれかがカロライナを不在とする間に、カロライナで代理を得ていない場合は、彼の署名捺印下での委任により、彼の裁判所の最高年齢の貴族が、当然の事項として（of course）、彼の代理となる。

(五五)［六一］各カウンティに、一名の長官と四名のカウンティ裁判所判事から成る、管区毎の裁判所が設置される。長官は、このカウンティの居住者であり、当該カウンティにおいて、最低五〇〇エーカーの自由保有土地を有する。判事もまた居住者であり、彼らが仕える各管区において各々五〇〇エーカーを有する。これら五名はパラティン伯により時宜に応じて選ばれ、任命される。

(五六)［六二］二〇〇ポンドの価値を越える何人の訴訟、または土地の権原、または刑事事件にたいしても、どちらかの側が、領主経費として二〇ポンド支払うならば、カウンティ裁判所から各領主裁判所に上訴する権利を有する。

（五七）〔六三〕各管区には、管区の一名の執事と四名の判事からなる裁判所が置かれる。彼らは当地の住民であり、当該管区に三〇〇エーカーの自由保有土地を有する。彼らは、反逆、殺人、および死で罰せられる他の犯罪を除くあらゆる刑事事件を裁定し、ならびにあらゆる民事事件、および五〇ポンドを越えない個人の訴訟を無上訴で裁定する。しかし、事件がその価値を越える場合は、どちらかの側が、領主経費として五ポンドを支払うならば、カウンティ裁判所に上訴する権利を有する。

（五八）〔六四〕いかなる裁判所においても、いかなる理由、または主張をもってしても、どのような事件も二回は裁判されない。

（五九）〔六五〕反逆、殺人、および死によって罰せられる他のすべての犯罪には、少なくとも年二回開かれる裁判所が対応する。それには、大評議会または補佐団から一名または複数が当たる。彼らは、各カウンティの巡回判事となり、長官と四名の判事を伴って、巡回裁判所を開き、この種の事件を裁定する。しかし、領主経費として五〇ポンド支払うならば、各領主裁判所に上訴する権利を有する。

（六〇）〔六六〕各巡回裁判所における大陪審は、当該地方の公共善のために必要と考える苦情、悪行、急迫事項、または瑕疵の告発を、宣誓、および署名捺印の下に巡回判事に引き渡すことができる。その告発は、巡回判事によって巡回終了時に次期大評議会に引き渡される。そのうち、すでに制定された法の執行にかかわる問題は何であれ、それが領主の各々に属する事項のさいには、各々の領主裁判所がそれを審理し、当該法の適正な執行のために有効な命令を下す。しかし、新法制定にかかわる問題は、その問題が帰属する各々の裁判所に付託され、彼らによって準備されて、大評議会にもちこまれる。

(六一)〔六七〕裁判期間について、四季毎に各裁判所が指定する一定の日数があり、一回あたり二一日をこえない。管区裁判所の期間の開始は、一月、四月、七月、一〇月の最初の月曜日、カウンティ裁判所は、二月、五月、八月、一一月の最初の月曜日、領主裁判所は、三月、六月、九月、一二月の最初の月曜日である。

(六二)〔六八〕管区裁判所において、自由保有土地五〇エーカー未満の者は誰も陪審になれない。カウンティ裁判所、または巡回裁判所では、自由保有土地二〇〇エーカー未満の者は誰も陪審になれない。領主裁判所において、自由保有土地三〇〇エーカー未満の者は誰も大陪審になれない。領主裁判所において、自由保有土地五〇〇エーカー未満の者は誰も陪審になれない。

(六三)〔六九〕各陪審は一二名から成り立つ。全員一致は必要ではないが、評決は多数の同意に従う。

(六四)〔七〇〕金銭、または報酬を懇願するのは、卑しく恥ずべきことである。当事者と同祖父母のいとこを越えない近親者以外は何人も、自分は金銭または報酬を懇願せず、またはそうしたものを受けとっておらず、将来も受けとらない、と公開裁判所の判事の面前で宣誓しない限り、または、訴えにさいして、金銭、または他の報酬を求めて、自分が訴えようとしている相手方と直接間接に取引しないと宣誓しない限り、他人の事件を訴えることは許されない。

(六五)［七一］領主、または彼の代理、方伯、およびカシーク、および各管区の一自由土地保有者から議会が構成される。この自由土地保有者は、当該管区の自由土地保有者によって選ばれる。彼らは一室にともに着席し、各人が一票を有する。

(六六)［七二］選出される当該管区内で自由保有土地五〇〇エーカーに満たない者は、議員に選ばれない。また、当該管区内の自由保有土地五〇エーカーに満たない者は、当該議員を選ぶ権利をもたない。

(六七)［七三］新議会は、二年毎に、一一月の最初の月曜日に集まり、パラティン伯によって他のどこかで会合するよう招集されない限り、招集がなくとも先回会合していた都市で開会、および会合する。会期のはざまに議会を開会させることがあれば、パラティン伯裁判所は、適切と考えられる時期と場所において、四〇日間の告示期間をおいて議員を招集する権限を有する。パラティン伯裁判所は、適切と考えるときに当該議会を解散する権限を有する。

(六八)［七四］各議会の開会にあたり、なされるべき最初の事項は、この基本憲法の審議であり、それにパラティン伯、領主、および他の出席議員が署名する。当該会期において、議会書記により当該目的のために保存されたこの基本憲法に署名するまでは、何人も議場に着席、または票決できない。

（六九）［七五］この二年毎に開会される議会議員の適正な選挙のために、各管区の自由土地保有者は、先回会合したのと同じ都市、または場所において、二年毎に九月の最初の火曜日に法に従って会合し、議員を選出、すなわち次の一一月に議席に着席する者をそこで選出する。ただし、選挙のための会合用に、当該管区の執事が、三〇日間という充分な告示期間をもって、他の場所を指定する場合を除く。

（七〇）［七六］議会のいかなる法、または命令も、会期期間中に、パラティン伯、または彼の代理、および三名の領主、またはその代理によって、公開議会において承認されなければ、効力をもたない。その間、パラティン伯自身、および三名の領主自身の署名捺印による承認、および彼らの命令により、二年毎に開会される次の議会で公表されることがなければ、その議会の終了をこえて効力をもち続けない。

（七一）［七七］領主、または彼の代理の何人であれ、議会の何らかの法がこの体制、または統治の基本憲法に反すると考える場合は、上記のようにパラティン伯、または彼の代理の同意が与えられる前に、その法にたいして抗議を提出できる。その場合、十全かつ自由な討議の後、諸身分は各々の四つの委員会に戻る。パラティン伯と領主が一つの、方伯は別の、カシークはさらに別の、および管区によって選ばれた者は四番目の委員会へ戻る。これら四身分のいずれかの多数が、当該法はこの体制、または統治の基本憲法に合致しないと票決すれば、当該法は通過せず、提議がなかったものとなる。［七八］議会の定足数は、現に議員であり現会期に議席に着席することができる者の半数である。議会の各委員会の定足数は、委員会委員の半数である。

(七二)［七九］法の増加は、つねに最初の統治の正しい基礎を次第に変えていくものであり、その増加を回避するために、議会のすべての法は、いかなる形で通過、または規定されようと、規定後六〇年の終了時には、皆効力を終止し、そうした法令が制定されなかったかのように、廃止手続きなくして無効となる。

(七三)［八〇］法とともに注釈の増大も、多大な不便を生じ、曖昧化と混乱に資するのみであるから、この基本憲法の、またはカロライナのコモンロー、または制定法のいかなる部分であれ、それにたいする注釈、または解説は、すべて絶対に禁じられる。

(七四)［八一］各管区に登録所を置き、そこに、当該管区内の土地にかんするすべての証書、裁定、抵当証書、または他の財産移転証書が登録される。そのように記載、または登録されない証書はみな、当該契約または証書の当事者でない何人にたいしても効力をもたない。

(七五)［八二］当該管区において最低三〇〇エーカーの自由土地保有者ではない者は、何人も管区の登録官になれない。

(七六)［八三］各管区の自由土地保有者は三名を指名し、その三名中一名を、素行善良である限り、首席裁判官裁判所は当該管区の登録官に選出および任命する。

（七七）［八四］各領主領、男爵領、および居留地に登録所を置き、そこで、当該居留地内で起きた誕生、結婚、および死亡のすべてが記録される。

（七八）［八五］当該居留地内で五〇エーカーに満たない自由土地保有者は、居留地の登録官になれない。

（七九）［八六］カロライナで出生した者の年齢は、その出生が登録所に登録された日から認められ、それ以前からではない。

（八〇）［八七］いかなる契約、または儀式が使用されても、結婚する場所における登録官の前で、当事者の両者が相互に契約、または儀式を行ない、両者の父母の名前とともに登録されるまでは、いかなる結婚も合法的ではない。

（八一）［八八］死去した人間の死亡が各登録所に登録されるまでは、何人もその死者の動産を処理できず、またはそれに権利をもたず、またはその地所に立ち入ってはならない。

（八二）［八九］自己の家または土地で死亡または出生した者の、死亡または出生を各登録所に登録しない者は、各死亡または出生時からそれを登録する時点までの期間にたいし、各怠慢毎に一週一シリングを当該登録所に支払う。

（八三）［九〇］同様に、領主、方伯、およびカシークの出生、結婚、および死亡は、侍従卿裁判所において登録される。

（八四）［九一］各居留地に一名の治安監察官が置かれ、居留地の自由土地保有者により毎年選出される。彼の不動産は当該居留地において自由保有土地一〇〇エーカー以上でなければならない。またカウンティ裁判所が必要とするに応じて、彼の補佐として下役が任命され、当該カウンティ裁判所によって確定される。下役の毎年の選挙もまた、居留地の自由土地保有者による。

（八五）［九二］都市自治体はすべて、市長、一二名の参事会員、および二四名の市議会議員によって統治される。市議会議員は、当該都市に在住する自由土地保有者によって選出される。参事会員は市議会議員から、市長は参事会員から、パラティン伯裁判所によって選ばれる。

（八六）［九五］[11] 神を認めず、神を公けかつ厳粛に礼拝しない者は何人も、カロライナの自由人たりえず、カロライナ内で不動産、または住居を有することは許されない。

（八七）［九七］[12] しかし、われらの植民とかかわりのある当地の原住民は、キリスト教にはまったく無知だから、偶像崇拝、無知、または誤りがあるからといって、彼らを排除し、虐待する権利は、われらにはない。他の場所からここへ植民するために移住する人々は、宗教事項について異なった見解を不可避的にもつが、そうした自由は彼らに許されていると彼らは当然考えてよい。および、このことを理由に、われらが彼らを排除するのは穏当ではない。社会の平穏は見解の多様性の中で維持されうるし、すべての人々とのわれらの合意、または契約は、適正かつ忠実に遵守される。その侵犯は、いかなる口実であろうと、全能の神への大きな侮辱なしにはなされない。さらに、異教徒、ユダヤ人、またわれらが表明する真の宗教にたいする大きな恥辱なしにはなされない。さらに、異教徒、ユダヤ人、およびキリスト教の純粋性に異論をもつ他の者たちは、脅かされたり、遠ざけられたりしてはならない。彼らに、キリスト教の教えの真実と穏当性、およびそれを信じる者たちの平穏さと非攻撃性を教える機会が与えられることによって、および善い待遇と説得によって、および福音の掟と意図に合致する柔和さまたは謙虚さという確実な方法によって、彼らは真理を抱き、心底から受け容れるようになる。したがって、何かの宗教で一致する七名またはそれ以上の人間は一つの教会、または信仰集団を構成し、それにたいし、彼らは他から区別される名前を付与する。

（八八）〔九八〕何らかの教会、または信仰集団への入会許可、および参加の条件は、文書に書かれ、当該教会、または信仰集団のすべての構成員はそれに署名する。

（八九）〔九九〕各自の署名、または入会許可の時期は、同文書、または記録に示された日付による。

（九〇）〔一〇〇〕各教会、または信仰集団への参加の条件には、次の三つが伴う。それなくしては、宗教を理由とする人々の合意、または集会は、いかなるものも、次の準則内の教会、または信仰集団とはみなされない。(i)神は存在する。(ii)神は公的に礼拝される。(iii)教会を統治する人々によってそこへ召喚され、真理の証人となることは、合法的であり、誰もの義務である。各教会、または信仰集団は、それらの参加の条件において、外的な方法を定め、それによって人々は神の前にあるがごとく真理の証人となる。その方法は、プロテスタント、および教皇主義教会におけるように、聖書に手を置いたり、接吻することによるか、または、手を上げたり、もしくはそれと分かる他の方法による。

(九一)［一〇一］一七歳を越えた者で、どこかの教会、または信仰集団の構成員でない者は、法の恩典、または保護を受けず、利得、または名誉ある地位につけない。自己の名前をどこかの教会に登録させるが、一度に一つの宗教の登録に限る。

(九二)［九八に追加］各教会、もしくは信仰集団の宗教録は、彼らが居住する管区の公的登録所によって保存される。

(九三)［一〇二］他の教会、または信仰集団に属する何人[13]も、いかなる宗教的会合をも侵害、または妨害してはならない。

(九四)［一〇三］何人も彼らの宗教的会合において、政府について、または権力行使者もしくは国事について不適正、または扇動的に語ってはならない。

(九五)［一〇四］管区の登録官、および教会または信仰集団の五名の構成員の前で、当該教会の記録において、教会、または信仰集団に参加する条件に署名した者は、それによって何人も当該教会、または信仰集団の構成員とされる。

〔九六〕［一〇五］宗教録から名前を抹消した者は、または各教会もしくは信仰集団によって認証された役員によって名前を抹消された者は、当該教会、または信仰集団の構成員たることを止める。

〔九七〕［一〇六］いかなる教会、または信仰集団の宗教にたいしても、非難、罵詈《ばり》、または暴言の言辞を使用してはならない。それは、争いと怒りの中で人々を、信仰者とその信仰の憎悪へと駆り立てることで、公共の平穏を攪乱し、かつ真理への何人もの回心を妨げる確実な方法である。そういうことがなければ、人々はその信仰に合意するようしむけられるかもしれない。

〔九八〕［一〇七］慈悲はすべての人々の魂にたいし善いことを願うようわれらを義務づけ、宗教は何人のこの世の資産、または権利を何ら変更するものではないから、他の者と同様に、奴隷が最適だと考える教会に入り、その一員となることは合法的であり、自由人と同様に、その教会の十全な構成員となることは合法的である。しかし、これによっていかなる奴隷も、彼の主人が彼にたいして有するこの世の支配権から免れることはなく、教会以外の他のすべてのことでは、以前と同様の状態、または条件にある。

〔九九〕［一〇八］どんな宗教上の口実であれ、上記の準則を遵守せず、遂行しない会合は、教会とは判断されず、不当な集会とみなされ、他の暴動と同様に罰せられる。

（一〇〇）［一〇九］宗教におけるその者の思弁的見解、または礼拝方法のゆえに、何人も他者を侵害、妨害、または迫害してはならない。

（一〇一）［一一〇］カロライナのいかなる自由人も、彼の黒人奴隷がどんな見解または宗教をもとうと、その者に絶対的な権力と権限を有する。

（一〇二）［一一二］[14]領主以外の現地人または何人からも、および領主が関知しないところで、購入または贈与またはその他の方法によって、何人もカロライナに土地を保有、または保有権を主張できない。違反した場合は、動産または不動産の全財産を没収され、および永久追放に処される。

（一〇三）［一一三］いかなる権原または認可によろうと、カロライナで自由保有土地を有する者は、最遠で一六八九年以降毎年永続的に、領主、彼の相続者への地代、および礼金として、イングランド度量で土地一エーカー毎に現行一イングランドペニー、またはそれに相応する額の純銀を支払う。領主が彼の役人によって、いかなる時であろうと、何人かの土地を調査するのは合法的である。それは、その者を保有から追い出すのではなく、そうした調査によって、彼が保有する正確なエーカー数を知り、それに基づいて適正な地代を支払わせるためである。

（一〇四）［一一四］鯨漁、真珠採取、および竜涎香の一半とともに、難破物、鉱床、鉱物、宝石と宝石用原石の採石所はみな、誰に発見されても、すべて領主のものとなる。

（一〇五）［一一五］各々の土地、または保有物以外の何かから生じる収入、または利益のすべては一〇に分けられ、そのうちパラティン伯は三、各領主が一ずつ得る。しかし、パラティン伯が代理によって統治する場合には、その代理は、この一〇分の三のうち一つを得、パラティン伯は残りの一〇分の二を得る。

（一〇六）［一一六］一七歳以上、六〇歳未満のカロライナの住民および自由民のすべては、大評議会が必要と見なしたさいにはいつでも、武器を持ち、兵士として仕える。

（一〇八）[15]［一一七］この基本憲法の正本一部は各管区の登録官によって大帳簿に綴じられ、当該登録官の前で署名される。どんな条件、または地位にあろうと、一七歳以上のいかなる者も、以下の様式で基本憲法に署名しなければ、カロライナで不動産、または財産を保有し、当地での法の保護、または恩典を受けることはない。「私ことA.B.［名前］は、国王陛下チャールズ二世に忠誠を尽くし、真の服従をなすことを約束します。また、カロライナのパラティン伯と領主にたいして忠節かつ信義を重んじます。また、私の全力を尽くして、この基本憲法に従って、彼らを守り、統治を維持します。」

（一〇九）［一一八］この形式において、管区の登録官の前で基本憲法に署名した外国人は、それによって帰化する。

（一一〇）〔一一九〕何らかの官職に就く者は何人であれ、同様に、この基本憲法に署名する。

（一一一）〔一二〇〕一一一条からなる基本憲法、およびその各条項は、永遠に、カロライナ統治の聖なる不変の形態、および準則となる。われらが主の年一六六九年七月二一日、われらの署名捺印をもって。

注

1　修正前には、この条項は次の文を伴う。「この小さな政府の官職が世襲とならないようにするために、および選挙にさいして党派の害を回避するために」。

2　ドイツ（landgrave: a count）〔領主：方伯〕、およびスペイン領アメリカ（cacique: a chief）〔カシーク：首領〕から借りたカロライナ貴族の呼称。

3　この条文は一六七〇年版では削除されている。

4　Leet man は荘園区域内の住民。Court-leet は荘園裁判所。
〔訳注〕Leet man は荘園区域内住民ではあるが、後の条文で分かるように、一定の制約をもつ人々である。serf と見なす解釈に従い、農奴と訳した。

5　一六七〇年版では二五条として次が付加された。「何人も農奴として自己を登録できる。」

6　修正前には、この条項は、領主らと土地保有者との契約がカウンティ裁判所で裁かれることを規定していた。

7　以下の文章は修正において出てきた。

8　一六七〇年版においては新たに第三六条があり、パラティン伯印璽を使用する事項は記録されねばならない、とする。

9　一六七〇年版においては新たに第五五条があり、大評議会は毎月、またはより頻繁に会合しなければならない、とする。

10　register〔registrar〕

11　一六七〇年版においては、港町にかんする新たな第九三、九四条がある。

12　一六七〇年版においては、以下のような新たな第九六条がある。「国土が適正な区画に分割され、充分に植民、および配置されるために、イングランド教会にならって宗教を実践し、教会の建設、および牧師の公的扶養に留意することが議会の職掌となる。イングランド教会は、唯一真の正統な、および王の全領土における国教であり、それはカロライナにおいても同様である。したがって、イングランド教会だけが、議会の認可によって公的扶養を受けることが許される。」

13　一六七〇年版では、'person' に変更された。〔訳注〕本文は man である。

14　一六七〇年版においては新たに第一一一条があり、自由人の事件は彼の同輩の陪審なくして裁かれない、とする。

15　一六六九年版には第一〇七条はない。

2 救貧法論 An Essay upon the Poor Law

一六九七年九―一〇月。'Draft of a Representation, Containing [a] Scheme of Methods for the Employment of the Poor'. PRO, CO/388/5/86-95, fos. 232-49. *An Account of the Origin, Proceedings, and Intentions of the Society for the Promotion of Industry*〔『産業振興協会の由来、活動と目的』〕(Louth, Lincolnshire, 1789), pp. 101-49（本テキストはここから取られている）、Fox Bourne 1876, II, pp. 377-90 に収録。このテキストの一部分の草稿が MS Locke, c. 30, fos. 87-8, 94-5, 111 にあり、重要な相違点を含むが、それらの一部は脚注に示した。本論稿を論じているのは、Manson 1962; Hundert 1972; Sheasgreen 1986; Beier 1988。これは、就労学校（working school）についての議論として言及されることがある。

このメモは、通商委員会の委員としての資格で、ロックが書いたものである。書簡 2398 において、彼はそれを「貧民のより善い救済と雇用についての私の企画」と述べている。それに続けて、「これは、イングランド人なら誰でも最善の知恵を絞るべき事項です。その正しい規律づけに自国の繁栄がこれほど依存している事項を、私は知りません」。これは委員会に一六九七年一〇月に提出され、やがて斥けられた。わずかな立法化が行なわれてはいる。ウィリアム三世第八・九年法律第三〇号。書簡 2084 も参照。

ロックの計画は、エリザベス朝の救貧法（エリザベス第三九年法律第四号、同第四三年法律第二号）を回復し修正しようというものである。エリザベス朝の救貧法の下では、各教区は労働可能な身体をもつ男性に仕事を与え、かつ貧民に最低限の生活保障を行なう義務があり、救貧税を徴収することができた。彼は個々の教区の権限を、複数教区をまとめたもののそれに、置き換えようとしたのである（田園部においては「ハンドレッド」、そして都市部においては貧民協会）。これらの団体は、浮浪者を処罰し、「就労学校」――羊毛を紡ぐ工場――を開設することになっていた。一六九六年から一七一五年の間に一五都市が、貧民協会設立の法律を議会で成立させた。それらはある面では、トーリー党の教区支配を弱めるためのホイッグ党の作戦でもあった。ロンドンでの指導者は、ロバート・クレイトン卿と、ロックの友人トマス・ファーミンである。Macfarlane 1982 を見よ。ロックの企画と類似のものは、ファーミンの『貧民雇用にかんする提言』（一六七八年）や、マシュー・ヘイル卿『貧民への手当てについての論考』（一六八三年）、そしてジョン・ベラーズ『産業学寮設立の提言』（一六九五年）で論じられている（Clarke 1987 を見よ）。ロックは草稿でファーミンに言及している（c. 30, fo. 87）。

　ロックの提言の条項をはっきりさせるために、編者は番号をつけた。一―八条は浮浪者の処罰、九―一〇条は仕事の供給、一一―一六条は子供のための就労学校の整備、一七―二二条は就労学校での生産とその監督、二三―二六条は貧民保護官の権限、二七―三七条は都市部での貧民協会の設立を述べ、三八―四〇条は雑の部である。

　ロックは、地方行政の伝統的側面にいくらか触れている。一番なじみがないのは「ハンドレッド」だろう。これは、いくつかの教区がまとまったものであり、カウンティの下の単位である。「教区会」は教区の委員会である。「四季裁判所」は、治安判事によって年四回開かれた。「十家組長」は、十家組、つまり複数世帯（名目上は一〇世帯）からなる小さなまとまりの長、または治安官だった。ロックの時代には、一ポンドは二〇シリング、一シリングは一二ペンスである。

どうか閣下がたのお気に召しますように——[1]

陛下から私どもにたいして、王国の貧民を就労させて雇用し、彼らを公共社会に有益なものとなし、それにより他の者たちの重荷を軽減するための適切な方策、およびその企画をもっとも効果的にするための方策と手段を考えるようにと、委任状によりとくにご下命がありましたので、こうした目的の達成のために最適と考えられる手段について、その計画を御前にて謹んでお答えする次第です。

貧民の増加と貧民を支える税の増加という現象、またそれへの苦情は、じつに普遍的に認められるところですから、そのことは疑いをいれません。また、この災厄が私どもに降りかかっておりますのは、先般の戦争[2]以後に限るわけでもありません。それは長きにわたって重さを加えながら、王国の負担であり続けたのであり、先の二代の御代[3]には、ちょうど今の御代におけると同様、その増大がはっきりと感じられたのでありました。

この災厄の原因がよく研究されますならば、私どもが謹んで考えますに、それは手当ての不足から生じるものでもなければ、貧民の雇用の不足から生じるものでもないことが、判明するでありましょう。なぜならば、善なる神はこの時代を、以前の時代に劣らぬ豊かさで祝福して下さっているのでありまして、それらの時代に続いた長い平和は、通商をかつてないほど豊かにしてくれたのでありました。それゆえ貧民の増加は、何らか他の原因によるのに違いなく、それは、規律の弛緩と風紀の退廃のほかではありえません。美徳と勤勉がつねに相伴う一方、他方では悪徳と怠惰もまた、つねに相伴うのでありま す。

したがいまして第一歩は、謹んで私どもが考えますに、貧民を就労させるために、彼らの放逸を、それを取り締まる法律の厳格な適用によって抑止することであり、そのさいとくに留意して抑制すべきは、過剰な火酒屋と多すぎるエール酒場であり、ことにも、幹線道路に面していない田園部教区のそれであります。

イングランドのすべての健常者を就労させることができれば、勤勉な者たちにのしかかる貧民扶養の重荷の大部分は、ただちに消え去るでありましょう。と申しますのは、きわめて控えめに見積もりましても、教区から救済給付を受けている者たちの半ば以上は、生活を立てるすべを得られるからであります。そして、教区からそのような救済給付を受けている者の全体を、私どもは、以下のごとく三種類に分けうると考えるのであります。

第一には、自らを扶養する上でまったく無力な者がおります。

第二には、完全に自らを扶養することはできないまでも、ある程度はできる者がおります。

第三には、自らの労働によって自らを扶養しうる者がおります。この最後の者どもは、さらに二種類に分けうるでありましょう。すなわち、子供の数が多いために自らの労働では家族を扶養できない、あるいはそのように申し立てる者がいる一方では、仕事が見つからないために、物乞い、あるいはさらに卑しい行為でしか生活できない、と申し立てる者がおります。

[4]最後のこの、物乞いを行なう無為の者どもは、その要もないのに他の人々の労働に依存して生きているのでありますが、もろもろの良くできた有用な法律がすでにあり、しかるべく執行されるならば、目的のためには充分なものであります。それゆえ私どもは、他の対策が整うまで現時点では、それらの法律の執行を布告をもって回復させるよう、謹んで提案いたします。また、毎年教区委員と貧民監督官が選任されますさいに、エリザベス第三九年法律第四号、および同第四三年法律第二号の制定法が一段落ずつ読み上げられ、説き聞かされること、およびその一字一句に至るまでが遵守されるべきことを、監

督官たるべき人物に強く申し聞かせることをも提案いたします。と申しますのは、私どもには、いずこにおいても貧民監督官の圧倒的多数はまったくの無知であり、人々を就労させるのが自分たちの最大の義務であると思うどころか、その一部とさえも思っておらない、と考える理由があるからであります。

しかし、怠惰な浮浪者のもっとも効果的な抑止については、さらに私どもは、新しい法律が制定されるよう、謹んで提案いたします。それによって規定されるべきところは、以下のとおりであります。

［一］健全な心身をもつ一四歳以上五〇歳未満の男は、許可証なく自らの教区外に出て沿海カウンティで物乞いを行なえば、その行為を行なった教区の役員のいずれかによって（この役員は、それを行なう権限を職権上もち、かつ罰則下でそれを行なうよう求められる）、またはその行為を働いた住居の住人によって身柄を拘束されるものとし、これらの者たち、またはそのいずれかによって、至近の治安判事か、または、この場合に治安判事の権限をもつことになる貧民保護官（後に述べるように選出される［§23］）の前に連行されるものとする。さらに（この場合にしかるべき通常の懲戒の後）、許可証によって、矯正院ではなく（というのは、現在これらの施設は、ほとんどいかなるカウンティにおいても、送りこまれた者の矯正と改心の場というよりも、むしろ管理官の安逸と出世の場になっている、という苦情の的であるので）、また居住地でもなく（というのは、そのような怠惰な浮浪者は、はるかに遠い地を通常申し立てるので、国家には非常な出費となる上、役人の怠慢のため、そこに到着するまでにたいていは逃亡して、新たに放浪する自由を手に入れるからである[5]）、それが沿海カウンティでのことであれば、上記のとおり、至近の港町に送致されるべきであり、陛下の船舶の何艘かがその港、または近隣の港に入港して、乗り組みの機会を与えるまで、そこにおいて重労働[6]に従事させられるべきであり、船上においては、彼らは三年間、厳格な規律の下に勤めさせられ、給与は兵士給とし（船内食料の確保

のために生計費が差し引かれるものとする)[7]、許可なく上陸したり、または所用で上陸させられたときに、許可されたよりも長く陸上に留まれば、脱艦兵として罰せられるものとする。

〔二〕沿海カウンティにおいて、不具、または五〇歳以上にして許可証なく物乞いを行なうすべての男、および年齢にかかわらず、海に面する箇所のない内陸カウンティにおいて許可証なく物乞いを行なうすべての男は、至近の矯正院に送致され、そこで三年間、重労働に従事させられるべきこと。

〔三〕矯正院の本来の役割にたいし、近年ほとんどいかなる院にても見られるような支障が出ないようにするため、各院長は、ロンドンおよびその近郊においては、自らに託された者一名につき、扶養のために一日あたり四ペンスを支出しなければならない。しかし、辺地のカウンティにおいては、労賃や扶養費は大幅に安価なため、支出額は巡回裁判所の大陪審と判事が定めるべきものとする。このさい当該院長は、収容者の労働が稼ぎ出す金額のみを考慮すべきであり、その他の事項や給付を考えてはならない。したがって当該院長は、彼らの年齢と頑健さを自ら判断考慮して雇用する権限を有する。

〔四〕治安判事は、四季裁判所の開廷ごとに、自らの管轄区域内にある矯正院の状態と運営について仔細に調査し、そこにいる者すべてについて厳密な説明を受けるべきこと、および、もしその施設の懲罰によってはまったく改善しない頑迷な者がいれば、その者の収容をさらに延長し、懲罰もさらに厳しくして、明らかな改善の証しを示すまでは、誰も解放してはならない。それ〔改善〕が、その者がそこに送りこまれた目的なのである。

〔五〕許可証を偽造した者は、誰であれ、はじめてその件で有罪となったときには、片耳を失うものとする。再犯時には、重罪の場合と同様に、植民地へ移送されるものとする。

〔六〕誰であれ一四歳以上の女で、自らの教区外で許可証なく物乞いを行なっているところを発見された場合には（自分の教区が、物乞いを発見された教区から五マイル以内であれば）、物乞いが発見された教区の治安官、十家組長、貧民監督官、教区委員等の宣誓済みの教区役人によって、その女は自身の教区に連れ戻される。当該役人の地位と役職において、そうすることが求められ、その女が属する教区の貧民監督官に引きわたされるが、その貧民監督官から、彼はその労苦にたいして、一二ペンスを受けとるものとする。もしこの女が公的救済給付を受けている当人であれば、この一二ペンスは、彼女の教区における給付から差し引かれる。彼女が教区から救済給付を受けていないのであれば、彼女、または彼女の両親、または彼女の主人の財物から徴収されるものとする。

〔七〕一四歳以上のそうした女が、法定許可証なく、同距離内で同じ悪事を働いているところが二度目に発見された場合には、また、同一人または他の同様の女が、法定許可証なしに、自分の居住地から五マイルを越えたところで物乞いを行なっているところを発見された場合には、苦情にたいして、治安判事または貧民監督官は、法の認めるところに従って、この女を矯正院に送致し、三カ月間重労働に就労させる。この三カ月の終了後は、次の四季裁判所の開廷まで〔収容〕期間を延長し、その後、しかるべく矯正が行なわれて後、この女の居住地に戻すための許可証を、四季裁判所が発給するものとする。

〔八〕一四歳未満の男子、または女子が、居住する教区外で物乞いを行なっているところを発見された場合には（もし当該教区から五マイル以内であれば）、至近の就労学校に送致されるものとし、そこにおいて充分に鞭打たれた後、その夜のうちに居住地に到着するべく解放するため、夕刻まで就労させるものとする。または、この者たちの居住地が、物乞い中に拘束された場所から五マイルを越える場合には、彼らは至近の矯正院に送致され、六週間の間、および六週間の終了後は次の四季裁判所の開廷までの間、就労させるものとする。

これらの怠惰な放浪者がこのように抑止されますならば、私どもの推測するところ、ほとんどいかなる教区におきましても、働きたいという虚偽申し立てをする者は、多くはなくなるでありましょう。しかしながら、その虚偽を見破るために、そのような事態が生じた場合に備えて、私どもは、さらに次のような法律が制定されるよう、謹んで提案いたします。

［九］そのような虚偽申し立てが行なわれた教区の貧民保護官は、苦情申し立ての次の日曜日に、しかじかの人物が仕事がないと苦情を申し立てている旨を、教区にたいして通知し、さらに、その者を通常より安価な労賃で雇用したい者がいるかどうかを問い合わせる。そのさい、労賃を定める権限は、当該保護官にあるものとする。というのは、能力、または正直さに欠陥があればともかく、何らかの欠陥がない限り、他の者たちが雇用されているのに、隣人たちに雇用を拒まれる者があって当然とは考えられるべきでないからである。一日一二ペンスで仕事に就けない者は、無為に暮らすよりは、九ペンス、または一〇ペンスで満足しなくてはならない。しかし、保護官の提示した労賃ですすんでそのような人物を受け容れる者が教区にいない場合には、当該保護官には次の権限があるものとする。すなわち、教区全構成員について、各自が支払う教区救貧税の割合に応じた日数一覧を作り、各自が順次にその日数分だけ、当該教区内にいる仕事のない貧民を、貧民保護官が定める安価な労賃で就労させる義務を負う。そして、自分の順番がきても、指示どおりに貧民の就労を拒む者は、雇用するしないにかかわらず、定められた賃金を彼らに支払わねばならない。

［一〇］誰にもせよ貧民が、他に雇用の機会がないにもかかわらず、このような命令に従って労働することを拒む場合（沿海カウンティであれば）、至近の港に送致し、すでに提案済みのごとく、三年間陛下の船舶のいずれかに乗り組ませるものとする。この船上勤務にたいして、食費と衣料代以外にこの

者に支払われるべき金額は、もし妻子があればその扶養のため、さもなければ同教区内の他の貧民の救済のために、その者が所属する教区の貧民監督官に支出されるものとする。もしそれ〔その教区〕が沿海カウンティになければ、労働をこのように拒む者は、矯正院に送致されるものとする。

私どもは、労働可能でありながら働こうとしない貧民の雇用のためには、このようなもろもろの方法が制定されるにふさわしいものである、と謹んで提案いたします。そのような法律の厳格な執行によって、私どもが謹んで考えますところでは、この類の者どもは、すみやかにきわめて少数になるか、またはまったく根絶されるでありましょう。

教区の税で扶養される貧民の大多数は、生計を立てるのに役立つことを行なう上で、完全に無能でも、また完全に意欲を欠くわけでもありません。しかし、そのような者たちでさえ、適切な仕事をあてがわれなかったり、熟練度が低くて公的に有用な仕事をまともに行えないために、教区の給付にすがって無為に暮らしたり、あるいは、それ以上の悪事とまでは申しませんが、物乞いをしたりするのであります。それゆえ彼らの労働は、当人たちが労働できる限りは、公けのために取っておかれるべきであり、彼らの稼ぎが〔彼らを〕充分に維持するのに不足であれば、その不足分を他の者たちの労働から、つまり教区の給付によってまかなうべきであります。

これら〔貧民の大多数〕には、二つの種類があります。

(i)成人であって、衰えているとはいえ生計を立てる上で何ほどかをなしうるにもかかわらず、仕事がないという口実の下に、おおむね無為に過している者。日雇い労働者の妻たちが二、三人、またはそれ以上の子供を産んだ場合も、これらと同一の事例であります。子供の世話をするために、外出して仕事を見つける自由がなくなり、しかも家内には仕事がないため、手すきの時間にも稼ぐことができません。

教区の救援が彼女らを支えるために投入される上、彼女らの労働はまったく失われますから、これは公けにとって非常な損失であります。[8]

誰もが肉、飲み物、衣服と燃料を必要とします。それだけのものが、彼が労働するとしないとにかかわらず、王国の貯えから出ていくのであります。そこで、かりに今イングランドに、教区に依存して暮らしている貧民が一〇万人いるといたしますと、彼らは他人の労働によって扶養されているのですから（労働せず施しによって生きるとは、そういうことであります）、もし彼らの誰もが毛織物、または他の製造業において労働し、日当を一ペニーでも稼ぐように配慮がなされるなら（これなら誰でも充分できましょうし、それ以上も可能でありましょう）、イングランドに年間一三万ポンドをもたらすことになりますし、[9]八年間では、イングランドに一〇〇万ポンド以上を加えることになるのであります。

このことは、正当に考えましたならば、真実にして妥当な貧民救済を、私どもに示すものであります。その内容は、彼らに仕事を見つけてやること、彼らが怠惰に他人の労働に依存して生きたりしないよう、配慮することとであります。また、私どもは、貧民救済のために制定された法律が、この目的のために意図されたものであることは存じております。しかしながら、そうした法律の意図についての無知、または適正な執行の無視のために、これらの法律は、救済を求める者たちの暮らしぶり、能力、または生業についての調査さえまったく行なわれないまま、怠惰に生きる者たちを扶養するだけに成り果てました。

これらの怠惰な乞食どもを抑止するべく、イングランドの各自治体には巡察官がおり、彼らにはそれぞれの地において違法行為防止の権限が与えられ、かつ給与も支払われておりますが、それにもかかわらず、至るところで街頭には乞食があふれており、怠惰、貧窮と悪行の増大、およびキリスト教にとってのこのような恥をも、もたらしております。ところが、イングランドのいずれかの町におきまして、目の当たりに見える違反者が、昨年一年間で何名逮捕され、処罰されたかが問われますならば、私どもには、それはきわめて少数であろうと考える理由があります。と申しますのは、街頭の乞食の群れの規模は、明らかに非常に大きいのでありますから。

しかし、この無秩序への対策はもろもろの現行法で充分でありますから、私どもは、その〔無秩序の〕持続と増大を、それらの執行が全般的にないがしろにされていることにのみ、帰せしめるのであります。

(ii)上記の成人以外にも、労働者の子供が、教区にとって恒常的な負担となっており、しかも通常は無為のうちに扶養されているため、彼らが一二歳または一四歳になるまでは、彼らの労働もまた、おおむね公益に資するところがないのであります。

〔一二〕この事態にたいする、私どもの考えるもっとも効果的な、したがって私どもが謹んで提案いたします対策は、先に触れました新しい法律の制定でありますが、そこではさらに、就労学校が各教区に設立されるよう、規定されるべきであります。教区の救済を要求する者すべての子供で、三歳以上一四歳未満の者は、親と同居して、貧民監督官からの給付による以外は生計のための雇用もない場合、就労学校へ行かねばなりません。

この方策によって母親は、家で彼らの世話をし食べさせる手間の、過半から解放され、労働の自由をこれまで以上に手に入れることになります。子供も、ずっと善い秩序の中に置かれて、良い食事をとり、幼少時代から労働になじむことになります。これは、それ以降の生涯において彼らを真面目かつ勤勉にする上で、小さからぬ効果を発揮します。教区はこうした重荷から解放されるでありましょうし、少なくとも、現在の運営の誤りからは解放されるでありましょう。と申しますのは、非常な数の子供を理由にして、貧民が教区の給付を要求しており、この給付は週に一度、または月に一度、現金で父親に与えられるのでありますが、これを彼自身が居酒屋で呑んでしまうことが珍しくなく、受給の理由である子供は必須の要さえも満たしてもらえないため、近所の者のお情けがないと、衰弱死してしまう状態に放置されるからであります。

私どもが謹んで考えますのに、男とその妻は、健康であれば、通常の労働によって自らと二人の子供を扶養できるでありましょう。一時に三歳未満の子供が二人を越えて一家族の中にあるということは、めったにありません。それゆえ、三歳以上の子供がすべて親元から引き取られるならば、そんなに多く〔の子供〕をもたない者たちは、健康でいる間は、彼らにたいする給付の必要はありません。

私どもは、三歳の子供がその年齢で、就労学校において生活費を稼げるであろうと申しているのではありません。そうではなく、彼らの救済のために必要なものは、父親に現金で渡されるよりも、就労学校において彼らにパンとして配られる方が、より目的にかなうと確信するものであります。彼らが家庭において親から与えられるものがパンと水以上であることは、めったにありませんし、それでさえ、多くの場合はきわめてわずかであります。それゆえ、もし、彼らの一人一人が、就労学校において毎日腹一杯パンを食べるように配慮されれば、飢える危険がないどころか、逆に、そのようでない養われ方をした場合よりも、健康かつ頑強になるでありましょう。また、このようなやり方をしても、貧民監督官に何ら面倒をかけるものではありません。と申しますのは、パン屋が合意に基づいて毎日就労学校に、そこにいる生徒全員に必要なだけのパンを配給し、持ちこむからであります。これに加えて、寒冷な天候のときには、必要と思われれば、面倒なしに暖かい薄粥を添えられましょう。部屋を暖めるのに用いる火は、その〔薄粥の〕壺を煮るのに使えるでありましょうから。

このような方法によりまして、子供は、現在彼らにたいしてなされているところよりも、教区にとってはずっと安価に、上述のごとき成果を収めるばかりでなく、これによって子供は一層、就労学校に行って就労せざるをえなくなります。と申しますのは、そのようにしなければ、彼らには食料がなくなりますし、これによって彼ら自身と教区がこうむる益は、日増しに増大するでありましょう。三歳から一四歳までの子供一名の稼ぎを総計すれば、そうした子供にたいするその全期間における扶養と教育は、教区には何の費用負担もかけない、と妥当に結論することができましょう。その一方、誕生時から教区に扶養される子供の場合、一四歳までに教区に五〇または六〇ポンドの負担をかけない者は、現在ではおりません。

貧民の子供をこのように就労学校に入れることの、もう一つの利点は、それによって日曜日ごとに校長（schoolmasters or dames）とともに彼らを教会に必ず来させ、それで何ほどかの宗教心をもたせられるであろう、ということであります。ところが現在では、通常は、怠惰でだらしない育てられ方をしているために、彼らは、勤勉さにたいするのと同様、宗教と道徳にもまったく縁がないのであります[10]。

［一二］それゆえ、この労働を王国に益するように運営するために、私どもはさらに以下のことを謹んで提案いたします。すなわち、これらの就労学校は、そのような貧民の子供の雇用によりふさわしい資材が地域[11]にあるのでない限り、一般に紡績、または編み作業、またはその他何らかの毛織物産業を目的とすべきでありますが、そのような地域〔よりふさわしい資材がある地域〕においては、彼らの雇用のための資材の選択は、当該ハンドレッドの貧民保護官の判断と裁量に委ねられるものとします。また、これらの学校の教師には、合意に基づいて、救貧税から支払いがなされるものとします[12]。

これは、設立当初には教区に多少の負担を強いるかもしれませんが、私どもが謹んで考えますところでは（子供の稼ぎが彼らの扶養経費を軽減し、かつ各自が求められるのは、無理なく自分が遂行できるだけの仕事量です）、迅速にその物入りを埋め合わせて、利益を生むでありましょう。

〔一三〕いずれの教区であれ、貧しい子供の数が、そのすべてを一つの学校で雇用するには多すぎる場合には、その地において二分し、かつ好ましいと判断されれば、男女に分けて、別々に教え就労させるべきこと。

〔一四〕それぞれのハンドドレッドの手業職人（handicraftsmen）は、義務として、それぞれが抱える徒弟の二人に一人は、当該ハンドドレッドの就労学校のいずれかに在籍する少年のうちから、無償で受け容れなくてはならない。彼ら〔職人〕はこれらの少年を好みの年齢で受け容れてよいが、〔少年は〕二三歳までは彼ら〔職人〕の下に拘束される。〔徒弟〕期間をこれだけ長くしてやれば、そのような徒弟を抱える職人に通常ふりかかる〔費用〕総額を埋め合わせて、余りあるものとなるでありましょう。

〔一五〕ハンドドレッドにおいて、年間二五ポンド、またはそれ以上の価値のある土地を自ら保有しているか、あるいは年間五〇ポンド、またはそれ以上の地代を得ている者は、当該ハンドドレッドの学校から、その者が各自希望する少年を、上記と同様の条件で農作業徒弟に選び出してよいものとする。

〔一六〕満一四歳までにこの方法で徒弟に出されなかった少年は、誰であれ、各ハンドドレッドの保護官が毎年開催する復活祭集会において、保有地のエーカー数において最大である当該ハンドドレッド内のジェントルマン、ヨーマン、または農民に帰属させられる。彼ら〔ジェントルマン等〕は少年を二三歳まで徒弟として抱えることが義務づけられ、または、彼らの費用負担において、何らかの手業職人に徒弟に出すものとする。ただし、該当するジェントルマン、ヨーマン、または農民のいずれも、つねに、一時に二名以上の徒弟をもつ義務はないものとする。

〔一七〕成人もまた（仕事がないという言いわけをさせないために）、学習のために当該就労学校に行き、そこで、相応の仕事が彼らに提供されるものとする。

〔一八〕これらの学校、および教区の貧民が用いる資材は、各教区の救貧税から一定の割合で徴収して積み立てられた、各ハンドレッドにおける共同備蓄から提供されるものとする。私どもが謹んで考えますところでは、この備蓄に要するのは一回のみの積み立てであります。と申しますのも、正当に運用されますなら、備蓄は増加するでありましょうから。

〔一九〕各ハンドレッドの貧民を就労させるのに最適と判断される特定の手工業において、経験豊か、かつ熟練した者が、そのハンドレッドの備蓄管理人に任命され、羊毛その他の必要な資材を購入するものとする。当該備蓄管理人は、各ハンドレッドの貧民保護官によって選任され、保護官たちの指揮下にあるものとし、また、その給与については、保護官たちが一ポンドあたりで定める率に従って、各教区の救貧税から支払われるものとする。この給与以外に、かつそれに加えて、任務の初年度から、いかなる教区であれ救貧税が二〇シリング減少するごとに、一ポンドについて年二シリングを彼はさらに得る。[14]

〔二〇〕この備蓄管理人のもとを、各教区の貧民監督官のうち一名は、機会を見つけてできるだけ頻繁に訪れ、各教区の貧民を雇用するための資材を持ち帰らなくてはならない。当該監督官はその資材を、各学校の子供の教師に配分し、および当該教区の救済を要求している貧民に、彼らの自宅で加工されるべく配分するものとする。その分量は、彼〔監督官〕、または教区保護官が、彼ら〔学校や貧民〕のそれぞれについて、一週間のうちに処理を終えるに妥当と判断するものとし、そのような貧民の各人にたいし、男女いずれの仕事にせよ、それだけの価値があると彼〔監督官〕と備蓄管理人が合意するだけの金額を与えるのである。もし、当該監督官と備蓄管理人がその仕事の価格について合意に達しない場合には、そのハンドレッドの保護官の三名、またはそれ以上が（対立が起きた教区の保護官が、つねに一名含まれていなくてはならない）それを決定すべきものとする。

［一一］このように生産された品の販売は、各ハンドレッドの保護官一名、またはそれ以上の立ち会いのもとに、備蓄管理人によって行なわれ、それ以外には行なわれてはならない。当該備蓄管理人は、自分が行なう買い入れと販売を、正確に帳簿につけておかねばならない。自分がそれぞれの監督官に配分するもろもろの加工前資材の量、および彼らから戻し受ける加工済み分についても、同様である。

［一二］もし、羊毛その他の加工されるべき資材の分配を受けた者が、それを毀損、または横領すれば、その者が教区から施しを受けている者である場合、当該教区の貧民監督官は、備蓄管理人にたいしてその価を払いこみ、そのように資材を毀損、または横領した者への教区の給付から、相応の金額を差し引くものとする。もし、それが教区の給付を受けていない者であれば、当該監督官は、それを毀損または横領した当該人物から、金銭によるその支払いを求めるものとし、もしそのような違法行為を行なった者がその支払いを拒む場合、その教区の貧民保護官は、自分が当該人物に当該資材を渡し、その対価としてしかじかの金額を備蓄管理人に支払ったという宣誓を貧民監督官のいずれかが行なえば（どの保護官も、この宣誓を行なわせる権限をもつ）、当該違法行為を行なった者の財物を差し押さえ、そのように差し押さえられた財物を販売する令状を、当該監督官にたいして発給し、利益を得るものとする。

［一三］すべての教区の貧民保護官は、当該教区において貧民救済のために支出している者たちによって選出されるものとし、その第一回目は、ここに提案する法律が通過後三カ月以内に選出されるものとする。各ハンドレッドの各教区によってこのように選出された保護官は、当該ハンドレッドの貧民の雇用と救済にかかわるすべての事項の監査を行なうものとし、そのように選出された各ハンドレッドの

全保護官の三分の一は毎年退任するが、最初の年にはくじで全員から〔退任者を〕選び、第二年目には残りの三分の二からくじで選んで、それ以降は永久に順に行ない、最初の二年の後は、誰もが三年の間継続し、それ以上の延長はない。空席が生じれば、通常その地の貧民監督官が選出されるときに、または空席が生じて後一カ月以内なら、その他のときに、それぞれの教区から既述のように新しい保護官が選出される。

〔一一四〕各ハンドレッドの貧民保護官は、毎年の復活祭の週に、そのハンドレッドのもろもろの資材が保管されている場所で会合し、備蓄調査を行なうものとする。また、さらに他のときであっても、その管理を調査する必要が生じるたびごとに、および、その件ならびにハンドレッドの貧民にかかわる他のあらゆる事項について、指示を出す必要が生じるたびごとに、会合するものとする。

〔一一五〕どの教区においてであれ、当該教区の保護官と教区委員会の双方の合意がなければ、誰も教区からの給付を認められることはない。

〔一一六〕当該保護官は、さらに、自分が保護官を務めるハンドレッド内においては、浮浪者および物乞いにたいして治安判事の権限をもつものとし、彼らに許可証を発給し、港町、または矯正院に、すでに提案のごとく送致しなくてはならない。

これらの既述の規則と方法は、国中で一般に貧民を雇用し救援するために実施するに最適であると、私どもが謹んで考えるものでありますが、さらに、自治体である都市や町において、同じ目的をより善く、かつより容易に達成するために、次のように制定されますよう、私どもは謹んで提案いたします。[15]

〔一一七〕自治体であるすべての都市、および町においては、救貧税は各教区で課されるのではなく、自治体全体に均一な単一の税によるものとする。[16]

〔二八〕各自治体には、当該自治体によって選出された一二名の貧民保護官が置かれるものとし、そのうち四名は第一年目の終わりにくじによって退任し、翌年には残りの人数からさらに四名がくじによって退任し、最後の四名が三年目に退任する。退任で生じる空席を毎年新たに四名が補充して、一二名が欠員なく保たれねばならず、また何人も連続三年を越えては任務を継続できない。

〔二九〕これら保護官には、それぞれの自治体において、自らが便宜であると判断すれば、就労学校を設立、管理する権限があるものとし、当該自治体において救済を受けている者すべての子供で、三歳から一四歳までの者は、自分が所属する教区の貧民監督官たちが認める他の安定した仕事に就いていない限り、これらの学校に来なければならない。

〔三〇〕さらに、各自治体において貧民に用いるために集められた資金については、彼らを就労させるための資材の提供のためであれ、または自分では生計を立てられないと彼らが判断した者たちの救済のためであれ、これらの保護官のみが、その管理と使用の権限をもつものとする。また、これらの保護官のみが、誰がどのような率で公的救済を受けるに適正か、またはそうではないかを、裁定する者となる。

〔三一〕当該保護官は、法定許可証を持たずに物乞いをする何人をも、すでに提案したごとく、至近の港町、または矯正院に送致する権限をもつものとする。

〔三二〕同様に彼らは、貧民救済用の資金のすべてを受領する財務官を指名する権限をもつものとする。この財務官は、彼ら〔保護官〕の命令にのみ基づいてその金を支出し、かつ一年に一度、帳簿を彼らに提出しなければならない。また、彼ら〔保護官〕は、一名またはそれ以上の備蓄管理人を適宜任命し、妥当と判断する報酬または給与を支払わねばならない。これらの備蓄管理人は、彼ら〔保護官〕にたいして、同様の説明責任を負う。そのさいつねに、それぞれの自治体の貧民財務官と備蓄管理人の両方の帳簿が手渡されるときに、各自治体の長、またはその下役、または主だった役人[17]は、その場に立ち会う旨を（この立会いがそれぞれ申し付けられますよう、私どもは謹んで関係のお役人方すべてに提案いたします）、彼ら〔保護官〕に通知しなければならない。

〔三三〕各学校の教師、またはそこに任じられた他の誰であれ、その学校において加工するよう指示され、かつ命じられた量の資材を、それぞれ該当する備蓄管理人から取得するものとし、その資材は相応に加工されて、備蓄管理人に返却されねばならない。備蓄管理人は、それをさらなる加工のために送り出すか、さもなければ、保護官の指示に従って、もっとも有利に処分するものとする。

〔三四〕貧民監督官は、同様に、公的救済を受けている者たちにたいして、各人が一週間分の仕事として命じられたところを行なうのに必要な資材を、相応の量で、備蓄管理人から受領して、配給するものとし、そのように雇用された貧民が各自の仕事を良好に達成して戻すまでは、割り当てられた給付を支払わないものとする。

〔三五〕各教区の貧民監督官は、現行どおりに選出されるものとし、救貧税の徴収を、現行どおりに、それぞれの教区において行なう権限をもつものとする。しかし、そのように徴収された資金を、貧民の救済と扶養のために支出するについては、保護官から受ける命令と指示に従うものとする。各教区の貧民監督官の帳簿は、一年の終わりに、教区がその監査のために指名する者たちに提出されねばならない。これは、彼ら〔監査役〕が当該帳簿にたいして、ありうべき留保や異議をつけるためであり、その後、当該帳簿は、そうした所見と異議とともに、財務官と保護官二名（このうち一名は保護官たちによって、もう一名は教区によって指名されるものとする）によって監査され、そのうちの三名が許可すれば承認される。

［三六］当該保護官は、一名またはそれ以上の物乞い対策巡察官を指名することができるものとし、この巡察官は、何人であれ街頭で物乞いを行なうよそ者、または当該自治体の者であっても、所定の印を身につけずに物乞いする者、もしくは当該保護官が許可した時間外に物乞いをする者を、逮捕する権限を有し、およびその行使を求められ、そのような人物のすべてを当該保護官のうちいずれか一名の下に連行するものとする。[18] また、もし当該巡察官の誰かが当該任務をおろそかにし、その結果、よそ者、またはその他の物乞いが所定の印を身につけていなかったり、許可されていない時間に街頭に出たりした場合には、当該保護官は、彼らへの苦情の申し立てにより、そのような違反を犯した巡察官を、初犯時には、自らの裁量で処罰する権限をもち、かつ処罰を求められるものとする。しかし、苦情申し立てが再度に及んだ場合には、当該巡察官を矯正院に送致し、または（もしそこが沿海カウンティであれば、そして違反を犯したその巡察官が労働可能[19]であって、五〇歳未満であった場合には）至近の港町に送致し、すでに提案したごとく、陛下の船舶のいずれかに乗り組ませ、三年間就労させるものとする。

［三七］受け容れるホスピタルがない自治体にあって、まったく労働不能の者は、三、四名、またはそれ以上を一室に収容し、さらに一軒ではそれ以上を収容するものとする。その家では炉火が一箇所、利用に供され、一名がこの多人数の世話を行なうために配置される。その費用は、彼らが好みのまま分散して暮らしているときのそれを、上回ってはならない。

［三八］また、貧民の行状と必要をもっともよく知るのは近隣の者であるから、貧民が必要を訴え、親切な人々から食べ残しのパンや肉、または他の施しを受ける自由をもてるようにするため、貧民台帳に名前が登録されており、かつ所定の印を身につけている者は、それぞれの教区において、保護官が定

める一日の一定時間帯にのみ、施しを求め、受けることが許されるものとする。しかし、これらの者のうち誰であれ、許可された時間外や、たとえ同じ自治体のうちであっても、各自の教区外で物乞い中に捕まった場合は、一四歳未満ならば就労学校に送致して、鞭打ちに処するものとし、一四歳以上なら矯正院に送致して六週間留置し、かつこの六週間が経過しても、次回の四季裁判所まで延長するものとする。

〔三九〕必要な救済の不足のために死亡者が出た場合、救済を行なうべきであった当該教区は、事実の状況と犯罪の悪質さに応じて、罰金が科されるものとする。

〔四〇〕陛下の船舶の船長のすべては（陛下の船舶が所在する港の領域内にあるいかなる場所であれ、その首長、または他の役人から申し出があった場合には）、年に一度、四肢健常な一三歳以上の少年一名を無償で受け容れる義務があるものとし、この少年は九年間彼〔船長〕の徒弟となるものとする。

注

1 〔訳注〕完全な常套句で、ロックが卑屈なわけではない。相手の身分によって、尊称が定まっている。
2 フランスとの戦争で、一六八九年から一六九七年まで続いた。
3 〔訳注〕チャールズ二世とジェイムズ二世の治世。
4 ロックの草稿では、次のように始まる。「労働不能の貧民は、扶養されざるを得ません。労働の可能な貧民で働こうとしない者たちは、たんに放浪する乞食にすぎず、それゆえ救済するかわりに、注意深く罰する必要があります。彼らを標的にしたもろもろの法律は、私が考えますところ、その類の無為の者どもを抑止するに足るものであります。しかしながら、執行されない法律は紙の無駄にすぎませんから、自らの義務について役人が全般的に怠慢に陥れば、便宜であるのは、布告をもちまして……」。

5 〔訳注〕テキストはここでピリオドを打っているが、文章構造としては次の文につながっているので、そのように訳す。

6 ロックの草稿では、この重労働とは 'lump breaking'、つまり道路舗装のための砕石作業であることが明示されている。

7 ロックの草稿は四分の三の支払いを提案する。生計費として三分の一が差し引かれ、三年の終わりに支払われる。

8 草稿には次のように書き加えられている。「貧民の身体労働の、たとえ一片たりとも、無駄にされるべきではありません。誰もが可能な限り労働し、生計を立てるに不足する分は教区が補うように、物事が正されるべきです。」

9 草稿には次のように書き加えられている。「それゆえ、すべての人に配慮してもらうだけの価値がありますのは、貧民は雇用されるべきだ、ということであります。と申しますのも、私は確信をもって申し上げますが、教区の税と物乞いで現在扶養されている者どものうち、一日あたり二ペンス以上を稼げない者は、一〇人に一人もおりませんし、この数字はずっと小さくしてもよいとすら思うのであります。実際、彼らすべてを均せば、一日に三ペンスを稼ぎうるでしょうし、そうなればイングランドは、年間四〇万ポンド以上を得るのであります」。

10 草稿はこうなっている。「勤勉、道徳と宗教にまったく無縁なのであります。」

11 countries［districts］

12 草稿はこうなっている。「施しを受け、または税を払わない親の子で五歳、またはそれ以上の子供はすべて、毛糸、または梳毛糸の紡績（操作可能なら両手紡ぎ車で）を学ぶために紡績学校へ送致されるべきであり、そこでは、食事用に一時間の猶予を与えるのみで、日の出から日没まで働く。一四歳になると、男子は徒弟に、女子は奉公に出され、それ以上の延長はない。」

13 〔訳注〕このポンドが重量か貨幣単位か、またはどちらかとしても、何にたいする一ポンドを指すか、ここでは確定できない。備蓄物の重量、または価格とすれば、多く仕事をすれば、それにたいして褒賞が出されることになる。

14 〔訳注〕これも救貧税を減らす目的の褒賞制度。もしポンドが貨幣単位とすれば、二シリングは一ポンド（二〇シリング）の一割だが、それが何にたいする一割かは、ここでは確定できない。

15 草稿では、「すでに法令がある町以外」のすべて町にたいして、となっている。

16 草稿では次のように特定している。「貧民にたいして少なくとも週二ペンスを支払う住民から成る、住民総会」。

17 〔訳注〕どれも単数形。

18 〔訳注〕一名と限定する記述が多いが、おそらく、治安判事の司法権限が、一名の場合と二名の場合で異なるという実情が、ここで連想されていたと思われる。一名の場合には、自宅を裁判所として即決できる事件があり（重罪犯容疑者の取り調べと留置、浮浪者やならず者の逮捕等）、二名の場合、さらに上級のレベルの事件（救貧税の決定、エール酒場の営業許可の発給等）の即決ができた。それ以上になると、四季裁判所の扱いとなるが、これにはカウンティ内の治安判事全員が集まり、即決ではない正式裁判となった。

19 lusty［able-bodied］

第2部　短編

1　クロムウェルに寄せる歌と英蘭戦争に寄せる歌　Verses on Cromwell and the Dutch War

一六五四年。表題なし。*Musarum Oxoniensium Helaiophoria* (Oxford, 1654), pp. 45, 94-5 に収録。第一の作はラテン語で出たが、ここに収めたのは、*Biographia Brittanica* (1760), V, 2993 にある英訳である（「ロック自身による訳」）。*State Poems* (1697) にも収められている。第二の作は英語で出た。どちらも、Fox Bourne 1876, I, pp. 50-2 に収録。国家的な出来事にさいして大学が記念詩集を出すのは慣例であり、この詩集は、副学長ジョン・オーウェンによってまとめられた。これらの作品はロックにとっては初めての出版だが、オクスフォード大学人が提供した多くの作品の一部にすぎない。第一の作は偉大な国家指導者をアウグストゥス帝にたとえる文学慣習に則っており、第二の作は、明白な勝敗がつかないまま、第一次英蘭戦争が一六五四年四月のウェストミンスター条約で終わったことに、題をとっている。

クロムウェルに寄せる歌

アウグストゥスは　偉大なるカエサルが先に武力で得たものの上に
平和裡に権力を揮った。
ユリウスが武のあらゆる栄冠を戴けば、
アウグストゥスは平和の業《わざ》ゆえに賞賛される。
ローマは彼らを偉大と呼び、神とした、

一方は武勇、他方は統治のゆえをもって。
御身、強大なる統領[2]！　御身は両者よりはるかに偉大、
戦いで得たものを平和に治めるからには。
御身は天界から　すでにして完全なる英雄として降臨され、
かくて　その一身もて異教の神々を凌がれるのだ。

オランダとの和平締結に寄せる歌

ギリシアがあれほど陽気に
荷を積んだアルゴ船[3]の帰還を祝ったとあれば、
いったいわれらはどれほど賑やかにまた誇らしく
待たれている艦隊の帰還を祝えばよいのだろう、
われらの船隊は　あの船隊[4]の羊毛がたんにそのエンブレムにすぎぬもの――
すなわち平和を　われらのために維持してくれているのだ
歓迎の声はわれらの耳には　歌声あげる天球層たちの[5]
高らかな音楽よりもなお甘美に響く、
そして天球層たちよりなお魅惑的なそれが明らかに示すのは
われらは甘美この上ないその和の調べを〔戦争という〕不協和に負うていることだ。[6]
平和〔という言葉[7]〕を口にする船乗りの声は一人一人が魅惑的で、
あたかもサイレンの声のよう、とはいえ、あれよりは害がなく

危険も少ないが　このうえない快さは彼女らの声と同様だから
われらは海を愛さずにはいられない。
この平和はわれらには天国　われらはいま天界の魂と同様に
なすべきこともなく　ただ崇め愛するばかりなのだから。
　戦いの栄光とは勝利。だがこのたびは
どちらも征服者ではないのだから　両陣営が栄光に浴する。
もし征服されうる相手と戦ったと言われでもしたなら
名誉もこれほどではなかったことだろう。
　ふたたび統一成ったわれらの諸海はあたかも
ひとつの河に注ぐ多くの川にも似てより滑らかに流れ
そこでは船たちはもはや争わず　それらの海同様に
優しき水夫たちを包んでいる。
もはや放火船[8]は不要、高貴なる愛の火が
われらを護り　それによりわれらの名もまた
より大いなる栄光に輝かずにはいないのだから　それこそは
天界の火とひとしく清浄かつ久遠。
われらの船を導くのはこの火だから　船を舵取る者は
天界の火になど従う必要はなく
己が胸のうちに宿るこの火に従うのだ。リリー[9]が戦いを予言しようとも

この親密さ[10]が続く限り　星のめぐりなど恐れはせぬ。
　われらの船隊はいまやこのうえなく慈悲深い
というのは彼らが持ち帰った戦利品は自分たちだけ。
これら枝のない松[11]にこそ　われらの子孫は
秋の慣いの実りよりさらに善きものを負うのだ、
その実りは宝石やインドの鉱石をもたらすのみならず、
同時に国々の民をも宝庫に加えるのだから。
けだし、一つの世界を作るということがもしも
相違を調停しそれらをお互いの
親愛のうちに近づけて、平和を
乱れ騒ぐ深き混沌から脱出させることであるならば、
われらの船たちこそがそれをする。かくて　他の船たちは世界中に
航跡を曳くにすぎないが　われらの船は　世界を一つにするのである。

注

1　ローマ皇帝アウグストゥス（63BC-AD14）は、武人ユリウス・カエサルの跡を継ぎ、平和な統治のうちに諸技芸と諸学を振興したことを、ウェルギリウスに讃えられた。

2　Prince

3　ギリシア神話では、イアソンと乗組員たちはアルゴ船で金の羊毛を求めて船出する。

4 イアソンたちの船隊。

5 〔訳注〕天動説宇宙観では、地球は各種天体を宿す幾層もの天球に包まれ、これらは地球から離れるほど神に近づき、天界的調和のうちにあって、擦れ合いながら霊妙な音楽を奏でているという。

6 〔訳注〕この時代特有の機知（wit）の例。形而上詩人たちの特徴とされるいわゆる奇想（conceit）に近い。一七世紀の英文学では、知的にひねった表現を偏愛する気風が顕著であり、軽妙で手の込んだ洒落や地口の多用から、逆説や表面的矛盾を意味表出のいわば梃子に用いることまで、特殊な意味での知的表現が好まれた。そのような表現を行う力が言葉についての機知（wit）であり、その力をもつ人が才人（wit）である。才人でないと見なされることは恥辱だったため、調和を「不協和に負う」といった表現を無理にひねり出すことになる。もっとも、この例はいかにも陳腐である。

7 〔訳注〕オデュッセウス（ユリシーズ）が放浪の途中に出会った海の怪物。美しい女の声で歌い、船をおびき寄せて乗組員を殺したという。

8 〔訳注〕わざと船を燃やし、これを敵の船にぶつけて燃え上がらせる戦法があった。

9 William Lilly (1602-81). 高名な占星術者で暦書や予言書も出版した。

10 〔訳注〕conjunction は、元来は占星術の用語（二つの惑星などの合）であり、星同士の最接近を言う。

11 船の帆柱は松材で作られていた。

2　チャールズ二世の復位に寄せる歌　Verses on King Charles II's Restoration

一六六〇年。*Britannia Rediviva* (Oxford, 1660), sig. Ff2v-3r に収録。オクスフォード大学の同輩たちによる一五八篇のうちの一篇。書簡 134 を参照せよ。この詩では、始原質料、または混沌に秩序ある形態を付与することについての、アリストテレスふうの奇想を用いている。近時の無政府状態が強調されている。書簡 59, 81, 82 と比較せよ。

私たちの祈りは聞き届けられました！　運命の女神たちにはもはや
私たちが請い願うべきこれほどの幸せの贈り物は　残っておりません、
というのも御身のうちには　偉大なるお方よ　現在と未来の
あらゆる喜びが尽くされてあるのですから。
歓喜はかくも声高に語りつつあたかも天界に昇るごとくですが
歓喜もその源も　そもそもは天界から与えられたもの。
王はつねに天界からの贈り物ですが
御身は天界の贈り物であるばかりでなく　その引き写しでもあられます。
御身のもろもろの美徳は天界の星々に匹敵し

無数のそれを御身は　星々に劣らず輝かしく　世界に啓き示しておられます。
御身の行動もすべてが〔星々に〕劣らず正則で
すべてに熱を与え生き生きとさせるものです。
いかにすれば御身の贈り物を称えられましょうか！　御身がこのように
私たちの地に近づかれるのは　天界を引き寄せられるということなのですから。

　御身の運命は変転を重ねられましたが
御身の心はその信仰と同じく不変のものと知れました。
世界を統べた全能のゼウスさえ
人間に受け容れてもらおうとするときは
その愛に値する贈り物をなし　天界からきた身であるにもかかわらず
姿を変えてただの神となったものでした。
〔ゼウスより〕さらに気前よくしかも変わることはより少ない御身なればこそ
人の国に入り豊かに富ますことがおできになるのです。
このように　民がもっとも輝かしく魅力的に見えるとき
偉大なるゼウスは変身しても　チャールズなら変わらぬままでおられます。

　世界創造のときと同じく　この国に
部分も区別も名前もなかったとき
すべては混沌として乱雑に騒いでおりましたが
混沌こそは内戦の紋章にしてその産物でもありました

そのとき光が現れ（爾来、光は御身ほどに望ましきものを
自ら以外に顕現せしめたことがありません）
美と秩序が続いて　光線に導かれつつ
この立派な建物を示したのです。
かくて　この島がふたたび世界になり始めている今
私たちのこの新しい創造物の中で
御身は私たちの混沌に秩序を与え
かつは私たちの上に照り輝かんものと
私たちの混沌の上に朝日としてさし昇られます。
そしてついには　私たちの頭上に昇られて　真昼とされました。
私たちはひとしなみに　無秩序と暗黒の中にいたのです。
ただ　下界の嗣子たるアヤカシノ火[1]が少し昇っては
怯える私たちを誤らせ目を欺いておりましたが！　それらが明るいと思われたり
目に見えたりしたのは　暗闇と夜のことにしかすぎません。
夜とはいえ　安息ではなく苦痛に満ちた夜　しかも
ふたたび日の光を見る望みなど　ほとんどないと感じられておりました。
〔それはあたかも〕多くの神々が支配するエジプトの闇であり
その神々に劣らぬ数の災厄と怪物もおりました。
それぞれが我を崇めよと要求し　奉られようとして

拝跪を強いたのです
名も無き成り上がりの神々！　恥知らずにもわれわれは
はじめは礼拝を捧げ　つぎには名を奉って
これらの鰐どもを崇拝したのです
鰐どもは自ら作り出した廃墟に注ぐ涙[2]だけには
いつも事欠きませんでしたが。
　しかしこれら哀しき影どもは　私たちの太陽神が現れると
たちまち怯えて消え去ります。
ご帰還に詩神たちも高らかに喜びを歌い
彼女らの王を喜び迎えることでしょう。
どうかこれらのつたなき詩の試みをお受けくださいますように、
ついには御身の光が私たちの枯れてしまった月桂樹[3]を甦らせましょうし、
機知[4]もまた　御身から下されるに違いありません
私たちのアウグストゥスならば　ウェルギリウス[5]もまた　お与えくださるはずですから。

注

1　*Ignes fatui*: Delusive illuminations.
2　〔訳注〕いわゆる crocodile tears。この伝説はすでに一五世紀初頭から文献に出ており、通りがかりの人をおびき寄せるために、人間のように溜息をついたり、すすり泣いてみせ、獲物を食べるときには涙さえ流すという。そこから「空涙」。
3 bays : Laurels. 文学上の名声を暗示。
〔訳注〕月桂樹は詩聖の冠たる月桂冠、つまり詩の霊感を表現する。
4 〔訳注〕wit. 先の注に示したように、これが良い詩の本質的要件とされていた。
5 MAAD : マロはウェルギリウスのこと。
〔訳注〕ウェルギリウスは、ローマ建国神話を歌う『アエネイス』を書いた、古代ローマ最大の詩人。アウグストゥスの庇護を受けた。ここは、最高の支配者の下では文化も栄えるはず、というお世辞である。

3　無謬性　Infallibility

一六六一年ないし一六六二年初頭。'An necesse sit dari in ecclesia infallibilem sacro sanctae scripturae interpretem? Negatur.'（「教会において聖書の無謬なる解釈が認められることが必要か？　否。」）。PRO 30/24/47/33。Biddle 1977 に収録。Fox Bourne 1876, I, 161-2 に抜粋収録。ラテン語で書かれたものをビドルが英訳。形式は『自然法論』と同じで、内容は『世俗権力二論』にきわめて近い。書簡 75 を参照。聖書解釈学の話題を取り上げているが、カトリックにたいしてプロテスタントが伝統的にもつ敵意が見られる。ウィリアム・チリングワースの『プロテスタントの宗教』（一六三八年）およびジェレミー・テイラーの『聖書解釈の自由』（一六四七年）からの借用があるかもしれない。カトリックの、聖書はしばしば意味不明瞭であって、教会が提供する権威ある教えの伝統に照らして理解されねばならないという主張に対抗して、sola scriptura（聖書のみの自足性）を肯定確認している。カトリック教徒は、聖書を解釈する教会の権威を無謬だと信じていたが、必ずしも教皇に無謬性を認めていたわけではない。ロックは、信仰の神秘を空疎な哲学で縛ることに警告を発している。彼が強調するのは、救済にとって「非本質的事項」（「本質的事項」にたいしての）がきわめて多いということ、また、宗教的秩序を確保するために人間的権威が介入してよい領域がある、ということである。個人の良心と教会の権威の間、また理性と「熱狂」の間に道を通わせるのが容易でないことは、彼も認めている。

いかなる国家と人間社会にあっても、法を作る権利は至高かつもっとも偉大な力だが、ほとんど劣らずそれに次ぐのは、明らかに、それらの法を解釈する権威である。というのは、もし誰にもせよ、おのれの好むところに合わせてその言葉に新しい意味を与えたり、とってつけたような解釈を加えて、そうした言葉を自らの立場や意見に合わせてよいなら、物言わず語りもせぬ法律の文言を書き上げたところで、何の益があるだろう？　このことをよく心得る抜けめない聖職者たちは、これら二つの力の両方を侵して、人々の行動と良心にたいする支配力を何としても確立しようとしたが、彼らはその支配力を、当然だと強く主張するのである。一方では、これらの者たちは、教会にも自分たちの伝統を押しつけている。その伝統は機会の求めに応じてつねに増殖を続けているが、彼らは、それらは掟としての力をもち、人間の良心を強制する、と主張するのだ。ところが他方では、この聖職者たちは、ローマの教皇が唯一かつ無謬の聖書解釈者であると強調する。神が自らシナイ山でおのが民に言い聞かせたことも、われわれに法をお与え下さった方、すなわちキリストがオリーヴ山で言明されたことも[2]、両山より高くそびえるローマの七つの丘がそれらのみ言葉を思うがままにする限りは、さしたる問題ではないのだ。天そのものがわれわれの足下を照らすに充分な光をもたないとすれば、たしかに盲目は避け難い。しかし、話すための舌と器官を作って下さり、人間が言語を使えるようにして下さったその同じ神が、人間にたいして、解釈者がいなければ理解できないような話し方をなさるだろうか？　神の心を、神ご自身よりもよく説明できる者が、いるだろうか？　それともおそらく、神の言葉は分かりにくく曖昧で、人間の言葉は分かりやすくて確かなのだろうか？　そもそも人間の魂をお作りになった方が、その魂を教え導くことがおできにならないのか？　それとも、キリストが波と嵐に語られたのはそれらに理解させるためだというのに［マタイによる福音書、八章二三―七］、人々にお話しになるのは、ただ理解させまいとなさってのことだろうか？　それともまさに、耳あきの耳が把握できぬ彼の言葉を、盲者の目が見るというのだろうか？　彼が無知な者や惨めな者を教え導かれるとき、病者よりも死者の方が、[3] 彼の命令をよりよく理解するような、そんなやり方をされるだろうか？　預言者たちや使徒たちがおり、それどころか、人の姿をとられて人の弱さと無知に気づいておられる御子自身がおられるのだ――これらすべてを神が遣わされたのは、人をして為さしめんと望まれたところを人に教えんがため、また神を礼拝し敬うとはいかなることか、また人間自身の間にはいかなる和合と連帯があるべきかを、人間が知るためである。かくも多数の使者の後では、もはや解釈者の必要はない。それゆえ、教会において無謬の解釈者など認められる必要がないのは、当然だ。

まず第一に、この類の無謬なる解釈者は、使徒の時代このかた存在したことがない。ここでは、事実から必然へと論じ至ることが有効である。疑いえないのは、教会が時の終わりまで持続的に存在することを約束された神は［マタイによる福音書、一六章一八―二二］、そのために必要な何ごとも欠けないようになされるだろうということだ。無謬の解釈者などいなかったことは、キリスト教徒たちの間に聖なる事項をめぐって意見の不一致があったことが、充分に示している。また、世界のさまざまな地域に分散していた教会の信徒たちは異論に悩んで（これらの論は、たんに多様であるばかりでなく、相反してもいた）、多くの派に別れた。おそらく聖職者たちは、そのすべては、唯一かつ真実の教会――つまり彼らの教会だが――と、無知で異端的な教会との論争であり戦いである、と言うだろう。しかし、いかに教会史に暗かろうと誰の目にも明らかなのは、ローマ教会とその無謬の解釈者にあってさえ、信仰と道徳と聖書の解釈についての意見には、きわめて大きな相違があるということである。

第二に、信仰と教会の平和のどちらにもまったく無用であろうものは、不要なものである。かりに誰か聖書の無謬なる解釈者が与えられたとしても、また彼がどれほど……[4]であろうとも、自分の無謬性を無謬性をもって証明できない限り、信仰の問題を解決したりキリスト教徒の間に平和を打ちたてたりすることに、いささかも寄与できないだろう。誰にもせよ自らについての証言は受け容れられないから、彼とてこれを自らについて証明することはできない。聖書は何も語らないから、どうすれば彼〔の無謬性〕が認知されうるのか、私には理解が容易でない。そこで、かくも多くの不一致と誤りにたいする癒しを、ここに期待することはできないのだ。というのは、誰もが過ちを犯しうると言おうが、誰かが無謬だが〔その人物のことは〕知られもせず確かでもないと言おうが、違いはないからである。誰かが何かについて確かだとしても、その人物が確かでなければ、何の役にたつだろう？　自らを預けようとするその相手が医師なのか詐欺師なのか分からないときには、〔相手にあるかもしれない〕悪徳と〔こちらの〕無知の癒しを、誰かがもたらしてはくれまいかと、どれほどか心から待ち望むに違いないのだ。

　われわれが解釈者を求めている聖書そのものについてだが——異なったいくつもの時代に書かれ、書かれ方も同じではなく、自らのうちに多様な議論を含む上に、過去の歴史、振舞い方の掟、そして信仰箇条をも含むので、さまざまな考察のされ方がありうるのである。

　(1)多くの事項が慢心と学識の見せびらかしのために案出されたが、それらは軽薄かつ空疎な書き散らしであって、聖書から生まれたのではなく、狂人の無内容な才能によって無軌道に表出されたものである。「楽園の禁じられた果実とは何であったか？」とか、「その美しい庭はどこにあったか？」とか、またその種の他の問いなどは、まさにその類であり、解釈者など必要ではないし、読むにさえ値しない。この類の問題はおそらく、下等な心を働かせるには善い材料だろうが、真摯で敬虔な人間を煩わすことはほとんどない。これらは知るに難しい事項だとはいえ、無視しても安全なのである。その上、聖書こそは信仰と振舞いの基準であるのに、それらは聖書にかかわりがあるとはほとんど見えない。

(2)また聖書は、聖なる事項についての深遠なる神秘をそのうちに含んでいるが、それらの神秘は人間の知性をはるかに越えている。これらは暗く模糊としているが、それでも解釈者をもつことはできない。というのは、解するとは、暗く模糊たる言葉から意味を取り出すこと、そしてなじみのない言語を日常の言葉で明らかに表現することであるが、人間が知り信じるようにと神がお望みのことを、神ご自身がこの上なく明らかで曖昧さのない言葉づかいで告知しておられる以上、この件でそのような解釈をつけるのは明らかに不可能である。神性における三位一体を、神がそれを明かしておられる以外の言葉で説明しようとする者は誰であれ、光よりも闇を聖書にもたらしてしまう。とりなして下さる方〔キリスト〕において神性と人性が一体であること、神の無限性と永遠性、またその他いくつかの事項も、これに加えることができる。それらの真実は確かであってただ信じられるべきものであり、それらが真実であるそのあり方は、言葉で尽くすことはできず、心が把握することもできない。これらの事項においてわれわれを阻むものが何であれ、それはたしかに言葉の曖昧さではなく、事項自体の深遠さとわれわれの心の弱さなのである。これらの事項を解釈しようとする者が誰であれ、備えていなくてはならないのは、浩瀚な語彙や気の利いた表現ではなくて、人間の魂がこれまでもたなかったような力と知性である。

(3)聖書には他にも救済にきわめて必要な事項があるが、実に明らかで曖昧さがないので、実際上は誰もそれらを疑いえない。聞くことは理解すること、なのである。キリスト教徒の主要な義務とはそういったものだ――正義、貞節、博愛、そして慈悲――これらはたしかに解釈者をほとんど必要としない。というのは、それらは実に明快に伝わるから、もし解釈が加えられたりしたら、かえって別の解釈を呼ばずにはすまないことになるだろう。

⑷聖書には、もっと一般的な性質の教訓や教えがいくらかある。たとえば、コリントの信徒への手紙には例のくだりがある、「自然そのもの（すなわち風習）が教えてはいないか？　男に長い髪があれば彼の恥だと」[5]〔コリントの信徒への手紙一、一一章一四〕。聖書は、どれほど長ければ髪が長すぎるのか、明らかにしてはいないので、教会がそれを定めなくてはならない。同様に、一四章では「すべてを適切に、秩序正しく行いなさい」とある〔コリントの信徒への手紙一、一四章四〇〕。これらの教訓はそれ自体においてもその性質上からも〔信仰の〕本質にかかわらないし、解釈者がいなくては毎日の生活に適用することも人間生活を律することもできないから、これや類似の事例においては私も、無謬の解釈者が、もし可能でありかつ必要であるならば、置かれることに同意する。その解釈者とは、各教会の長老たちや指導者たちであって、こういった事項にかんしてなら無謬と呼ばれてもかまわないが、私が理解するところでは、その無謬性は命令の性格も定義の力ももたない。間違いないのは、教会の牧者もおそらくは導きながら誤ることがあるとはいえ、それでも羊たちは、従いついてゆく限りは過ちを犯さない、ということである。従順の路は安全で確実なのだ。というのは、従順は確実で否定できないキリスト教徒の義務であり、たとえ聖書文言の解釈がおそらくは不確かなときでさえ、誤るところのもっとも少ない者とは、確かなところに従いつつ従順と教会の平和を実践する者だからである。その類の神法の解釈者ならば、たとえ自らを欺こうともそれで他の者たちを過ち導くことはありえないから、「無謬」と呼ばれてよい。

　しかしながら聖書の解釈においては、各個人にはどの程度、そして教会の権威にはどの程度のことが認められるべきであるのか、さらには、理性と聖霊の啓示がそれぞれ何を達成するのか明確に述べるのは、それほど容易かつ単純なことではない。あまりに理性に依拠しすぎて信仰をないがしろにしたり、福音書の神秘を無視して宗教の代わりに哲学を抱擁したりしないためには、非常に用心しなければならない。他方、聖霊の啓示を待つうちに自分自身の夢や幻を崇める羽目に陥らないためには、熱狂もまた注意深く避けられねばならない。聖書の解釈に、学問と理性、そして最終的には人の心を啓く聖霊が大きく貢献するのは、たしかに真実である。しかしながら、聖書のもっとも確実な解釈者は聖書自身であって、唯一それのみが無謬なのだ。

注

1 state［*civitate*］
2 十戒はシナイ山で伝えられ、山上の垂訓はオリーヴ山で行なわれた。
3 〔訳注〕ビドルの英訳とそれにならった原書には the diseases...than the diseased とあるが、意味が通じない。ラテン語版では morbi quam aegroti とあり、この訳はラテン語版によった。
4 手稿のこの箇所に判読不能語が一つ入っている。
5 〔訳注〕共同訳に従えば、原書どおりの文章構成にはならない。ここでは、原書に従って訳出した。

4　王女キャサリンに寄せる歌　Verses on Queen Catherine

一六六二年。*Domiduca Oxoniensis* (Oxford, 1662), sig. B 2v-3v. ロックのこの作品は一二六編のうちの一つ。書簡 134 を見られたい。この年、チャールズ二世はキャサリン・オブ・ブラガンザと結婚した。この詩は、王政復古期特有の王への忠誠心情の特徴のいくつかを示しているが、それらは『世俗権力二論』にも見られる。〔*Domiduca* は、結婚の神としてのユピテルをいう Domiducus を、女性形に変えたもの。〕

王冠・王杓・王座そして王者たちの威厳をこぞり
そこに豪奢とそのもたらす威風を加えれば、
外見のあらゆる部分に輝きを加えられましょうが、
魂には触れませんし心を暖めもいたしません。
そのような炎は　天が下にては王女の目という、
あの小さな天上界に住まいするのみ。
王たちはここ〔下界〕では神々ですが、天上界におけると同様、
愛がないところに天国〔至福〕はありません。
　最初の男〔アダム〕が競う相手もなくすべてを我が物としてあり

すべてが彼に似てよろしかったときのこと、
天が思いましたには　傍らに似た者が作られ
花嫁として与えられるまでは　そのすべても不完全だと。
支配も無垢もそこにありましたが　男と楽園を
完全なものにしたのは　イヴなのです。
ですから私たちのエデン[1]が　どのような平和あるいは
栄光の果実をその主人のために生み出しましょうとも、
また　忠実なる臣民が彼の威風を自分たちが望むとおりに
あるいは　彼の大いなる徳にふさわしいものにしようと力を尽くしましょうとも、
反抗的で粗野な群れさえしかるべく敬意を表し
従うことをあらためて学びましょうとも、
私たちが彼の栄光のために尽くし　また励みましょうとも
それで完全になるのは　彼のではなく　私たち自らの幸せなのです。
　その仕事は貴女さま（偉大なる王妃）のもの
三王国こぞってでもできなかったことを私たちは　貴女さまにお任せいたします、
西の国々の支配者と運命が定めたお方に戴冠させ
その心を満たすのは　貴女さまでなくてはなりません。
その心のさまはあたかも、貴女さまのためだけに作られたかのようですが
全世界がその心にふさわしく作られてあるのです。

そのような宝物を貴女さまは　彼方にあって勝ち取られました
目というよくある手立てによることもなく。
偉大なるゼウスもそうして炎により支配するのです
その炎の力は　感覚の助けなどなくても働くのですから。
　母国と王座から追われた私たちのチャールズに
まだ運命はしかめ面を　貴婦人がたは微笑みを向けておりましたとき、[2]
彼はそのどちらにも心動かされず、隠された幸せと貴女さまとに
まっすぐ向かう道を心得て　歩んでおられました。
巧みな水先案内人もそのように　波どもが
おのれと戯れる船を沈めにかかるときには
暗さに加えて脅かす雲が北極星を隠していても
天にある他のすべての輝きを無視して
まさにその星を指針に確かな船路を辿ります、
嵐の間　それはどこにも現れてはいないのですが。
　彼は他を見てそのすべてを蔑みましたが　貴女さまこそは
まだ見出されぬ世界　彼にとっての豊穣のペルーでありました、
そこに豊富にある価値高き鉱山はいまもなお
〔自らに〕黄金時代を保っており　あるいは〔他に〕それを回復するのです。
これほどの価値でなければ用心深い鑑識眼が必要であり

部分の一々を詳しく調べては　傷を見分けようといたします。
だが至福の国に　そこをまだ見たことがないからといって
来たがらない者がいるとするならば　その気難しさは愚劣です。
彼は世界を探しすべての場所を見ましたが、
どれもが　その心には小さすぎました。
彼に完き幸せを与えられるもので　彼の目からまだ隠されておりましたのは、
たった二つだけ　天上界と貴女さままでありました。
天上界と同じく貴女さまは　輝く至福を豊かにもたらされました、
知られずして求められ　見られるや彼のものとなられたのです。

注

1　〔訳注〕イングランドの伝統的表現。
2　チャールズは、一六四六年から一六六〇年まで、フランス、ドイツとスペイン領オランダで亡命生活を送った。当時の彼の相手をした女性の一人ルーシー・ウォルターが、モンマス公爵を産んだ。後にモンマスは、ホイッグ党の一部によって、チャールズを継ぐプロテスタントの後継者に望まれた。

5 サミュエル・パーカー On Samuel Parker

一六六九年または一六七〇年初頭。以下のように裏書きされている。'Qs on S.P.'s discourse of toleration 69'. MS Locke, c. 39, pp. 7-9. Cranston 1957, pp. 131-3 に不完全に収録。サミュエル・パーカーの次のパンフレットについての評言である。『教会統治論：宗教的事項においては臣民の良心にたいして世俗権力行使者の権威が優越することが主張される。寛容政策の害悪と不都合が示され、良心の自由の擁護のために主張されている偽りの論に一つ残らず完全な解答が与えられる』（「一六七〇年」とあるが、実際は一六六九年）。この本は、もっとも影響が大きかっただけでなく、もっとも悪辣な、プロテスタント非信従派または非国教徒への攻撃だった。大主教ギルバート・シェルドンの教唆を受けて執筆されたが、サイモン・パトリックが一六六六年に口火を切ってから、教会人と非国教徒の間で一六七四年まで続き、奇態にも「友好的議論」と称される応酬の一部をなしている。「クロムウェルの教皇」と呼ばれたジョン・オーウェンとアンドルー・マーヴェルが非信従派の側に立って参戦した。ロックの主人であるアシュリー卿〔初代シャフツベリ伯〕は、王が寛容策をとるように望んでいたが、シェルドンとパーカーは議会のアングリカンジェントリと組んで、非国教徒にたいするさらに強圧的な立法措置を実現しようとしていた。以下においては、ロックの評言の言わんとするところが理解できるように、パーカーからの引用も示した。ロックはパーカーのパンフレットの一部を一六六九年一〇月に購入している（BL, Add. MS 46,470, p.27)。〔解題にある論争は、そこでも触れられているマーヴェルの介入で終結した。オーウェンはパーカーの激烈な言葉の暴力に辟易したかたちで退いたが、下院議員だったマーヴェル（若い時期に書いた抒情詩で死後に著名となったが、クロムウェル政権末期に中堅官僚であってミルトンと親しく、オーウェンとも知己だった）が参戦した。M.Clara Bradbrook & M.G.Lloyd Thomas, *Andrew Marvell* (Cambridge University Press, 1940) が「棍棒とレイピア（細身の長剣）の戦い」と評したほど圧倒的なマーヴェルの文才に満身創痍となったパーカーは、二度の応酬の後、沈黙に追いこまれた。世評も一致してマーヴェルの勝利を認めたが、パーカーは教会内の昇進を続けてゆく。このときのマーヴェルのパンフレット *The Rehearsal Transpros'd* には、吉村による邦訳『「リハーサル」散文版』（松柏社、一九九七年）がある。なお、解題中の「非信従派」はNonconformists,「非国教徒」はDissenters である。〕

パーカー　統治の第一にして最重要の目的であるコモンウェルスの治安と安寧は、宗教が人間世界の事項にもっとも強力に影響する以上、それが最高権力の権威に従うのでない限り、けっして充分には確立されえない。［p. 11］

ロック　［これは］、権力行使者（magistrate）の仕事は治安の維持のみであるということの、また、治安を乱しそうな誤った意見をもつ者たちは抑止されるべきだということの（そして真面目な人間すべてがこれを認めるべきだということの）証明だろうか？

パーカー　ちょうど真実の敬虔が、人間の野性の情を挫き礼節を教えることによって、また彼らを馴し温和で優しく統治されるに適した心の持ち主に変えてゆくことによって、国家を安泰にするように、迷信や神とその礼拝についての誤った考え方は、国家転覆のもっとも強力な武器となる。それゆえに、公けの治安と安寧にもっとも有効だと自らが理解する宗教を国民に強いる力を王が持たぬ限り、またその宗教の倒壊をもたらしそうな宗教的過誤を抑止する力を持たぬ限り、王は、権威の彫像や絵像でしか

ない。[p. 12]

ロック　「神とその礼拝についての誤った考え方」にこういう良からぬ影響を見ていながら、彼は、権力行使者の力は［彼の］正しさから生じる、とは考えないのだろうか？「臣民に王の宗教を強いる」という言葉で彼が言おうとするのは、権力行使者の意見が正しかろうが間違っていようが、権力行使者には臣民を強いてその意見を、たとえどれほどそれが穏やかで平和的であっても取り消させ、自分たちの意見に同意同調させる力がある、ということなのだろうか？　もしそうならば、なぜキリストと使徒たちは、世俗の王や権力行使者に自分たちの言葉や奇蹟を示して、彼らを説得しなかったのだろうか。実際には彼らは、人々に教えを説き改宗させたのに、こうした〔パーカーの主張するような〕教義のおかげで、〔キリストや使徒のように行なう人々は〕必然的に、扇動者か殉教者であるしかなくなったのである。

パーカー　もしも良心が統治の規制を破ることができ、誰もが自らの思うところに従ってよいとなれば、被害は果てしないものとなる……　無数の党派への分裂やそのさらなる分裂にいきなり蹂躙された国家でもない限り、人間の想像力を本当に野放しにした国家など、存在したためしがない。[pp. 21-2]

ロック　意見がこのように小さな党派に分裂してゆくのは、統治にとって、それほど危険なことだろうか？

パーカー　ローマ教会が理不尽な押しつけで人間の基本的自由を侵害してきたからというので、彼ら［すなわち非国教徒］は今、独り善がりな宗教的慣行や信条にたいするすべての規制を、教皇主義というおぞましい名の下に一緒くたにしている。[p. 24]

ロック　〔教会のではなく〕自前の原則に従う世俗の権力行使者の下では〔教会に支配される場合と

は〕状況が異なってくるような、どのような人間の基本的自由を、ローマ教会〔自ら〕が侵害したというのか？　というのは、ローマ教会の権力は世俗の権力行使者に容認されたものであって、その布告の執行も世俗の権力行使者によるからである。

パーカー　もしも王の支配権が世俗事に限定され、宗教的な事項は別の統治に従属するならば、臣民は矛盾する命令への服従（不可能である）を強いられかねない。何人も矛盾する義務には従いえないことを思えば、結句、二つの至高権力に服するのはまったく不可能である。[p. 26]

ロック　統治の目指すところは公共の平和だから、その至高権力は、そのような平和に資するであろうすべての事項を判断して定める絶対権を疑いもなく有するが、問題となるのは、法律で統一性を確保することが（ここで示唆されているように）その実現に必要な手段かどうか、だろう。つまり、自らは自由意志を信じている権力行使者にとって、運命予定説を臣民の一部が信じることは本当に危険なのか、また彼の統治にとってサープリス[1]着用の法律を作る必要性は、ベスト[2]着用の法律を作る必要性よりも大きいのか、ということである。

パーカー　神の摂理の叡智によって……何らか上位の者に従属せずにこの世に生まれる者が一人もいないように、人の世は秩序立てられている。父親なら誰でも、自分の子供を統治する権利を自然によって授けられているのだ。この世に最初に現れた統治は、純粋に父親の権威という自然権の上に確立されていたのである。後にそれが、子孫の増加によって、王にふさわしい権力へと成長したのだ。[p. 29]

ロック　統治の父権的権利を認めるとしても（これは、主張されてはいても証明はされていない）、父権的王権は父の死に伴ってすべてがただ長子に移るのか、あるいはそれとも、兄弟のすべてがそれぞれの事項に対等の権利をもつのか。もし前者であれば、王権はたしかに「自然ノ権利ニヨル[3]」が、全世界に一人しか正当な王はいないことになる。すなわちアダムの子孫たちである。もし後者であれば統治は、王によるのであれその他であれ、ただ人々の同意のみに依拠することになる。

パーカー　世俗権力行使者の利害にとって、その支配圏で教えられる宗教がとくにどのような教義のものであるかに注意することほど、重要なことはない。というのは、その中には統治の目的にとくに好都合のものもあれば、本質的に統治の妨げとなるものもあるからである。［p. 144］

ロック　だからといって、権力行使者は必ず、宗教についての思弁的見解までも自らと同じになるように、また同じ儀式によって神を礼拝するようにと、法律や処罰の苛酷さによって人々を強いねばならないのだろうか？　権力行使者がもろもろの扇動的教義を抑止すべきだということは誰も否定しないだろうが、しかしそうすることができるからといって、他のすべての教義を禁じたり押しつけたりする力を彼は持つのだろうか？　もたないとするならば、貴君の意見は中途半端だ。だがもし、持つとするのであれば、ホッブズ氏の教義と、どれほど違うのだろうか？[4]

パーカー　狂信は宗教について最大の、かつもっとも容易に起こりうる害悪である。それはいかなる土壌にもはびこる雑草であり、世界のあらゆる宗教と交雑する。［p. 153］

ロック　この狂信的精神とは、同じ段落で彼が、狂信的熱狂に駆られて極めつきの非道や大量殺戮や虐殺を犯して人の世に非常な害をなしてきたと非難しているのと、同じ激情ではないのだろうか？　そうだとして、それはすべての宗教に交じりこんでいるともいうのだが。〔それなら〕彼にはイングランド教会のもろもろの精神のうちどれが彼をして、礼拝についての見解やその方式で自分と異なる者はすべて迫害するよう支配者に迫らせるのかも、検討してほしいものだ、彼の見解や礼拝方式を公〔権力〕が支持することで彼が得るのは、昇進なのだ。[5]

注

1 〔訳注〕聖職者が儀式のさいに着用するゆるい白の上着だが、ローマカトリック教会を連想させるため、プロテスタント系の非国教徒は着用に反対していた。歴史的にさかのぼれば、国教会は一五六五年にその着用規定を厳格化しており、それがピューリタンを生む一因となったとされている。

2 〔訳注〕聖職者が儀式を行うときなどに着用する長衣が念頭にあるのか、王が帰還時に着用して、当時大流行した袖なしの長上着が連想されているのか、不明。

3 *jure naturali* [by natural right]

4 他でもロックは時々ホッブズに言及している。*Two Treatises*, Preface; I, 14; II, 98; *Mr Locke's Reply to the Bishop of Worceter's Answers to his Second Letter* ―「私はホッブズやスピノザには、その名を正当にも非難する人々ほどには、あまり通じていません」(*Works*, IV, 477); *A Second Vindication of the Reasonableness of Christianity* ― は『リヴァイアサン』から借用したことを否定する (*Works*, VII, 420-1); *Remarks upon Norris and Malebranche* ―「ホッブズとスピノザの宗教は……不可避の運命的必然に……すべてを解消する」(*Works*, X, 255-56); *ECHU*, bk 1, ch. 3:「もしキリスト教徒が、なぜ約束を守らねばならぬのか、とたずねられたら……、理由として次のように言うだろう。なぜなら、神は永遠の生死について力をもち、約束を守るようわれわれに求めるからだと。しかし、ホッブズ主義者が同じようにたずねられたら、彼はこう答えるだろう。なぜなら、公共社会がそれを求めるからであり、約束を守らなければ、リヴァイアサンが君を処罰するだろうと。」MS Locke, c. 33, pp. 29, 35; f. 4, pp. 16, 71 (notebook entries);「研究」(本書補遺を見よ); 'Critical Notes on Stillingfleet' (MS Locke, c. 34, p. 40). Cox 1960, ch. 1 を見よ。

5 〔訳注〕この文章は、尋常一様でなく複雑な構造を与えられている。その最大の理由は、権力行使者に迫害を教唆するパーカーの動機は出世欲だ、という指摘に皮肉をきかせるため、最後に「昇進(preferment)」という言葉を置いたことである(日本語訳では、雰囲気だけは再現につとめたものの、この芸当はできない)。前半で代名詞が多用してあるのも、おそらくは心理的サスペンスの効果を強めるためであり、事実、読者は、最後にたどり着くまでじりじりさせられる。ミルトンもどきのいわゆるキケロ風に periodic な文章だが、ロックの文書全般はむしろ、これとは対蹠的に trailing であることを思えば、最大限の皮肉の演出のために修辞的文章を構築せずにいられないほど、反感と侮蔑が大きかったのだろう。その気があればこれだけ凝った散文をロックが書けた証拠としても、貴重かもしれない。後掲吉村論文「ロックの文章について」参照。

6 思索断片集 A

Adversaria A

一六七〇年頃か？ Adversaria 1661, fos. 1-3. 表題なし。Abrams 1967, pp. 245-5（一六六一年としている）に部分的に収録。ラテン語からの翻訳だが、ロック自身による表形式の配置は、ここでは再現していない。第二部は自然界にかかわっているが（*Physica sive Corporum Scientia*）省略した。同様の表が MS Locke, c. 28, fo. 41 'Sapientia [16]72' にもある。ロックは知識の類型学についていくつか試みをしており、ときには思いつきを書きとめること（'commonplacing' or 'adversaria'）についての助言というかたちで、それをしている。「思索断片集 B」、「C」、そして「知識 A」と「B」〔本書収録〕とを比較せよ。これ以外の例としては、MS Locke, f. 15, pp. 110, 119-20, 122-3, and c. 42B, p. 22。ロックは 'A New Method of a Common-Place-Book' を一六八六年に出版している（*Works*, III, 305-23）。*ECHU*, bk IV, ch. 21 は「諸学の区分について」と呼ばれており、人間の知性の全域が、次のように三つの部分に分割されている。事物の知識（*physica*）、何が「善で有用」か、ことに倫理学（*practica*）、そして記号（言葉と観念）の知識。

神学。歴史的、または合理的。神。霊—天使。不死性—分離された魂、復活。礼拝—祭儀、儀式、聖人への願かけ、聖職者。倫理学—自然法、美徳と悪徳。啓示—奇蹟、予言、夢、幻視、霊感、預言、神託。ユダヤ教世界（天地創造）、キリスト教世界。

政体。基本事項—父権的権利、人々の同意。形態—王制、貴族制、民主制、混合政体、基本政体。行政

—成文国法。

慎慮（prudence）。その目指すところ—幸福（天上的な、神学に関係）、心の安寧、健康（自然学（physics）に関係）、富（家政学に関係）、権力（政治に関係）、評判、愛顧、等々。これらの目標を達成する手段—自己についての知識、おのれの情念の支配。知的能力の認識、助言を求めること、人心操作（修辞学）、家政学—販売と会計（歴史、通商、等々）、軍事技術。[1]

注

1　ここでは、翻訳上の問題がある。私は、現代的な「医学 medicine」と「経済学 economics」の代わりに、「自然学 physics」と「家政学 economy」を採用した。

7　世俗の権力、教会の権力　Civil and Ecclesiastical Power

一六七四年。'Of the difference between civil and ecclesiastical power', 裏書きは 'excommunication'. MS Locke, c. 27, fo.29。一部はロックの手。King 1829, 297-304; 1830, II, 108-19 に、不完全に収録。ロックは、宗教的統一の強制は世俗権力行使者の仕事ではない、と強調している。彼は、教会にはその成員に破門で制裁を加える権利があることを認めているが、そのさい世俗の罰は加えないことを条件としている。手稿においては、番号をふられた段落が二つの並行する欄をなしており、「世俗社会、または国家 (Civil society, or the state)」そして「宗教社会、または教会 (Religious society, or the church)」と見出しがつけられている。この版では欄の体裁は再現していないが、かわりに、該当する段落ごとに、「国家」や「教会」という見出しをつけた。

二重の社会が存在し、世界中のほとんどの人はその構成員であるが、関心事が二重であるために、幸福も二重となる。すなわち、この世のそれと、あの世のそれである。したがって、以下のような二つの社会が生じる、すなわち宗教と世俗の社会である。

国家　(1)世俗社会の目標は世俗の平和と繁栄であり、これを言い換えれば、社会とその全構成員を、構成員各人がこの世で自分の所有するものすべてを自由かつ安らかに享受している状態で、保全することである。しかし、この世の関心事を越えては、この社会は何も関与するところがない。

教会 (1)宗教社会の目標は、この世の後のもう一つの世における幸福の達成である。

国家 (2)この社会への参加、またはその一部となるための条件は、その法への服従を約束することである。

教会 (2)この社会への参加、またはその構成員となるための条件は、その法への服従を約束することである。

国家 (3)この社会の法律にふさわしい「ソレヲ巡ル (*circa quam*)」事項とは、上述の目的すなわち世俗の幸福に資するすべての事項である。だが、事実上そのほとんどすべては道徳的であって非本質的事項であり、それらのいずれであれ、それを行なったり行なわなかったりすることが上記の目的に資する傾向をもつに至らない限り、この社会の法律にふさわしい事項ではないのである。

教会 (3)この社会の法律にふさわしい事項とは、来世の至福の達成に資するすべての事項であり、それには三種類ある。すなわち、(i)「信ジラレルベキ事柄 (*credenda*)」、言い換えれば、信仰心や信念であり、知性に帰着する。(ii)「礼拝儀式 (*cultus religiosus*)」、これには、われわれの神への敬意と尊崇の念を表現する方法と、神に心を向け、何らか善きものを神から得んとする方法の、両方がふくまれる。(iii)「道徳

（*Moralia*）」、言い換えれば、自他を尊重して自らの行動を正しく管理すること。

国家　⑷この社会の法律への服従を確保し、かつ維持する手段は、力、または処罰である。つまり、この世の善きものの持ち分を、それが誰の持ち分であれ、この社会の及ぶ範囲において減らしたり、ときには死刑の場合のように、完全に剝奪するのである。そして私が思うには、世俗の権力と社会のすべての目的、領域と範囲は、これで尽きる。

教会　⑷この社会の法律への服従を確保する方法は、来世における禍福への望みと恐れである。しかし、この社会の法律は来世の幸福のためにあり、またこれらに付随する懲罰も来世のものであるとはいえ、この社会自体はこの世にあり、またここにおいて維持されねばならないのだから、ここにおけるその存続のために、何らかの手段が必要である。それがすなわち、その法律に従わなかったり秩序を乱す構成員の、追放である。そして私が思うには、教会権力および宗教社会のすべての目的、領域と範囲は、これで尽きる。私はこれが教会と国家の明確な境界だろうと思うので、両者を一緒にして少し比較してみよう。並べると次のようになる。

国家　⑴世俗社会が目指すものは、この世が与えてくれるものを現在ただいま享受することである。

教会　⑴教会共同体で目指すものは、来世に獲得されるべきものの、未来にかけた期待〔である〕。

国家　(2)世俗社会が目指す今一つのものは、その社会を保全すること、または統治を統治それ自体のために保全することである。

教会　(2)宗教共同体の保全は、たんに、来世におけるわれわれの幸福にかかわる法や真実を伝え、また広めるためである。

国家と教会　(3)参加の条件は、あらゆる社会において同じでなければならない。

国家　(4)コモンウェルスの法は変化しうる、というのは社会の外側ではなく内側で、それ〔社会自体〕と明確に区別できない権威によって、作られたからである。

教会　(4)宗教社会の法は、それらの執行上必要な秩序に資するものを除いては、[1]変化を受けつけず、この社会のどのような権威にも屈することはない。そしてこの社会によってこの社会内でのみ提案されるが、立法するのは、この社会の外にあり、かつそれに優越する授法者である。

国家　(5)世俗社会の法律への服従を促し、またそれ〔法律への服従〕によって目的である世俗の幸福を達成するための適切な手段は、力、または懲罰である。(i)社会の保全と市民の幸福を得る効果的で充分な方法とは、法律執行が直接的で自然な結果を出すことである。(ii)それは正しい、というのは、法律を破ることはほとんどの場合、他者の権利の侵害および減損であり、つねに社会の解体を招く傾向があるが、その継続にはすべての人の個々の権利が含まれるのであるから、他者の財物に減損を生じさせた者は、自らの財物に減損をこうむるべき、というのは正しい。(iii)それは社会の権力の範囲内にある、というのは、その目的のための剣は権力行使者の手にあるので、社会は自らの力を敵対者にたいして行使できるからである。しかし世俗社会は、自らの領域である世俗世界の幸福の外の事柄には、かかわらない。[2]

教会　(5)宗教の法の遵守を強いるものとして適正なのは、あの世での褒賞と懲罰である。世俗の懲罰はそれには当たらない。(i)それ〔世俗の懲罰〕は、その目的には効果的でない、というのは、どのような法律にかんしてであれ、懲罰がもたらす悪しきことが、法律への不服従によって得られたり期待できたりする善きことより、確実に大きくないならば、人々を服従させ続けるのに充分ではないからである。だから、永続性のないこの世の懲罰は、どんなものであれ、人を説得してそうさせるには、あるいは、その人が永遠の幸福や悲惨をもたらすと信じている道から逸れさせるには、充分ではない。(ii)「信ジラレルベキ事柄」と「礼拝儀式」のどちらを事由とするにせよ、私が他の人々の享受するものをいささかも妨げていないのであれば、私がこの世の善きものを奪われるのは不当である。というのは、私の信仰や礼拝は、いかなる他人をも、その人のどのようなかかわりにおいてであれ、いささかも傷つけはしないからである。そして道徳的逸脱、この三番目こそが宗教の真実の役目であるが、この件では宗教社会は罰を加えることができない、なぜならば、それは世俗社会を侵し、権力行使者の手から剣を奪うことだからである。世俗社会においては、一人の人にとっての善きことは、他の人にとっての善きことと絡まりあっているが、宗教社会においては、すべての人の利害がそれぞれ別であって、一人が逸脱したからといって、誰かがそれをまねる以上に害があるわけではないし、その場合でも、もし過つならば自らの責任において過つのである。それゆえ私が思うには、外的な懲罰を加えること、すなわち、この世の善きものを剥奪したり減損させたりすることは、何ごとであれ教会には属さない。教会が、その〔真実の〕普及を妨げるであろう次のような二つの悪を排除することが公正となるのは、ただ真実の普及という目的のみ（どの社会も、それを自らの宗教と信じているのであるが）によるのである。(i)内的騒擾、すなわちその構成員による教義と規律への違反や不服従、(ii)外的不名誉、すなわちその構成員の不面目な生き方、または認められていない信仰の告白。それ〔悪の排除〕を行なうための適正な方法、つまり教会の権力の範囲内にある方法とは、そのような悪しき構成員の追放と拒否である。

国家と教会　(6)教会の構成員であることは完全に自らの意志によるのであって、誰であれいつ何どきでも、好むときにそれを止めることができ、しかも本人はいかなる不利益もこうむらないが、世俗社会にあっては、そうではない。

しかし、宗教社会には二種類あって、それぞれの内部状況が非常に異なるため、それぞれの権力の行使も異なる。考慮されなくてはならないのは、人間はすべて（該当しないのはごく少数か、あるいは皆無である）、強制、偶然、合意、またその他さまざまな偶発的事情のために多様な形態の世俗社会に組みこまれており、何らかの宗教をもたぬ人間もきわめて稀である。それゆえ、次のようになる。すなわち、大多数は何らかの教会と何らかのコモンウェルスの両方の構成員なのだから、それゆえ、次のようになる――

(1)世俗社会と宗教社会の広がりが重なるところがある、すなわち、コモンウェルスの権力行使者とすべての臣民が、同じ教会の構成員でもあるのだ。モスクワではそんなふうであり、それによって彼ら全員が、同じ世俗の法律、同じ意見と宗教的礼拝をもつのである。

(2)教会や宗教社会が完全な一社会として行動し、かつ認知され、全体が一つの宗教であって、コモンウェルスはその一部にすぎないところがある。スペイン、そしてイタリアの諸公国においては、そうである。

(3)コモンウェルスの宗教、つまり公的に認証維持された宗教が、コモンウェルスの臣民のすべてに受け容れられているわけではないところがある。イングランドのプロテスタント教はそんなふうであるし、ブランデンブルクの改革派も、スウェーデンのルター派もそうである。

(4)民の一部の宗教が、世俗社会の支配層のそれとは違うところがある。イングランドの長老派、独立派、再洗礼派、クエイカーとユダヤ教徒、クレーフェ[3]におけるルター派と教皇教徒、等々。最後の二つの例においては、宗教社会が世俗社会の一部をなしている。それぞれの宗教においては、人々が同信者であることの内実として考慮されるべきこともまた、三つある。すなわち、(i)意見、または見解、または「信ジラレルベキ事柄」。(ii)「礼拝儀式」。(iii)「道徳[4]」。教会権力の行使にさいしては、これらのすべてが考慮されるべきである。私は、教会権力は適正には破門以上には及ばないと思うが、それは破廉恥な、または無法な構成員の排除である。

(1)第一の場合には、不道徳ゆえに破門する必要はない、というのは、それにたいしては世俗の法律が、それを抑止するに足る罰をすでに科しているか、あるいはそれを充分になしうるからである。というのも、世俗の権力行使者はその剣の支配の下で道徳上の行動に出るからであるし、それゆえ、自らが是正を強制しうるような過ちを犯したことを事由として、臣民を国から追い出したりはしないだろう。しかし誰にもせよ、もし「信仰マタハ礼拝儀式ニオイテ」[5]教会と異なるとしても、私がまず思うのは、世俗の権力行使者がその者をその事由で罰しうるのは、それが世俗の平和を乱すと彼が完全に確信した場合のみであって、さもなければ不可だということである。しかし宗教社会は、宗教社会の平和がそれ〔破門〕によって保全されるのであれば、たしかにその者を破門できる。しかし、そうした破門にさいしては、公共の平和の考慮に基づいて行なう以外、破門自体以外の不利益が追い討ちをかけるようであってはならない。というのは、その者が沈黙のうちに自らの意見を秘め、あるいは自分の意見や異なる礼拝を、あの〔世俗の〕統治からは見えないようにしているとすれば、私には、その者が妨害されてよい理由が分からないのである。

⑵第二の場合には、私が思うには、教会は信仰と礼拝の過ちを事由として破門できる。しかし、作法の過ちは事由にならない。それらについては権力行使者が、世俗社会と幸福との保全のために、罰を定めているのである。

⑶私が思うには、同一のことが、第三の場合でも原則となるべきである。

⑷第四の場合には、私が思うに教会は、信仰、礼拝、または作法にかかわる事項を事由として破門を行なう力がある。もっとも、権力行使者は同じ不道徳をその剣で罰するのであるが、さもなければ教会は破廉恥を排除できないのだから、これは教会の保全とその教義の普及のために必要なのである。そして、誰が自分たちの社会にふさわしいかを判定する権限を、権力行使者は、自分の支配域内に存在を認められたどのような宗教社会にたいしても、拒むことはできない。これは、コンスタンティヌス[6]までの教会の状態だった。しかし、これまでのどの例においても、どの教会によってであれ、教会構成員にたいする以外に宣告されうる破門はない。自らに所属しない部分を切り離すなど、馬鹿げているからであ

る。また世俗の権力行使者は、破門を事由としてはいかなる罰をも科してはならず、コモンウェルスの世俗の平和と繁栄の保全（彼の権力はその枠内に限られている）にとって便宜だと思うところに従って、かつ破門とはいっさい無関係に、その事実だけを罰するなり、あるいは罰を差し控えるなりすべきである。

注

1 bating［excepting］
2 withour［outside］
3 ロックは、クレーフェの町を一六六五―六年に訪れており、世俗の平和と宗教的多元主義がともに存続していることに、深く感銘を受けた。書簡 175–84 参照。
4 *Mores*［morals］
5 *fide aut cultu*［faith or worship］
6 最初のキリスト教徒の皇帝で、三一三年頃改宗した。

8 通商 Trade

一六七四年。'TAEI / Trade / Essay 1674' という裏書きがある。MS Locke, c. 30, fo. 18. Thirsk and Cooper 1972, p. 96; Kelly 1991, II, 485-6 に収録。ロックの見解は、カルー・レイネルの『イングランドの真の利益』(一六七四年)に依拠している。ロックは最終段落二つを表形式にしているが、その体裁は再現しなかった。これらの項目のほとんどは、レイネルが言及しているものである。

通商の主たる目的は富と力であり、これらはお互いがお互いを生む。富は、外国人にとっては価値があって、かつ国内では消費されそうでない、動産の豊富さに存するが、とりわけ金銀の豊富さに存する。力は人の数と、それを維持する能力に存する。通商は、〔動産や金銀の〕貯えと人を増加させてこの両者に資し、両者はまた、お互いがお互いを増加させる。

通商は二重構造をもつ。⑴国内製造業。これは、自国民の消費用(外国からの輸入品を除く場合)であれ、他国民の消費用であれ、消費用の商品を作るために雇用される労働のすべてと解されるべきである。⑵輸送。すなわち海運と売買。

人もまた、二重構造をもつ。⑴いかなる形であれ通商に貢献する人々。とくに輸出用商品に貢献する人々であるが、主なところは、農業、織物業、鉱山業、海運業といった業務の従事者である。⑵無為で、したがって無用な、ジェントリの家来たちと乞食たち、あるいは、もっと悪いのは通商を妨げる者たちで、家来たちはある程度そうであるし、大勢の法律家もそうなのだが、最悪なのは、雇われ兵士たちである。

通商を振興するもの。通商の自由、帰化の容易さ、宗教の自由、財産の登録または保証、低関税、公立労役所（public workhouse）、良質で安定して偽造困難な通貨、手形譲渡、島嶼における船員の増加と優遇、供給に事欠かず自給可能な大陸部に船員や海運がないこと、安価な労働、自国製造業に適合した経営方法、市場に適合していてその商品をわれわれが求めるような製品、低輸出関税[1]、国内新製品。

通商を妨げるもの。法律の錯雑、逮捕、投獄[2]、権力の横暴、浪費に結びつきやすい諸悪。

注

1　この当時、輸入だけでなく輸出にも関税がかけられていた。一七二二年に廃止された。

2　すなわち負債ゆえの。負債にかんする法律の苛酷さは、一七世紀から一九世紀にかけて、つねに怨嗟の的だった。

9　司祭に課する特別審査　The Particular Test for Priests

一六七四年頃。'The Particular test for Priests.' 裏書きには 'Papists Test' および 'Te[st] Walsh' とある。MS Locke, c. 27, fo. 30. これまで公刊されたことはない。筆跡はロックのものではなく、彼が原作者かどうかも確かではない。カトリックの司祭が否定しなくてはならない教義を含んだ、宣誓の草稿であり、カトリック信徒が信じていると広く見なされていた教義がどのようなものかを、具体的に示している。ピーター・ウォルシュは、フランシスコ派のアイルランド人司祭で、一六六一年に「忠誠宣誓書式、またはアイルランドの要望書」を書いた。これは、彼がアイルランドのカトリック教徒が行なうことを望んだ忠誠宣誓の一案で、その見返りに寛容を期待したのである。アイルランドカトリック教会はこれを斥け、ウォルシュは一六七〇年に破門された。この「司祭に課する特別審査」はウォルシュの宣誓案のはるかに先を行く。おそらく、ウォルシュの『忠誠宣誓にかんするいくつかの疑問』(一六七四年)に刺激されたものだろう。ロックはそれを一部、自分の書庫に所蔵していた。Brennan 1957 を見よ。

「私ことA.B.[氏名]は、衷心より、以下の立場、または教義を徹底的に否認し、放棄するものである。」

(1)教皇は、信仰上の疑問や論争の裁定において、無謬である。

(2)教会会議」(councils) は教皇によって招集され、かつ権威づけられたものであり、その権威によって、個々の教会や王国の同意や承認がなくとも、全キリスト教徒は教会会議の布告を守らねばならない。
(3)教皇は、少なくともある種の特別な場合には、君主をその主権から退ける権威を有する。また、誰であれ、そのような措置のために、君主の生命、または資産を狙うことは、適法とされる。
(4)主権的君主にたいする忠誠の義務は、宣誓があったにせよなかったにせよ、教皇の権威によって無効化、または一時停止されうるし、それへの違反も免責されうる。また教皇は、正当にも主張している[2]絶大なる力をもって、国家のいかなる法の効力をも失効させうる。
(5)教皇は忠誠宣誓を無効とすることはないが、複数の聖職者および決疑論者[3]（casuists）から、それが無価値かつ無効であるという意見を得た場合には、その宣誓を破るのが誰であれ、その者の良心は充分に満足してよい。
(6)国のいかなる法律が禁じていようと、大勅書には誰もが従わねばならないし、その公表が行なわれなくてはならない。また、ローマから召喚を受けた場合には、該当者はただちに出頭して、その地において答弁しなければならない。
(7)王の権威を代理する者の前で宣誓を行ない、または答弁する場合、誤解を誘う言葉づかいをしたり、心裡留保（equivocations, or mental reservations）することは、適法である[4]。
(8)異端の君主や臣民との宣誓を守らなくても、教皇あるいは教会会議が〔異端の君主や臣民によって〕授けられ約束された宣誓から人々を解放するか、または彼らにはそれを求め、もしくは授ける力がないと宣言した場合には、適法である。
(9)懺悔の守秘は、過去のしかも真実に悔い改められた罪のすべてに及ぶばかりでなく、まだ公表されていないものの、実行が意図されている未来の反逆や陰謀にも及ぶ。

⑽誰であれ、〔世俗の〕上司への服従を誓ってローマ教会の司祭職を授けられた者、または修道会に入った者は、そのことにより、世俗権力の同意がなく、かつそれに反しても、世俗の権威に服し従うことを免除され、他の臣民のようには、不服従やその他の犯罪行為について責任を問われることはない。
⑾司教がその就任における聖別のさいに行なう、ローマ教皇の定めた宣誓は、適法な宣誓であって、もし教皇がそれとの抵触を認めた場合には、本来の君主にたいするいかなる忠誠義務があろうとも、またはその君主にたいして同人が行なった、もしくは行なう可能性のあるいかなる宣誓があろうとも、〔教皇の定めた宣誓が〕良心において拘束力をもつ。

公告（Advertisements）

⑴教皇ではなく国王が、われらの唯一真実なる地上における至高の主人であるからには、臣民の誰であれ当該宣誓〔ローマ教皇の定めた宣誓〕を自ら行なうこと、またそれをすでに行なったか、今後行なう者に従えば、反逆とみなすこともまた、おそらくは望ましい。
⑵もしそうであるなら、当該臣民の誰であれ、教皇には国王を廃したり、その臣民に武装叛乱を教唆する権威があることを、意識的に主張、支持、または口頭、書物やその他の手段をもって弁護したりすれば、反逆と見なすこともまた、なぜ望ましくはないのだろうか。[5]
⑶これらの公告のいずれがどのように解釈されるにせよ、上の審査はイングランドの全司祭に例外なく遍く適用されることを意図したのではないことを、つねに想定せねばならない。というのは、イングランドの司祭であってイエズス会士でもあるあの者たち、すなわち、自らをイエスのお仲間と称するあの特別な修道会の聖職、組織、または団体に属する司祭たちのためのものではないからである。[6]

注

1 すなわち教会の総会議。
2 〔訳注〕たんに council(s) とあるときは、以下、教会会議とする。general council は、ロックの文章中のそれは総会議とし、その他の部分では、場合によっては、公会議とする。
3 challenged 〔claimed〕
4 〔訳注〕教義の一般原則を特定の問題に適用して結論を出す専門家。
5 〔訳注〕イエズス会流の詭弁 Jesuit (Jesuitical) equivocation とも呼ばれた。うそをつかずに難局を乗り切る方法であったが、濫用をいましめる意見はイエズス会士の間にもあった。状況や通常の語法によってではなく、話し手のみによって真意が決定される類の心裡留保は、一六七九年には教皇庁によって虚偽と宣告された。
6 欄外に、次のように書かれている。「フランスの第三身分は王国におけるそのような行動を肯定する投票を行ない、実行したことだろう、もし枢機卿ペロンが、優雅だが根拠薄弱な演説を行なって介入していなかったならば」。
〔訳注〕イエズス会士である者を適用対象外とするのは一見奇妙だが、これは、彼らがいかに特殊な存在と見られていたかを示す。彼らは、先のイエズス会流の詭弁によって、口先での宣誓を心裡留保ないし否認すると考えられていたからである。

10 博愛 Philanthropy

一六七五年。'Philanthropy or the Christian Philosopher's' {sic}、裏書きは 'Phil75'。MS Locke, c. 27, fo. 30. Sina 1972, pp. 59-61; Milton 1993, pp. 65-6; Wootton 1993, pp. 232-4 に収録。この文書は、哲学協会設立の趣意書かもしれない。といっても、その意図を明らかに示すのは、表題と末尾近くの一文のみであるが。真実の探求を妨げるさまざまな事柄についての考察。*ECHU*, bk IV と比較せよ。

人というものは、美徳についても悪徳についても付き合う仲間、そして彼らと交わす言葉次第だが、それというのも、お手本と仲間たちのありよう〔fashion〕がこの世では最強の支配者だからである。行なったり取りかかったりするすべてについて、誰であれ第一に発すべき問いは、それが神の御心《み》にかなうかどうかである。しかし、〔実際には〕ほとんどの者が発する第一の問いは、このことで自分が仲間に、または高く評価してもらいたい相手に、どう思われるかである。これらのどちらも問わないようであれば、陰気ならず者であり、人間のうちでも、つねにもっとも危険で最悪である。宗教のであれ哲学のであれ、これが、この世に存在してきたあらゆる派閥や会派〔sects and orders〕の根本だ。人間は、自分と同じあり方をしている他の人々から享受する友情と保護によって支えられ、また喜びを覚える。そして、これら〔友情と保護〕が実際に多く、または少なく彼らの間で行なわれるのに応じて、その集団は大きくなったり小さくなったりする。プロテスタント教は、それが一つの派や閥だったときには、お互いを慈しみ好意を抱きあい、ローマ教会の権力と迫害に抗して、めざましく勢力を伸ばした。しかし、その熱気が去り、たんにより真実なる教義として抱かれるようになってからは、この四〇年間というもの、ローマ流のこけおどしから〔プロテスタントへ〕宗旨替えした者を、その数〔四〇〕ほども生み出していない。高位聖職者たちは明らかに自分たちの利を回復したがっているが、その利がもっとも高きに置かれてあるのは、かの宗教なのである。しかし、一般信徒の過半は、利害を逆にするのみならず、彼らの冷酷さと野心を嫌悪してもいるので、自らいくつもの派や教会に別れ、それぞれに異なる新しい名前ややり方を自らのものとした。それによって共通の敵に対抗するべく、いくばくかの暖かさと熱を保てるようにしたのだが、そうでもしなければ敵は、彼らが皆眠っていると思いこむところだったのだ。真理と理性がいかにわずかな効果しか人間には発揮しないか、また、不壊の友情と気遣いを保つ者たちの間では、仲間や交際がいかに大きな力を、彼らのあり方すべてについて発揮するか、クエイカーが善い例となる。みんなの仕事は誰の仕事でもないというのは、正しい格言である。この格言は真実についても当てはまるのであり、彼女〔真実〕には一味も与党もなく、彼女を抱くことは誰の利にもならない。彼女ゆえに辛い目にあう者の面倒をみるべき集団も顧問団もない。聖職者は、彼女をおもんぱかる振りを何百年もしてきた。だが、どの程度しっかりやってきたかは、世界が知るところ。彼らは妾を見つけたのであって、現行[1]（present）権力という名のそれは、真実よりもずっと多くを、彼らに支払えるのである。彼女〔現行権力〕が申しつける何ごとであれ、彼らはわれわれに、この大女神としてそれを崇めよという。彼らの厚顔ぶりは非常なもので、時々の権力者が変わるたびに、それを変えてきたにもかかわらず、同じ女神、すなわち真実だと主張する。この種の人間の大部分が、権力行使者か人民かのどちらかに媚びないなど、ありうべきことではない。どちらにせよ、真実は害をこうむるのだ。学問は、ほとんどの者が苦労と費用をかけて取り組む業だが、これは、後の人生でその有利さを享受するためである。何であれ業なら最高の市場でさばきたいものだが、真実と金銭、真実と賃金とは、けっして長くはともにやってゆけない。われわれが、真実と美徳を愛する人々との交わりを熱烈に求めるのは、このようなさまざまの考えのしからしむるところだが、互いのなすところにおいて互いを励まし、援助し、支えるためであり、できうべくんば、いかなる悲惨と災厄の大氾濫が世界のこの地域を席巻しようとも、真実、宗教と美徳をわれわれの間に維持するのに、何ほどかの働きをなすためである。われわれは、世俗の権力行使者の正当かつ法的な権力にかかわる何ごとにも、干渉するつもりはない。真実、美徳と正義を愛する者たちがわが国の統治と法律を傷つけるなど、ありえないことだ。われわれは、それ〔自国〕を守るためならば、生命と財産を投げ出す義務があると考える。隣人をも愛さぬ者が神を愛するとは言えないし、自国を愛さぬ者は隣人を愛することができない。われわれ自身が属する国の民（the nation）の法律と権利を保全することが、最大の慈善である。善き人、そして慈善心ある人ならば、誰にたいしても、相手ごとにしかるべく接しなくてはならない。王位にある王から、路上の乞食に至るまで。

注

1　手稿には'praes'とあり、それをシナは'priest'と転写する。

11 カトリックの無謬性 Catholic Infallibility

一六七五年。'Queries' と題され、'Queries Popery 75' と裏書きされている。MS Locke, c. 27, fos. 32-3. ロックの手蹟ではなく、原作者は定かではない。Sina 1972, pp. 62-4 に収録。これらの書きつけは、ロックがカトリックの無謬性の教義を嫌っていたことを、示している。一九世紀以前には多くのカトリック教徒が、無謬性は教皇個人というよりは、公会議にあると信じていたことに注意されたい。

(1)この世に無謬の判定者が存在するか。
(2)いずれかの教会が、その判定者か。
(3)ローマ教会が、その判定者か。
(4)もしそうなら、いかなる資格においてか。その無謬性は頭領たる教皇にあるのか、あるいは教会全体にあるのか。その場合は全体に遍在するのか、教会会議に集約されるのか。もし教会会議が無謬なら、教皇の承認は必須なのか、なくてもよいのか。
(5)誰がその議員でなくてはならないかを、どうすれば確実に知りうるのか。聖職者と平信徒か、または聖職者のみか、または司教のみか、長老も、そして助祭も入るのか、または少なくとも辺境司教[1] (chorepiscopy) が入るのか。というのは、普通はこれらすべてが同意署名しているのだから。

⑹教会会議のことは彼らの意のままとしてみよう。〔そのとき〕どのようにして私は、彼らが無謬であると信じることができるのか。というのは、もし「信仰ノ事項ニオイテ」[2] 彼らが過ちを犯しえないほど絶対的に無謬であるなら、彼らは何であれ望むところを行なうがよいのだが。

⑺彼らが正しい決定を下す時、私はそれをいかにして知るのか、そして教会会議の制度には何が求められるのか。決定には満場一致の投票結果が必要なのか、過半数で足りるのか。

⑻教会会議を総会議たらしめるものは、何か。キリスト教世界の全司教が招集されねばならないか。

⑼彼らは招集されれば、参加しなくてはならない。さもなければ、総会議ではないのだから。

⑽誰がその総会議を招集せねばならないのか。教皇、またはキリスト教徒の王や皇帝か。これらの誰であらねばならないかについて、いかにして私は確信をもつのか。

⑾これらの決定は、どの程度まで無謬であるのか。信仰の事項においてと同様、実務的事項においてもか。

⑿もし信仰の事項においてであるなら、基本信条のみについてか、それとも、その基本の上に立てられる事項についてもか。

⒀いかにすれば私は、どの点が基本的でありどの点がそうでないのか、まったく誤りなく知ることになるのか。

⒁しかし、これらすべてが決定されたと認め、われわれの無謬の判定者は総会議とともにある教皇だと認めたとしても、教会分裂の時代には、二人、または三人の教皇が同時に存在する。クレメンス三世とグレゴリウス七世、ゲラシウス二世とグレゴリウス八世、セレスティヌス二世とホノリウス二世、アナクレトス二世とインノケンティウス二世、ヴィクトル四世とアレクサンデル三世、クレメンス七世と

ウルバヌス六世、エウゲニウス四世とフェリクス五世。[3] イエズス会士ゴティオルの本[4]によってさらに長大な列挙を見てもよかろうが、これらがお互いに闘った期間を合わせせると、四〇年から五〇年になる。そのため、存命中のもっとも学識ある聖職者たちさえ、どちらが聖ペテロの本当の後継者か分からないでいるし、理性の声は、ふたたびそうなるかもしれないと言う。そこで私は問うのだが、いかにすれば、どちらが無謬の判定者だと分かるのか。あるいは、いかなる原則をもってローマ主義者（Romanist）は、真実が定められている時とそうでない時を見分けるのか。というのも、シクストゥス五世はある版の聖書を一五九〇年に真実のそれと定めたが、クレメンス五世は二年後に別の版を定め、双方が相手方のを禁じて、自らのもの以外を非難したのである。これら二つの聖書には多くの不一致があるが、矛盾しあう命題が両方とも福音であるはずがない。もしそうなら、二つのうちどちらか一方が真実ではないことになるが（こうなるとひどい不都合が起きざるをえない）、そうでなければどちらもが真実の教皇ということになり、それらの定義も正しいことになって、真実の教皇主義者には真実の聖書がないことになる。

⒂しかし、分裂がなく、全体が一人の教皇にまとまり、総会議が開催されたとしよう。この、教皇と称される人物が本当にそうであると、いかにすれば私は確信がもてるのか。というのも私は、彼ら自身の論理によって、秘密の買収による就任が無効であるのを、知っているからである。教皇ユリウス二世の大勅書「買収ニヨル教皇ノ選出ニツイテ……」[5]がそう言っているのであるが、ある教皇が買収によらなかったかどうか、私には知りようがない。[6] シクストゥス五世が買収によったのは悪名高い話で、買収した枢機卿デシーに、彼は服従と反対派にたいする保護などを約束したのだが、枢機卿はシクストゥス五世自筆のこうした約束のすべてを、当時のスペイン王フェリペに送ったのだった。フェリペは一五九

九年にローマに使者を派遣し、シクストゥス五世が教皇座につく以前に選出されていた全枢機卿にたいして、スペインのセヴィリャでの会議に参集するよう命じ、その場で現物を見せたので、この犯罪が明らかに証明されたのである。そうなると、シクストゥスが任じた全枢機卿は実は枢機卿ではないことになり、これまでの教皇たちも、実は教皇ではないことになる。

⒃しかし、かりに現教皇がたしかにそのようであって〔買収によらず〕、彼もその前任者の誰も買収によって就任したのではないことを認めても、いかにすれば私は、彼らとともに教会会議を構成する司教たちが〔本物の〕司教たちであると、確信できるのか。実際、彼らが司教でなければ、教会会議は存在しない。そして、彼らが本物の司教であるとは、彼らを任命した者が叙階のときにそう意図していなければ〔本物の司教を任命する意図がなかったならば〕、いかなる教皇主義者にも永遠に知りえざるところである[7]。そして、彼がそうだったかどうかは、ただ神のみぞ知り給うのであるから、彼ら自身の論理によって、彼らは司教ではなく、結果として教会会議も存在しない。

⒄そうして一堂に（たとえばトレントにおいて）[8]会した教皇と司教たちがキリスト教徒であるかどうか、いかにすれば私は知りうるのか。もしキリスト教徒でなければ、彼らは立法会議でも教会の代表でもないが、彼らがキリスト教徒であることを、どのカトリック教徒であれ、無謬の確実さをもって知るのは不可能である。というのは、もし彼らが洗礼を受けていなければ、私は彼らがキリスト教徒でないことを確信できるが、もしも洗礼を授けた司祭がそれを意図していなかったなら、トレント会議の法規によって、彼らは洗礼を受けなかったことになるのだ。その秘蹟を執り行なったさいに司祭が何を意図していたか、その場で明かすのでない限り誰にも（心中を知り給う神を除いて）たしかには分からないが、そのように明かすことはないと彼らは言うのであるから、結果的に、彼らの誰であれ、われらの救

世主の時代からこのかた、一人でも教皇がいたとか、司教がいたとか、司祭がいたということを、たしかに知る者は一人もないのである。それどころか、彼らの教会に現在一人でもキリスト教徒がいるのやら、知ることは不可能であるし、ましてや法にかなう教会会議が現在あるとか、かつてあったとかは、知ることができない。

⒅しかし、かりにこれらすべての疑義がすっきりと解決され、教会会議（彼らのつもりでは適法なそれ）が行なわれ、論争中の事項に決定を下すことを認めても、いかにすればわれわれは、それが彼らの下した決定だとたしかに知りうるのか。というのは、ことにもギリシア教会は三〇〇年近くローマ教会を、教皇が普遍教会の頭領となるように、ニケア会議[9]〔の決定内容〕に一つの法規を不正挿入した、と非難しているのだ。真正の写しを探すために、アフリカの司教たちがコンスタンティノープル、アレクサンドリアとアンティオキアに派遣されたけれども、それはまったく発見できなかった。Codex Can. Eccles. afri. Iustel p. 39, 40.[10] われわれは写字生たちの正直さ、あるいはそれらをわれわれにまで伝えた人々の正直さに依存せざるをえないが、これらの人々は明らかに無謬ではないし、われわれは、禁書目録があり、手稿に不当に挿入したりそこから削除することを知っているのである。

⒆これらすべてが解決したと認めよう。私が真正な法規を実際に手にし、かつそれが本物だと確信するとしても、いかにすれば私は、それらの本当の意味に自信がもてるのか。というのも、われわれはバルガスとソト[11]（トレント会議に参加した高名にして学識高い二人）が矛盾しあう意見を書き、弁護したことを知っている。どちらも、教会会議の法規は自分の意見を採択すべきだと考えていたが、どちらか一方は教会会議の教義からの逸脱とならざるをえない。教会会議が矛盾を解決するだろうと言わぬ限りはそうなるが、となれば、教会会議自体が無謬ではないことになる。そして、もしもどちらか一方が教

会会議を誤解していたのなら、その者にとって教会会議は無謬の導き手ではなかったことになる。さて、教会会議の参加者だった学識豊かな人々（その会議でずいぶんと論を張った人々）さえも、無謬性をもってその意味を知ることはできなかったとすると、そのどちらでもない私が、いかにしてそれをできるだろうか？

⒇そもそも無謬の判定者の必要などあるのか。キリスト教世界には三二五年の間、そういう判定者はいなかった。ニケア会議が最初の総〔会議（council）〕であり、〔それまでは〕人々が聖書を理解し救済され、そういうもの〔教会会議〕なしで済んでいたのであれば、なぜ現在そうであってはいけないのか？　もし彼らが救済されていなかったのであれば、ローマ教会はその殉教者名簿から何百何千という聖人や殉教者を削除しなくてはならない。

これら二〇の疑問が無謬性をもって解かれるまでは、誰であれ、ローマ教会の無謬性について、無謬の知識をいささかでももつことは、不可能だと思える。

注

1 chorepiscopy は、初期教会における非都市部司教、都市後背地を担当する司教補佐のこと。
2 *in rebus fidei* ［in matters of faith］
3 これらの対の一方はカトリック教会によって反教皇と見なされている。最初の五組は一一世紀半ばから一二世紀半ばにかけて、最後の二組は一四世紀末から一五世紀半ばにかけてである。ロックは、一一世紀初期の教皇たちには言及していないが、そのときには三人が同時に教皇を称したのである。教皇名を英語化した。
〔訳注〕教皇名は英語読みにならわず、日本基督教協議会文書事業部・キリスト教大事典編集委員会

『キリスト教大事典』（改訂新版）教文館、一九七七年の読み方に従った。

4 本書については特定できない。

5 *Super simoniaca Papae Electione si contigerit...*〔*Concerning the Simoniacal Election of the Pope...*〕

6 この大勅書は一五〇五年のもの。一般に、ユリウス自身の選出が買収によったとされている。

7 ロックがここと次の段落で言及しているのは、ローマカトリック教会の「欠格意図」（defect of intention）の論理であって、これによると、外面的には行なわれたと見える行為でも、行為者がその意図をもたなかった場合には、無効と見なされうる。（現在でも、婚姻の無効化は、しばしばこの論拠に頼っている）。

8 トレント会議（一五四三—六三年）は、反宗教改革に乗り出した大会議だった。

9 三二五年と七八七年に開かれた、初期の総会議。

10 おそらくアンリ・ユステル『古代教会法典』（パリ、一六六一年）だろう。後で言及される「禁書目録」のことで、ロックの『人間知性論』と『キリスト教の合理性』は、一七三〇年代にはこの目録に載せられていた。

11 Francisco Vargas と Domingo de Soto.

12　寛　容　A　Toleration A

一六七五年頃。Adversaria 1661, pp. 125, 270-1. これらの段落の最初のものには、題がついていない。第二のものは、欄外に'Toleration'とキーワードがある。大部分が King 1829, pp. 287-91; 1830, II, 82-92 に収録。抜粋は、Fox Bourne 1876, I, 156-60 にある。キングとフォックス・ボーンは誤ってこの本文を「聖職者」(1698年)〔本書収録〕と合体させている。彼らはまた、第一段落を落としており、その部分はこれまで公刊されたことがなかった。この本文は、一六六七年の『寛容論』への追加であり、最初の段落は『寛容論』にすぐに接続している。Adversaria 1661 のノートに書写されたのは、一六七一年より前ではない。ロックはキリスト教の堕落を、司祭たちの野心、および異端や異論の迫害の激化によるものとして描いている。彼の示唆するところでは、司祭たちと君主の間に聖ならざる同盟が成立し、前者が国王神授権説を説けば、後者は教会人の敵を迫害した。ロックは、司祭であること自体に君主を牛耳ろうとする傾向が伴うと記し、その具体例は教皇職のみならず長老派にも見られると言う。「貴顕の士からの手紙」(一六七五年)との間に、主題の共通性がある。補遺〔本書第3部〕を見よ。

〔山田の校訂と訳がある論考であるが、ここでの訳はゴルディの読み方を尊重し、あらためて吉村訳を出した。山田の校訂と異なる部分は注記した。〕

聖職者は、自分たちの檻(fold)〔教会〕へと人々を強いるように権力行使者にせがむよりもむしろ、人々に訴え信服させ納得させて真理に向かわせる努力を、外交官のように行なうべきだと思われる。これこそが、キリスト教を受容させ、かつ彼らが信仰するこの宗教を世界の果てまで広めた、唯一の方法だったのだ。ところが聖職者は、自分たちと意見を異にする兄弟たちを週に一度ずつ無慈悲に説教で攻撃し、他の週日にも劣らず傲慢にののしるのであって、人々を自分たちの方へ引き寄せる方途として福音の謙虚さや穏やかな方法や愛という柔らかい紐を用いるべく努力するどころか、自分たちの見解を教えこもうと彼らがいま心を砕いており（now take care）[1]かつ彼らの規律を強いられている人々を［判読不明語］させるところだったのである。というのも、せいぜい（at most［?］）[2]週に一度の説教では、信仰の知識を人々に教えるにはおそらく［判読不明語］[3]ほとんど役立たない、と言えそうに思うからだ。長年説教を聞いた後でも、人は信仰については依然無知でありうるし、善き生活をするよう人々を説得するうえでは、それはめったに効果的ではない。このことが人々に、こんな方法で彼らが檻を拡大しようと努めるのは、羊にエサをやるためではなく羊毛から利を得るためだという疑いを、抱かせるのである。私が確信するところ、これは、キリスト教をはぐくんだ最初の方法に、まったく反している。

権力行使者は、宗教にかかわる非本質的事項を命じたり禁じたりする権力をもつが、それは彼自身が構成員である教会内だけでしかありえない。というのも自らの管轄下にあるコモンウェルスにおいては、コモンウェルスは純粋に世俗団体であるところから、彼はその諸々の非本質的事項の平和を実現するためにそれらの立法者としてあるからだが、彼はさらに、宗教団体内（これはあくまで、自発的集まりであって各構成員は脱会自由だと理解されねばならないが）のことであっても、その宗教団体の規律と秩序のために、非本質的事項については立法者であることが、もっともふさわしい。しかし、だからといってどうして彼が、たとえ非本質的事項であっても礼拝次第について命令したり指示したりする権限をいささかでももつとか、自分が信者でもなければ構成員でもない教会でそのような力をもつことになるのか、私には分からない。たしかに彼は、彼の支配する誰かが、コモンウェルスの平和を乱しかねないことをしようとするなら、それを人々が世俗的事項と呼ぼうが宗教的と呼ぼうが、禁じることができる。これは彼の正当な職分なのだ。だが、自分が信奉も肯定もしない宗教的礼拝の一部である礼拝次第について何であれ指示し命じるのは、まったく彼の権限外であり、思うだに馬鹿げている。キリスト教徒の君主が、イスラムの礼拝形式を、その宗教は彼の考えではまったく誤りで瀆神的だからというので指令したり、あるいはその逆の場合を、誰か、道理にかなうとか実践可能だと、考えることができようか？しかし、あらゆる世俗上の自由をもつにふさわしいイスラムの臣民をキリスト教徒の君主がかかえることは、不可能ではない。また、「事実（*de facto*）」、トルコ人たちにはキリスト教徒の臣民がいる。教皇主義者、プロテスタント、ルター派、長老派、あるいはクエイカー等々であれ、こういった異なった教会のどれかあるいはすべてについて、権力行使者が礼拝方法に一定の形式を指定しようとするのは、同様に馬鹿げているだろう。なぜなら、宗教的礼拝とは各人が自らの神にささげる崇敬であるため、自らが礼拝する神に受容され喜ばれると彼が納得する方法以外では、彼はそれを行なうことはできないし、彼が納得する以外の儀礼や儀式や様式は、たとえ非本質的事項についてのものだといったところで、彼は何も用いることができないからである。これは、彼の神についての、そしてまたもっとも彼の意に添うであろうこと（what will best please him）[4]についての、彼の意見に依ることだから、礼拝次第について、たとえその一部であっても、誰かが他人に指定したり指示することは不可能なのだ。そしてこれは、世俗社会における各人の関心事とはまったく別で切り離された事項であるし、世俗社会はあの世での人の事情とは何の関係もないのであるから、権力行使者がこれに干渉したりその形式を指示する権利をもたないのは、いかなる私人とも同様である。そのことは、自らが主君と仰ぐ別の君侯から直接に何かを下賜されたからというので表敬する方法を、彼が自分の臣民の誰かに指定する権利がないのと同じであって、起立か跪座か、平伏か無帽か、はたまた裸足かとか、また服装があれかこれかといったことは、その君侯への彼の忠誠や、彼が自らの民をよく統治することとは、まったくかかわりがない。そうした事項は、それ自体においては完全に非本質的であるし、かつ些細なことでさえあるだろうが、礼拝者がそれらを神に求められているとか禁じられていると考え、またそれが礼拝の対象たる見えざる力を喜ばせあるいは不快にさせると彼が考えるかぎりは、そうした事項は礼拝者にとってけっして非本質的ではなく、彼の見解を誰かが[5]変えるまでは（これは説得によってのみ可能だ）、礼拝方法を彼に指定することはけっしてできないのであり、それをすれば、究極の専制である。そういうことをするのはまったく道理にかなわないので、キリスト教がこの世で充分に大きくなり、ついには一国の宗教となったときまで、種々の人間社会において、権力行使者がそんなことに奔走したり、そんな試みをくわだてた例は、ほとんど見あたらないのだ。そしてキリスト教は、一国の宗教となった〔時〕以降、他のあらゆる原因を合わせた以上に、無秩序と騒乱と流血の原因となってきたのである。

　しかし、キリストがこうした無秩序の作り手だとか、そうした致命的な害悪はキリストの教えの結果だとかは、誰にもせよ考えないで欲しいものだ、それらはキリストの教えとともに大きくなったのではあるが。反キリストが、教会の畑にこれらの毒麦の種をまいてきたのである。その毒麦が育ったのはただ次のことによるのであって、すなわち、キリスト教が拡がり支配に影響を及ぼすようになるにつれて聖職者たちは、司祭権はキリストからの継承に基づくもので、したがって世俗権力からは独立している、と主張したのだ。（彼らが説くところでは）按手や、いくつかの派の司祭たちが合意（とはいえさまざまに）した他のいくつかの儀式によって、彼らは生涯消えざる印、特異な聖性、そして、他の人々によって行なわれれば不法であるようないくつかの事項を行なう力を、天から直接に授かったのである。その主なものは、⑴神にかんする見解や来世の状態や礼拝の方法を教授すること。⑵他の者を排除して自分たちで特定の儀式を執り行なうこと。⑶彼らの教えや規範に異論をもつ者を罰することである。しかし[1]司祭であること（priesthood）が、最後の司祭にして最大至高の司祭であるイエス・キリストにおいて終わったことは、聖書から明白である。⑵さらに、使徒の時代以降には、そのような意味で特別により分けられて（any so set apart）[6]、彼らが主張するような力をもつ者がいたという痕跡は、聖書には何もないし、生涯消えざる何らかの特質を備えた者についても、同様である。⑶明確にしておくべきはこういうことだ、すなわち、司祭には行なえるが、そうした叙任を何ら受けない者は（かりに他の司祭職適格条件が整っており、司祭職に指名されても平和や秩序を乱すことにならない場合でさえ）、合法的に執行かつ実行することが許されないような事項は何もないのであって、国家の平和が治安判事や他の役人によって保全されるように、教会や神の礼拝もまた、保全されるのである。治安判事らは、彼らを判事適格とするための叙任も按手も何ら受けず、解任されれば、判事たることを止める。判事も聖職者も、一方は宗教的な公共礼拝の執行のために、他方は世俗的正義の執行のために必要であるが、生涯消えざる特質にせよ職務上の特異な聖性あるいは天に直接由来する力にせよ、どちらにも必要ではなく便宜でさえない。

しかし、聖職者は（彼らはユダヤ教の司祭をまねて、自らをキリスト教のそれと呼んでいるのだ）、世俗の統治権力とは別のこの力を、神自身から授かったとして、教会のほとんど最初の時代からたえず自らのものだと主張してきたが、世俗の権力行使者がキリスト教徒で聖職者と見解を同じくしていても、聖職者よりも権力において優越していて聖職者は権力行使者に対抗できないところではどこでも、この力は霊的なものでそれ以上には及ばない、と主張してきたのだった。だがその場合でさえ、彼らが嫌い公然と非難する者たちを罰し迫害するのは権力行使者の義務だ、と迫ってきたのである。彼らが破門すれば、彼らの下役たる権力行使者が刑を行なう。こうした骨折り仕事を引き受ける君侯への褒美として、彼らは（君侯が彼らの目的に役立つときはいつも）抜からずに、君主制を「神授権ニヨル」[7]ものであるともちあげてきた。というのもそれまでは、コモンウェルスは君侯の力にたいして、彼らほどに好意的ではなかったからである。しかし、君主制は「神授権」によるとしたにもかかわらず、君侯が彼らの教説や形式にあえて異論を唱えたり、聖職者権力階層組織[8]（hierarchy）の命令の執行に適しなかったりすれば、君侯の権威に異議を唱えたり統治を妨害したりするのは、聖職者たちがもっとも早くまたもっとも熱心だった。他方で君侯は、自らの権威を高めると見えることには耳をかたむける傾向があるので、自らの絶対権力を支えるために宗教を引き込み、あの羊飼いたちの檻からわずかでも迷い出た羊たちを苦しめることには、概してきわめて熱心だった。檻の中に羊たちが閉じこめられたのは、彼ら両方によって毛を刈られるためであり、吠えたてられることになるのだが、吠える相手が臣民だろうが近隣諸国の人々だろうが、それは彼らの好き勝手なのだ[9]（to be howled on, both upon subjects and neighbours at their pleasure）。ここからして、キリスト教国をかくも長きにわたって悩ませかつ荒廃させてきたあの災いの大半が生じたのである。異端者、分派、狂信者等々と聖職者が身勝手に呼ぶ者たちを処罰することは自分の義務だと権力行使者が納得させられるか、あるいは、宗教において異論をもつ者には危険を見てとるように権力行使者が教えこまれると、そうした者たちを抑圧することが自分の利益になると権力行使者は考えて、彼の国で設立された宗教礼拝と同じかたちを遵守しない者すべてを迫害することになる。

他方人々は、自分たち自身の見解に従って神を礼拝すれば苦難がふりかかると知って、自らの安全をできるだけ確保しようと団結し連帯するようになる。そこで、一方では抑圧と騒乱が、他方では自己防衛と宗教的自由の希求が、嫌悪、警戒、猜疑や徒党を生みだすが、それはまず間違いなく、露骨な迫害や公然たる戦争を勃発させるのである。

しかし、君侯にたいする聖職者の鷹揚さは、君侯をあしらう彼らの力が充分でないところでは大変大きいものの、支配権を争える条件がひとたび整えば、彼らの霊的権力がどこまで伸張するものか、また絶対的世俗権力が「聖職界[10]」にどの程度まで入りこんでゆくものかが、見られることになる。その結果、司祭職に始まる叙任は、放置しておくと増長して、間違いなく絶対の帝国になってしまうことだろう。そして、この世での王国はもたないとキリスト自身が言明したにもかかわらず、彼の継承者たちは（権力をともかく掌握できるときにはいつでも）大きな執行権限と、厳密には世俗的なあの支配権を獲得するのである。教皇支配は、こうしたことの大規模かつ継続的な一例だった。そして長老派は、揺籃期においてさえ権力行使者にある程度屈辱を味わわせたのだから、それが何をなしうるかについては、スコットランドに徴すべきだろう。

注

1 〔訳注〕山田の校訂では、never take care つまり「けっして心を配ることなどない」。山田の英文校訂は http://www.law.hiroshima-u.ac.jp/profhome/yamada/EToleration.pdf 参照。この論考の訳は、山田『ジョン・ロック「寛容論」の研究』溪水社、二〇〇六年、二一八—二三四ページ所収。

2 〔訳注〕山田の校訂では、at rovers 漫然と。

3 〔訳注〕手稿上、同義の反復や空白があり、構文は明瞭ではない。口述筆記だったかもしれない。

4 〔訳注〕このhimは神だと考えるのが、もっとも理解に無理がないと思われるが（頭文字が大文字か小文字かは、この場合、判断根拠として薄弱である）、もちろん礼拝者自身とも解されうる。

5 〔訳注〕いきなりyouが使われているが、一般的にやるように「意見が変わるまでは」とすると、（　）の中の記述と整合性がなくなるため、あえてこのように訳す。

6 〔訳注〕もちろん「司祭として」ということ。

7 *jure divino* [by divine right]

8 〔訳注〕もちろん、カトリックの教会組織をいう。

9 〔訳注〕この部分はとくに分かりにくい。視点が羊たちから君侯と聖職者に滑ってしまったものと解した。

10 *in ordine ad spiritualia* [into the spiritual order]

13 刑罰法の強制力 Obligation of Penal Laws

一六七六年二月二五日。欄外に、'Obligation of Penal Laws', 'Lex Humana' というキーワードの書き込みがある。MS Locke, f. 1, pp. 123-6. King 1829, pp.57-9; 1830, I, 114-17, Wootton 1993, pp. 234-6 に収録。この論文は、この時点でのロックの政治的意見を知る重要な尺度となる。調子は保守的であって抵抗権の気配もなく、『統治二論』への転換が唐突だったことを示唆する。しかしロックは、人間のほとんどの法律は純粋に規制的性格のものだということ、そして世俗の平和と相互の保全を標榜する政府に服従するという一般的義務を越えて、神の権威がもち出されてはならないことを強調している。同様に、どんな統治形態も神の是認によるものではない。

社会に先行してあり、かつそれと直結はしない美徳と悪徳、たとえば神への愛と異常な情欲が存在する。他にも、権力行使者への服従や相続からの排斥といった美徳や悪徳があるが、これらは社会や法律を想定する。どちらの場合も、掟とその強制力が、人間の法律に先行して存在するのであるが、掟が該当する事項は法律の産物でありうるのであって、たとえば、人々の所領財産、名誉や権力などがそれである。

神の法が命じたり禁じたりしていないものはすべて非本質的であり、それらの〔本質にかかわるか、かかわらないかという〕性質を変えることは、人間の力の及ぶところではない。そのため、人間の法律は良心に新たに何ごとかを強いる力を持たず、したがってまた、人間の法律はすべて純粋に罰則的であって、すなわち、逸脱者にこの世の生において罰を受けることを強いる以上の力はないのである。〔これにたいして〕神法はすべて良心を強いる力をもつ、すなわち、逸脱者に、神の法廷において答弁し、神の手で罰を受けることを強いるのである。しかし、この二つの強制は実に頻繁に一致し、同じ行為が両方の法によって命じられたり禁じられたりするのであって、そうした場合には人々の良心が強いられるから、人々は世俗の法がまったき服従を彼らの良心に強いると考えてきたのである。一方、その本性上非本質的な事項においては、良心はただ能動的、または受動的な服従を強いられるのであるが、その強制は、人間が執行し人間が罰される人間の法律の力によるのでなく、統治の攪乱、または破壊を禁じる神の法によるのである。福音は、世俗の事項にいささかも変更を加えるものでなく、夫と妻、主人と召使、権力行使者と臣民、そういった人々一人一人のすべてを、あるがままより多くも少なくもなく、力と特権を持つままにしている。それゆえに、新約聖書が、何ごとにおいても各自の上長に従え、等々と言うとき〔コロサイの信徒への手紙、三章一八―二二〕、改宗後のキリスト教徒にたいして、それまで従ってきたところに加えて何か新たな強制を課した、と考えることはできない。また、権力行使者が、異教徒である臣民にたいしてもつ以上の支配権を、彼らにたいしてもつと考えることもできない。この結果、権力行使者は、キリスト教徒にたいして、かつておのが異教徒の臣民にたいしてもっていたと同じ力を、今もまだもつのである。さらにその結果として、命令する力が彼にあるならば、臣民の方にもまた、福音の〔もたらす〕自由と特権にかかわりなく、服従する義務があるのである。

　さて異教徒の政治においては（この場合、神によって真実の宗教の保全と普及のための仕組みとしてそれが作られた、と考えるわけにはいかない)、社会の構成員を平和と安全のうちに保つ以外の目的をそこに見ることはできない。これが目的であると知れば、われわれも、世俗的服従のための掟をもつことになるだろう。というのは、世俗社会の目的が世俗的な平和であるなら、臣民各人がただちに負う義務は、その社会の、または治安を保つことを使命とする統治の保全である。どの社会のいかなる構成員も、これ以上の義務を良心に負うことはありえない。結果として、どのような形態の社会に暮らすのであれ、統治を危険にさらしたり乱したりしない程度に権力行使者に服従するならば、統治にかかわる神の法をすべて遵守しているのであり、すなわち、権力行使者や社会が良心を強いることができる限りに、すべての法に服従しているのである。良心は、この件では、神によって定められたこの掟以外の掟はもたないと考えることができる。制度の目的が、つねに、その制度の働きを定める尺度なのであるから。

すると、各臣民に課される良心の義務は統治の保全であるから、罰則つきの法律が作られ遵守されるところ、つまり罰が他の強制を伴わず整然と行なわれるところでは、明らかに、統治が乱されたり危機に瀕することはありえない。生命を奪うに至るまでも罰を重くする力を権力行使者がもち、また良心において従わねばならないその罰に臣民が耐え従うなら、統治が危機に瀕することはありえないのだ。死の苦しみをかけて服従を求める力を統治がもつ場合、一般の人間が能動的服従を欠くことはありえないというのは誰にもせよ、適法、または非本質的な事項であるなら、その拒否が、ある世俗的行為を行なわないために、自分の生命とすべての世俗的権利を喪失するという代価に直結する場合、能動的服従を拒むとは考えられないからである。世俗の法律は世俗の行為にのみ関係する。このように明確にこのことが述べられれば、もしそうではなくて〔このように明確にされないままに〕、すべての刑罰法がこれ以上に〔上で述べられた限度以上に〕良心を強いる場合には犯すことを避けられない無数の罪から、人を解放することになる。

さらにもう一つ考えなくてはならないのは、人間の法律はすべて懲罰を伴うということである。罰が明示されていないところでは、判事によってその過誤の重大さや状況に対応させられることになる。王座裁判所のやり方を見るべし。世俗の法律に罰則が必要なことは、神がユダヤ人に世俗の法律をお与えになったとき、それに罰則をつける必要があるとお認めになったほどなのである。[1]

注

1 ロックは次のような参照指示をつけているが、私は特定できていない。'Vide〔見ヨ〕Att: plea for ye Mag. p. 101'.

14 快楽、苦痛、諸情念 Pleasure, Pain, the Passions

一六七六年七月一六日。MS Locke, f. 1, pp. 325-47. ほとんどは速記で書かれている。Von Leyden 1954, pp. 265-72 に収録。表題を付け書き写したのは、フォン・ライデンである。Lough 1953 は、これを 'Passions' と記している。ロックは欄外にいくつかのキーワードを書きこんでいる。'Passions, Love, Desire, Hope, Hatred, Pain, Pleasure, Weariness, Vexation, Sorrow, Grief, Torment, Melancholy, Anxiety, Anguish, Misery, Mirth, Delight, Joy, Comfort, Happiness, Misery, Bonum, Pleasure, Desire, Power, Will'. これは、最後の語句を見ると分かるように、*ECHU* の準備のための原稿である。*ECHU*, bk II, chs. 20-1 を見よ。そのテーマは『自然法論』の第四章に現れるが、*ECHU* の「草稿 B」〔本書第3部〕では展開されない。倫理の心理的基礎についてロックの思考が、快楽主義的説明原理へと転回したことを示すものである。

〔上の引用文中の単語の重複は、そのままにしてある。〕

「ウォルプタース (*voluptas*)」と「ドロル (*dolor*)」、すなわち快楽と苦痛のうちに、といっても私は主として心のそれを言うのだが、すべての情念が発する二つの根源と、それらの回転軸がある。両者が除かれてしまえば、情念は、それをかきたてたり動かしたりするものがなくなるので、存在しなくなる。そこで、われわれの情念を知り、それらについての正しい観念をもつためには、われわれは快楽と苦痛、およびわれわれのうちにそれらを作り出すものを考え、またそれらがどう作動してわれわれを動かすかを、考えなくてはならない。

神はわれわれの心と肉体のありようを定められたが、どちらにも、ある種の事項が快楽と苦痛、愉快と不快をもたらすようになされた。いかにしてそうなのかわれわれには分からないが、神の善性と叡智にふさわしい目的があってのことである。だから、バラの香りやブドウ酒の味わい、権利[1]や自由、権力の保持や知識の獲得は、ほとんどの人間を喜ばせ、また子供や孫のごとく、存在自体が他者の愉快になるものもある。つまり、快楽を作り出せると理解力に訴えるものがあれば、そのものは間違いなくただちに、〔そのものへの〕愛をそこにおいて作り出すのだが、これ〔愛〕は要するに、どのようにであれ適用されれば、われわれのうちに愉快か快楽を作り出せるもののことを考えたり、あるいはその観念を心に抱いたりすることに他ならないと見える。そのとき、他のすべての情念と同様、この考えに血液と精神の特有の運動が伴うのは事実だが、それは必ずしも観察されるとは限らないし、何らかの情念の観念の必須の構成要素というわけでもないから、ここでは〔考察の〕必要がない。というのは、ここではただ諸情念の諸観念を求めるのみであって、それを考究しようというのではないからである。となれば、愛するということは、われわれが心中に、われわれにとっての満足か愉快を生みだせる、何ものかの観念を抱くことに他ならない。というのは、人がバラだのブドウ酒だの知識を愛すると言うとき、その人は、バラの香りやブドウ酒の味わいや知識が彼を愉快にさせる、あるいは彼のうちに快楽を生むという以外のことを、意味してはいまい。他のすべてについても、そうなのではないか？　けだし人は、自分を愉快にさせるある特定のものは、それに付随したりそれを作り出す他のものも一緒に保全しなければ、自分のものにはならないと考えるのであって、それを愛するのは、それらを望み保つ努力をするときなのである。かくして、人は自分の好きな果実の生《な》る樹木を愛すると言い、かくしてまた、しばしばよい働きや会話で愉快にさせてくれる友人を愛するが、これは、自分が喜びを覚えるそれら〔樹木や友人〕を自らのために保全しようとし、それらのために善かれと努めること、望むことである。われわれはこれを人々の友人愛と呼ぶけれども、実はそれは友人たち自身への愛ではなく、人々が愛しており、しかもその友人たちなしでは得られないものを、友人たち自身、および友情とともに確保しようという心遣いなのである。われわれがしばしば目にするところでは、よい働きが終わればその人への愛も死に絶えることがあり、ときには憎悪にすら変わるのだが、子供にたいする愛の場合は、そのようにはならない。なぜなら、自然は彼女自身の賢明なる目的のために、われわれが子供という存在そのものに愉快を覚えるようにしているからである。賢明なる精神のうちにはより高貴な出来方をしているものがあり、友人の存在とその幸福自体に喜びを覚えるし、さらに優れた出来方をしていれば、善き人間すべての存在と幸福に喜びを覚えるが、そのうちには人間一般のそれに喜びを覚える者さえあって、この最後の例こそが、愛すると呼ばれるにふさわしかろう。また、「性愛」[2]にのみ知恵の回る者[3]もいるが、そういうわけだからこの場合、私の信じるところ、他のあらゆる例においてと同様に、愛は快楽の対象から生じ広がるのであり、〔愛するとは〕心のうちに、われわれの他とは違う構成や気質にとくに適合していて、われわれのうちに快楽を生む何らかのものの観念を抱くことに他ならない、と分かるだろう。すべての情念にあって主にして第一たる愛が、他のすべてよりもっとも制御しがたくて盲目と表現されるのは、このためである。欲望と希望は、その妥当で究極的な対象を愛と同じくするが、苦痛と面倒に取り組むようにと理性と熟慮がそれら〔欲望と希望〕を説得することは、それら〔苦痛と面倒〕が別の目的を達成する手段でありうるときには、可能である。しかし、どれほど語りかけ理を説き熟慮しようと、何らかそれ自体において愉快となるものを示さなければ、愛を動かせはしない。多くの者が〔あえて〕四肢の一を失うことを望んできたし、出産の場合のように苦痛を欲し望んだりもしてきたが、私が思うに、誰も苦痛それ自体を愛したわけではない。愛はただ目的に固執するのであり、純粋に他の目的に役立つだけのものを対象とすることはない。それ以外ではありようがないのだ、というのは、それ〔愛〕は魂の共感であり、心を愉快にさせる秘密の働きをもつ何ごとかの観念と心との結合なのだから。そのような観念が心のうちに存在し、かつそのようなものと了解されるといつでも、われわれは愛という情念を発するのである。

憎悪は愛と正反対に位置するから、それは、本性的にわれわれを不調にし苦しめる傾向があると思われる〔ものの〕観念が心中に存在するということに他ならず、愛と同じ〔仕組みで〕効果を及ぼすものであると知るのに、大騒ぎする必要はない。というのは、われわれを苦しめるものを、それを含むものから切り離せないとき、憎悪がわれわれを駆り立て、その破滅を望ませ、そう努めさせることがよくあるからだが、愛はまさに同じ理由でわれわれを駆り立て、そのものの保全を望ませ、そう努めさせるのである。とはいえ憎悪というこの情念、たいていは愛よりもさらに遠くへ、かつ暴力的にわれわれを追いやるが、それは、悪や苦痛の感覚の方が、善や快楽のそれよりも、心に強く働きかけるからである。われわれにとっては、大きな快楽の不在の方が、小さな苦痛の存在よりも、耐えるにやさしい。「無感覚[4]（Αναισθησία）」は、快楽と苦痛の中間点ではないのだ。無感覚は、それが永遠でなければ、善きものと考えられる。睡眠はつねにわれわれから享楽の感覚を奪うが、苦情が出るどころか、いかなる苦しみであれそれが一時的に中断してくれるときには、われわれはそれを快楽と解するのである。

私がここでずいぶんと述べてきた快楽と苦痛は、原則的に心のそれである。というのは、肉体に捺された印象は、もし心に届かなければ、苦痛も快楽も作り出さないからである。心が愉快になったり乱されたりすると、われわれは苦痛と快楽をもつのだ。穏やかに冷やされた片方の手には快楽を生じ、同時に、雪で極度に冷やしたもう片方の手に激痛を生じさせる場合、そのような熱の程度が肉体にどのような動きを生じていようとも、〔この状態で〕同時に、突然の大きな喜びや悲しみが割りこむと、どちら〔の手の感覚〕も感じられなくなる。肉体に由来する快楽や苦痛は、心がそれらから影響を受けるのを止めたり、それらを気にとめなくなると、まったく失われ消えてしまうのだ。

程度などの条件で種々に区別された、すなわち種々の複雑観念へと構成されたこの快楽と苦痛、「心ノ苦痛と快楽（*dolor* and *voluptas animi*）」は種々の名称をもつ。これらの二つの単純観念をより明確に表す名称のうちのいくつかには、言及しておかねばならない。たとえば、何であれ長期の継続に由来するある種の心の苦痛は、倦怠と呼ばれる。些細なことながら心がそれにたいして敏感な対象が原因であれば心痛であり、過ぎ去ったことが原因なら後悔、友人を失ったのが原因なら悲嘆、肉体の酷い苦痛が原因なら苦悶である。それが対話や交流を妨げるのであれば憂鬱であり、ひどい虚弱感を伴うなら耗弱である。非常に激しければ懊悩となり、考えうる限りの極に達して慰めの要素がいささかもないときには悲惨である。心にとって不快なこの観念には、その他いくつか違ったものがあって、快楽よりも多くの名前が、区別のために存在している。というのは、われわれは現世では快楽よりも苦痛に敏感であり、また親しんでもいるからである。他方、心のこの快楽は、軽い原因とくに会話から生じる場合には陽気と呼ばれ、快い感覚対象から生じる場合には愉快、何かしら偉大で確実な善い対象を考えるところから生じれば歓喜、あらゆる悩みから解放されて完全であるのが原因なら幸福である。だから、幸福と悲惨とは、心の快楽と苦痛にあますところなく存するように、私には思われる。それらのほんのわずかな乱れや満足度の違いが、それぞれに一つの段階をなす。どちらにせよ完全になるのは、それぞれの観念によって心が最高度にかつ容量一杯に満たされ、占められてしまうときなのである。

かくして、自らの心に見出せる苦痛と快楽という単純観念を拡張拡大すれば、そこから幸福と悲惨の観念が得られることを、われわれは知り、われわれの幸福や悲惨のどの部分が何から構成されているのであっても、われわれのうちに何らかの快楽や苦痛を作り出すものは、その限りにおいて妥当かつ本質的に善いのであり、何であれどのようにであれ、われわれの幸福を部分的にでも促進するものも善いのである。[5] 前者は「善キ快楽」[6]と呼ばれるものだが、肉体に徴してのみ理解されるべきではなく、われわれが快楽という言葉を使ってきたとおり、原則的には心に属するものとして考えられるべきである。後者〔幸福を部分的にでも促進するもの〕の下には性質の違う二つの善さがあって、「有用」[7]と「名誉」[8]と呼ばれるが、これらは、神によって「快楽」[9]を促進するものと定められたのでなければ、また少なくともある程度の幸福をわれわれが得る補助手段たるべしと定められたのでなければ、いかにしてそれらが善いと解されるのか、私には理解の外である。もしダイヤモンドが石ころよりもわれわれに快く、愉快なものを与えられないのであれば、石ころに比べてダイヤモンドに、どういう善さがより多くあるというのだろう？　節制を善いものとし貪欲を悪となすものは、一方はわれわれに、現世での健康や安楽さ、そして来世での幸福をもたらし、貪欲はまったくその逆をもたらすことではないのだろうか？　そして悔い改めと悲しみは、もしそれが幸福に至る手段や道筋でないのなら、一部の者には、それ自体ほとんど善いものではないのである。

ここで、もし現在の目的に外れていないのであれば、明確ではっきりした快楽の諸観念は、われわれが自らのうちに感じてきたもの以外にはないのだと、確認しておきたいところだ。想像力がより充実し強大であるのは、実際にわれわれが確かめた事項との類似性や迫真性のみによるものであり、したがって、対象が未知なため、それがわれわれのうちに作り出しうる快楽を明確に把握できない場合には、混乱して曖昧なものとなる（パイナップルの味わいや子供をもつことに存する快楽は、それを経験したことのない者には想像がきわめて困難であるように）。すると、精神的な対象ともなれば、その快楽はわれわれにとって、さらにどれほど把握しにくいことか（精神的な対象はたしかに、心の性質に適合していればいるほど、その心に触れ、美しくも激しい喜びで感動させるのに違いないが）。われわれは肉体に埋めこまれ物質的対象に囲まれており、それらに絶え間なく迫られるために、精神的な事項を感じたり知覚したりすることは、ほとんどない。あたかもそれは、はるか彼方にあって、めったにはわれわれに影響しないかのごとくである。だから私の信じるところ、われわれが抱く幸福の観念は、好運な人々は現に享受し、われわれにも享受する能力はある、そういうものであるが、現世においてはきわめて不完全なものである。しかし、現に存在するような〔不完全な〕ものであっても、もしわれわれがそれを最大の注意と努力をもって獲得しようとしないならば、極めつきの阿呆の烙印を捺されて、言いわけもできぬことになる。が、これは「コトノツイデニ」[10]述べたにすぎない。

さて、われわれの諸情念の観念に戻ろう。心は、自らのうちに種々の対象の観念を見出すが、それらは、もし享受されれば快楽を生み出すであろうもの、つまり心が愛する種々の対象の観念である。そのことが〔実際に〕なされるまでは、心は、愛する諸対象のいずれかを現実に享受したり用いたりするさいに自らに生じるであろう満足、そしてその善きものを現在享受する可能性や蓋然性を考え、あるいはその享受を促進するために何かをするなりして、自らのうちにある程度の落ちつかなさ（uneasiness）や乱れや不快を認めるが、これがわれわれが欲望と呼ぶものであり、だから私には欲望は、それが「快楽（*iucundum*）」であれ「有用さ（*utile*）」であれ、心が可能でもあれば妥当でもあると判定した善きものを得るまでに心が味わう、苦痛だと思われるのである。

この情念のより明快な観念をもつためには、欲望が愛よりも、はるかにその広がりが狭いことを考えるのは、けっして的外れではない。というのは、愛は、何ごとをも喜ばしきものとして、あるいはわれわれのうちに快楽を生み出せるものとして見るのであるから、そのように思われるものは何であれ、遠近であると獲得の難易とを問わず、ただちにかき抱くのである。ところが欲望は、享受において終息するのだから、何についてであれ、それを現在享受できている以上には、あるいはその〔享受の〕手段をそれが提供できる以上には、動かされることはない。

欲望はまた、すでに述べたように、何らかの善きものがない場合に心が覚える苦痛であるが、それは、さまざまな思念次第で増大したり、種々違ったものになる。たとえば、積極的に善いものを求めている場合に、それ〔欲望〕を働かせるか、少なくともそれを励起する第一の思念は、可能性である。というのは、いったん不可能と考えたものには、われわれはほとんど欲望を抱かないのだから。たしかに人は冬にバラを望んだり、娘が息子だったらと望んだりするが、これはそういうことをただ考えたり言ったりする以上のことではない。もしそれが可能なら、それら〔を思うこと〕は人を喜ばせるだろうが、そういうことは不可能だと考えているときには、それらがないからといって、ほとんど心は乱れないのであり、したがって欲望もほとんど生まれないのである。しかし、何らか現に存在する悪しきことを除去したいという欲望においては、まったく違っている。というのは、その場合には、悪しきことは絶え間なく苦痛を起こしているのであり、その苦痛を楽にしたいという絶え間ない欲望が、可能と思われようとそうではなかろうと、存するからである。これをもってわれわれは、苦痛のうちにはどれほどの欲望があるかを、見て取ることもできよう。

可能性がわれわれの欲望をかき立てるとすると、獲得の容易さは間違いなくそれ〔欲望〕をさらに増大させるが、それ〔容易さ〕をわれわれが判断するのは、それ〔獲得されるべき対象である善きもの〕がこれまでに獲得されてきた適期と、他の人間たちが同一の善きものを享受していることによる。かくして人間は、子供が幼いときにはただ健康と強さだけを欲するが、若者になると服従と素直さを欲し、成長したときには技能や知識や出世を欲するのである。

われわれの欲望を統御し規制する今一つのものは、善きことの大小である。ただし、それ〔善きこと〕が量られるにさいしては、たんにそれがそれ自体のうちにあるとか、それがわれわれのうちに快楽を生み出すのに本性的に適しているとか、快楽を得る手段としてそれ自体が適しているとかによるのではほとんどなく、現にわれわれのうちに存する他の諸享楽とそれが矛盾しない程度によらねばならない。愛は、実際、われわれに善きことをなしうると見えるもののすべて、つまりわれわれのうちに快楽を生むと見えるものすべてにあまねく及ぶが、なぜというに、それは熟慮のうちに存在しているわけではほとんどないために、矛盾し両立しないものにまで及ぶからである。集いあい会話を交わす快楽を考えつつも、引きこもって研究と瞑想にふける考えをもてあそび、挙句のはては両方を同時に愛するのが容易であるのは、同一の対象に同時に一緒に存在することはけっしてない白の観念と黒の観念を同時にもつことの容易さと、選ぶところがない。しかし欲望は、現に何かが存在し用いられて生じる善きことを、実際に享受することについてのみ起きるのであり、その反対のものは受け容れないのであるから、それ〔欲望〕が規制されるのはまさに、われわれが現に享受していたり欲していたりする他の善きことと、相性が合うと思われるか、合わないと思われるかによるのである。

われわれが心から獲得する単純観念は、思考、力、快楽、そして苦痛である。思考については、われわれはすでに述べたが[11]、力の観念の何たるか、またいかにしてそれに到達するかを理解するには、力の所産がつねに行動であるからには、行動について少し考えておくのが便宜だろう。それついて私に思われるのは、現世では行動には二つの種類しかないということだが、それらは、物質、または肉体に属し、かつそれ特有のもの、すなわち運動と、精神に特有な思考である。運動は肉体の属性ではあるが、肉体はそれ自体においては運動に無縁であり、肉体はそれ自体とは無関係に運動状態にあったり休息状態にあったりして、自らは運動を発することはできない。他方、思考は魂の属性であるが、魂〔そのもの〕は、思考するとかしないとかにかかわらない。強調しておきたいが、魂と有限の精神について、このように、それらの運動が思考であると述べるからといって、私が想像するに、それら〔魂と精神〕はつねに行動している、すなわち思考しているだろうと考える必要はないのであり、それは、肉体がつねに運動状態にあるわけではないのと同じである。しかし、それはどうともあれ、たしかなのは、次のことである。魂固有の分離不能な属性は、行動する力、すなわち肉体において何らかの運動を生み出し、心において何らかの思考を生み出す力だということである。かくして人は、自分が座っていた座席から立ち上がって歩くことができる、つまりそれまで存在しなかった運動を生み出すことができるのであるし、その身はフランスにあっても意のままに、イングランドのことであれイタリアのことであれ考えられるし、あるいは呼吸のことであれ、カード遊びをすることであれ、太陽、ジュリアス・シーザー、怒りなども考えられるのであり、以前にはなかった思考を心の中に生み出せるのである。そして、自らのうちにあるこの手段と経験をもって、心は力の観念に到達するのである。私は、目覚めている人にあっては心が思考していないときはないことを認めるが、夢を見ない睡眠が、肉体のみならず心のある種の性向であるのかどうかは、次のように考える人にとっては、考究に値すると思われるかもしれない。すなわち、魂が思考してしかもそれを意識しないとは想像しにくい、そしてまた、肉体を離れた魂が、肉体にあるときと同様に、いかなる観念も知覚せず、いっさいの快楽と苦痛も知覚しない状態にいられない理由は見出し難い、と考える人にとってはである。[12] しかし、この考察を回避するために、そして、はたして魂の根源的にして分離不能の性向が、ちょうど物質のそれが延長であるように、力であるのかどうかという、あの別の考察を回避するために、私は、人が自らのうちに生起することを観察して最初に獲得する単純な諸観念は、力のそれであることを言っておく。その観念が、何らかの思考の結果自らを作動させると、意志と呼ばれるのである。それは、つねに生起していることではない。というのは、われわれの眠りのうちに存在するいくらかの概念や、目覚めのときに抱く最初の思考は、選択も考量もされておらず、いかなる先行思考の結果でもないから、意志に帰せしめることも、自発的とみなすこともできないからである。心は、これらの段階を踏み、自らの内部の作動のこのような観察によって、苦痛、快楽、思考、力や意志の観念をもつに至る、ということなのである（メモ、これらの観念についてのこのすべては、情念についての議論の前に挿入されるべし）。

注

1　〔訳注〕原書もフォン・ライデン版も light だが、right と解して訳した。
2　*amor concupiscentiae* [sexual appetite]
3　〔訳注〕フォン・ライデン版も provident である。prominent（突出した）と読めるかとも訳者は考えたが、ゴルディはその説を支持しない。それに従い、語源を考慮した。
4　感覚の欠如、無感覚。

5 〔訳注〕このあたり、原文は長い一文であり、途中から「苦痛」の考察が抜けて、話題が「快楽」だけになる。明らかな破綻だが、そのまま訳す。

6 *bonum jucundum* [the pleasurable good]

7 *utile* [useful]

8 〔訳注〕原書では *honestum* ［honest］だが、ゴルディの同意を得て、［honour］として訳した。

9 *jucundum* [pleasure]

10 *in trasitu* [in passing]

11 一六七六年七月一三日の日誌、Aaron and Gibb 1936, pp. 80-1 に収録。そこでは、ロックの単純観念は、知覚（または思考）、意志、快楽、苦痛である。

12 〔訳注〕当時異端とされた霊魂睡眠説がロックの念頭にあると考えられる。

15 無神論 Atheism

一六七六年七月二九日。欄外に、以下の四つの見出しがある。'Essay Morall', 'A Deity', 'God', 'Atheisme'. Lough 1953 に、'A Deity' と題して掲載されている。MS Locke, f. 1, pp. 367-70. Aaron and Gibb 1936, pp. 81-2 に不完全に収録。ロックの主題は無神論の不当性で、彼はパスカルの賭けのたとえを提供する。ロックが評している著者はピエール・ニコルで、その『道徳論』を、当時彼は翻訳していた。

私はただ、次のことを付け加えるに留める。すなわち、もしわれらが著者による証明が、それは私にはきわめて明快で説得力があると思えるが、おそらくはまだ不完全な提示であるとしても、そして何らかの疑念と困難が結局は解決されないままに残るであろうとしても、神性の教義と魂の不死性を斥けるのは、それが誰にもせよ不当だ、ということである。もしその者が自分に忠実なら、いくつかの異議が唱えられるからといって、明らかな証拠と理性の演繹によって、より確実な根拠の上に別の仮説を確立するまでは、魂の不死性と袂を分かつわけにはいかない。そのような仮説にあっては、これ〔神性の存在と魂の不死性の教義〕を受容するのが恐ろしくなる、と彼が言い張る〔のに相当する〕ような困難は、いささかもあってはならない。もしそうでなければ、何か強力な歪力がひそかに働いて、彼をあらぬ方向へ引いているのだと疑うべきであるし、人を自らの理性に従うよう強いるのは、何らか大いなる異常でなければならない。〈恣意的な偏見と恥知らずな自己への無理強いのみが、人をして〉〈理性はつねによりまともらしい面に従うのだが、それ〔異常さ〕が人をして〉[1]、宗教と幸福の一大事においてまったく反対の道を選ばせ、他のあらゆる信念や生活の日常事におけるとはまったく異なるやり方で処理させるのである。日常事においては誰も、教義についての疑問のいくつかを自分が晴らせないからといって、反対意見がひどく馬鹿げたことや明らかな矛盾を含んでいる限りは、その教義を身勝手に否定してよいとか、言いわけをしてそれに添う行動をしなくてよい、とは思わない。物質と運動に含まれる困難は非常なものであるから、人間の知恵と意志がそれを解決することはけっしてあるまい[2]（the wit of man will of man will never be able to resolve）と私は信じるが、それにもかかわらず人間は、自分たちには肉体があって、自分たち自身の運動についてさえ生じかねない疑問がすべて解決するまでじっと座っていたりはしない、という信念を揺るがされはしないのである。そして結局のところ、誰かが万一偏見か堕落に負けて、私には不可能だと思えるが、神性の存在を信じる立場よりも無神論の方が、理性および経験と矛盾するところが少ないという妄想を抱くことがあっても、そのときでさえ、彼がその方向で犯す非常な危険が思索的な人[3]の念頭を去ることは、瞬時もないだろう。というのも、考えてもみるがいいが、かりに無神論の側に見かけ上の蓋然性があるとしても、もし無神論者が正しければ、彼が望みうる最高の状態であるはずの霊魂絶滅、またはそれ同等にひどい永遠の無感覚が天秤にかけられる相手は、信仰者の報酬、すなわち、彼〔信仰者〕の信念が彼自身を欺いていないのであればだが、永遠の至福であるのだ。また他方、霊魂絶滅（信者が誤っていた場合に起こりうる最悪のことが、これだ）が比較される対象は、もし無神論者が誤っていた場合に彼が確実に陥ることになる永遠の悲惨である。これほど賭けられるものに差があり、かつ結果がかくも重大、かつかくも異なる場合、人は自分がどういう意見を抱くかにきわめて慎重になるものだろう。こうした考察、こうした有利さは、つねに道徳と宗教の側にあって、神の存在を信じることの必然的結果なのであり、対極的意見のどちらかを選ぶべきときに、望みうる最善でも、他方を選んだ場合の最悪でしかない選択肢を人に選ばせるには（人は理性的被造物ということになっているのであり、また自分について最低限度の配慮や優しさをもちあわせる者なら）、単純明白で否定し難い証拠で無理強いでもする他ないが、そんな証拠でも、やはり人が思うのは、無限の幸福を失って無限の悲惨に陥る危険を冒すよう、しかもそれと交換で得るものも期待できるものも、まさに無だと説得するには、まるで不充分だということだろう。JL

注

1　ロックは第一の〈　〉書きを挿入しているが、第二の〈　〉書きを抹消していない。この文は、どちらかによって読まれるべきである。
2　〔訳注〕「知恵」と「意志」を並列と考えて訳した。
3　considerate [reflective]

16 寛容B　Toleration B

一六七六年八月二三日。欄外に'Toleration', 'Peace' というキーワードが記されている。MS Locke, f.1, pp. 412-15. Von Leyden 1954, pp. 274-5 に収録。速記で書かれており、原稿起こしはフォン・ライデンによる。フォン・ライデンは、これに続く二論考（もう一つ'transubstantiation'という論考もともに）をまとめて、'Faith and Reason' という題を付けている。ロックは宗教的寛容への反論に答えており、世俗統治と教会統治の区別をつけている。ロックが架空の論敵のものとした意見には、引用符（「 」）を付けてある。

すでに多様な意見が存在する国で宗教上の事項にかんして作られる刑罰法規は、あらゆる法において悪と断じられるあのありふれた不正、つまり遡及適用を、ほとんど避けがたい。もしも今作られた法律が、フランス帽をあえてこれからかぶる者はすべて罰金を科されるべし、また昨年中にかぶった者も同様、とするならば、これは無茶だと思われよう。クエイカー、再洗礼派、長老派であることを人に禁じるのも、同断である。というのは、昨日私がかぶっていたその帽子を私がかぶらなかったとしたり、いろいろな場合において私が昨日頭に抱いていたその意見や考えを私が抱かなかったとするのも、容易さでは変わらない――どちらも不可能なのだ。かくもさまざまな見解における大問題とは、真実はどこにあるか、ということである。しかし、ともあれ当面、それが国家の側に全面的に、かつ確実にあるとしてみようか。ところが、イングランド、そしてフランス、スウェーデンとデンマークで、同時にそうだと考えるのは、実に困難だろうに、にもかかわらず、これらのどれにおいても、国家は宗教についての法を作る同等の力をもつ。しかし、非国教徒はすべて誤謬に陥っており、正気を失っているとしてみようか、シテミヨウ。[1] しかし、君たちのところの法律は彼らがこの心神喪失状態にあることを見出した〔としよう〕、すると、君たちは、気のふれた者すべてを吊るす法律を作るのだろうか？「だが、われわれは彼らが荒れ狂ったり暴力をふるうのを恐れる」〔と君たちは言うことだろう〕。もし彼らを恐れる理由が、ただ、彼らは荒れ狂う発作を起こしかねないということなら、同じ乱調に陥りかねない他のすべての人間をも恐れなくてはならないだろう。もし彼らを恐れる理由が、君たちが彼らを不当に扱うことにあり、それがその〔乱調の〕何らかの兆候を生むということなら、君たちがそれ〔乱調〕を生む道をたどっているのだから、やり方そのものを変え、君たちの危惧ゆえに彼らを罰するのを止めなければならない。もしも、その乱調自体に荒れ狂う傾向があるのなら、注意深く見守り、適切な手当てを行なうべし。もし彼らがまったく罪もなく、ただいささか狂っているにすぎないなら、なぜ放置しておかないのか。というのは、おそらく彼らの頭脳は少しばかり調子が狂っていても、彼らの手はちゃんと働くのではないか？「しかし、彼らは他の者たちに伝染する」〔と君たちは言う〕。もしそういった他の者たちが、自らの同意によって伝染するなら、しかもそれは、自分たちが罹患していると考える他の病を治すためなら、中風治療のために傷をつけようという男や、卒中防止のためにすすんで瀉血治療を受けようという男と同様だから、なぜ彼らの邪魔をする必要があるだろう？「しかしそれでは、すべての人が同じ誤謬に陥るだろう」〔と君たちは言う〕。これが示唆するのは次のいずれかだ、すなわち、それが真実であればこそ優勢になるということか、あるいは真実の教え手たちが怠惰でそれを放置しているので、彼ら〔真実の教え手たち〕が悪いということか、さらにあるいは、人々はそもそも真実よりは誤謬に向かう傾向があるということか、である。もしそうなら、誤謬は何重にもなったものであり、それぞれがお互いから遠いことは、それが君たちから遠いのと同じだから、彼らがまとまるなどという不安を抱く必要はない。もし君たちが、彼らを苛酷に扱って彼らの敵となり、彼らを団結一致させてしまわない限りは、だが。宗教において多様な意見があるところで平和を確立するためには、二つの事項が完全に弁別されなくてはならない。すなわち宗教と統治であって、それらのための二種類の役人たち、つまり権力行使者たちと聖職者たち、そして彼らが受けもつ領域の別もまた、充分明らかでなくてはならない（これをやらないことが、おそらくは混乱の最大要因である）。権力行使者はただ町の治安と安全に目を向け、聖職者はただ魂の救済にだけ関心を払うのである。もし彼ら〔聖職者〕が、説教の中で法律の制定や施行を云々することが禁じられるならば、われわれはおそらくずっと静かになるはずである。

注

1 〔訳注〕原文は *esto*。フォン・ライデン版にあり、原書もそのまま置いてあるが、英語の be 動詞に当たるラテン語動詞の未来命令形（単数二人称および三人称）。うまく雰囲気が出せないが、間投詞的に用いられている。

17　信仰と理性　Faith and Reason

一六七六年八月二四―六日。欄外には次のキーワードが記されている。'Faith & Reason', 'Ignorance', 'Faith & Reason'（再出）。MS Locke, f. 1, pp. 415-21. ガブリエル・ノーデからの引用がちりばめられている。Von Leyden 1954, pp. 275-7 に収録。速記からの原稿起こしは、フォン・ライデンによるもの。ロックは、理性と啓示の関係を論じている。*ECHU*, bk iv, chs. 17-18 と比較せよ。きわめて近似した論がある。

宗教の事項においては、われわれがどの程度まで理性に、そしてどの程度まで信仰に先導されるべきかを教えてくれる人がいれば善いのだが。それ〔その教え〕のないことが、かくも多様な意見が世にあり続ける原因の一つなのだ。というのは、どの宗派も、理性が助けになる限りはそれを喜んで用いるだろうが、それが役立たないところでは、これは信仰の事項であって理性を超越している、と大声で言うからである。信仰と理性の厳密な境界線を定めもせずにそんな訴えをする者に、人々が説得されてしまうことがあるのは、一体どういうことなのか、それが私には分からない。宗教をめぐるあらゆる議論においては、それこそが最初に確立されねばならない点であるのに。

Q.[1] われわれの無知は、観念の欠如、不完全、または混乱以外から由来するのかどうか？　というのは、われわれの理性がわれわれを裏切るのは、二つの場合のみのようだからである。(1)結論をいくつも長く接続していく中で生じる言葉の誤謬。だがこれは、われわれの誤りであって、理性の誤りではない。⑵われわれの観念の不完全さ。この点ではわれわれは困難と矛盾に巻きこまれている。われわれは物質の最小の大きさも、無限のそれも知らず、物質がどこまで分割可能かも知らない。ただ、数の観念ばかりは、明確ではっきりしているばかりか完全なので、われわれの理性は数においては誤りを犯さず、矛盾にも出会わない。このようにわれわれは、自らの意志や心の動きの始まりについて不完全な観念しかもたず、ましてや神の働きについてはさらに不完全な観念しかもたないから、「自由意志」について、理性では解けない非常な困難にぶつかるのである。これはおそらく、われわれがどこで理性を捨てて信仰に訴えるべきかの、目安でもあろう。それは、すなわち、われわれには明確かつ完全な観念がないために、諸概念の解決不能な困難や矛盾に巻きこまれてしまうが、だからといって他のどこで解決されるわけでもないという、まさにその地点である。言っておくが、そういう疑念から信仰と啓示が、それはちょうど、理性では届かない真理の発見においてもそれら〔信仰と啓示〕が起こるのと同じように、起こる。理性は、神の働きによらないわれわれの観念に立って働くにすぎない。もしもわれわれが神の働きについて、はたしてその力は「自由行為者」を作るのかどうかを理解するほどに完全な観念をもっていれば、私が信じるところでは運命予定説と自由意志をめぐる疑問の根底にはこの問題があるので、それをめぐる論議は、人間の理性によってたちまち決定を見てしまい、信仰の介入する余地はほとんどないだろう。というのも、明確で完全な観念に基づいた主張においては、われわれは、それへの自らの同意を取りつけたり、それらを自らの心に受け容れるのに、信仰の助力が絶対に必要というわけではないからである。というのは、私は知識をつうじてそれらをすでにそこ〔心〕に定め置いてある、またはそのようにできるからである。何についてであれ、神が直接にわれわれに啓示しない限りは、それ〔知識〕が、私たちのもちうる最大の保証である。その場合〔神の直接啓示がある場合〕でも、われわれが得る保証は、それが神からの啓示であるという知識以上ではありえない。そして、われわれの明確かつ完全な観念に対立する主張ならば、信仰がいくら頑張ろうと、それらを確立することも、われわれに同意させることもできはしない。信仰は、われわれの知識に矛盾するようなことは何ごとであれ、われわれに確信させることはできないからである。なぜならば、信仰は神の証言〔神の証言は偽ることができない〕の教えの上に打ちたてられるが、それでもわれわれには、われわれの知識以上に強力な、それが真実であることの保証はありえないからである。その確実性の強さは、神がそれを啓示したという、われわれの知識に全面的に依拠しているが、それ〔神がそれを啓示したという知識〕はこの場合、すなわち啓示はわれわれの知識、または理性に矛盾すると主張される場合には、つねに次のような反論につきまとわれるだろう。すなわち、もしそれ〔神がそれを啓示したという主張〕を真実だと信じるとすると、われわれの知識の原則も基盤もくつがえし、われわれの知力のすべてを無用にし、製作者としての彼〔神〕の最高の仕事すなわちわれわれの理解力を、完全に破壊してしまい、このようにして滅ぶべき獣よりも人の知性の光や行動を弱くするようなもの〔啓示〕が、われわれの存在そのものの創出者たる恵み豊かな神からやってくるのをどう考えるべきか、われわれには分からない、という反論である。実際、われわれの理性を超越する事項においては、それがどういうものかはすでに述べたところだが、われわれは啓示を認めるべきであるのみか、必要としているのであり、そこでは信仰がわれわれを完全に支配すべきである。しかしこのことは、知識が確保してきた領域を否定するものではない。これは理性の基盤をゆるがすものではなく、われわれは知力の限りを尽くすのである。

そして、信仰と理性の領域がこのような境界線によって、明瞭に区別されたものとして設定されないならば、私の信じるところ、宗教の事項においては、理性は無用で介入の余地がないものとなり、さまざまな宗教に見出せる途方もない考えや儀式も、非難されなくてよいことになるだろう。ほとんどの宗教には愚かさが満ちていて、それが人間にとりつき分裂させるのだが、私の考えるところその愚かしさの相当部分の原因は、信仰を理性に対立するものとして、かくもやかましく称揚することである。それというのも、神の事項は理性を超越し理性と反対のものだからというので、神の事項では理性に相談してはならないという考え方を、人々は原則として教えこまれており、自らの幻想や陥りやすい迷信を野放しにしてしまうため、それらに鼻面を引き回された挙句に、宗教における奇妙な考え方や途方もない儀式に陥ってしまうのだ。思慮深い人間は、それらの愚挙に呆然とするばかりで、それら〔愚挙〕は神が受け容れて下さるには程遠いと判定するので、彼は、それらは馬鹿げていて不愉快で、真面目な人間に受け容れられるものではない、と考えるしかないのである。結果的に、また実質的に、われわれがもっとも理性的な被造物として現れるべきところ、つまりわれわれをもっとも適切に獣と分けるところにおいて、われわれはもっとも非理性的で獣よりも無分別なものとして現れてしまう。「不可能ユエニ、我ハ信ズ[2]（*Credo, quia impossibile est*）」は、善き人にあっては熱意の印となるかもしれないが、見解を選択するさいの尺度としては、まさに用いてはならぬものということになるだろう。

注

1 〔訳注〕Question の略。
2 「不可能ゆえに、我は信ず」は、教父テルトゥリアヌスの有名な言葉。

18　知識 A　Knowledge A

一六七六年九月一日。欄外には 'Knowledge' とキーワードが記されている。MS Locke, f. 1, pp. 430-2. Von Leyden 1954, p. 281 に収録。フォン・ライデンが速記から原稿を起こしている。ロックは、自然の光に照らして、神の知識および道徳の知識について考えている。*ECHU*, bk IV, ch. 17, §24 と比較せよ。

人間は、自分たちが共通にもつ理性の光によって、神がすべての存在の中でもっとも優れ秀でていること、したがってもっとも尊ばれ愛されるに値することを知っている。なぜなら、彼〔神〕は自らが創造したすべてにたいして善いのであって、われわれが享受するすべての善いことは彼に由来するからである。同じ自然の光によって、われわれはまた、他の人間たちにたいして善いことを行なわねばならないと知っている。なぜなら、そのようにすることがわれわれ自身にとっても善いからである。人はそれを行なうことができ、それこそが唯一、神からわれわれが受けたすべての善いことのために、われわれから神に貢ぎうるものである。またそれは、神のためになされたのであって、神に好ましいものでないはずはなく、人々にとっても好ましくないはずはないが、その人々にたいして神は、われわれに向けるのと同じ優しさを向けておられるのである。すると、神を愛し人には慈悲深くあらねばと考える人々、そのためにも神とその神秘をよりよく知って、神への愛と隣人への慈悲という義務を果たせるようにならねばと考える人々は、神が知ることを求めるすべてを疑いもなく知るだろうし、呪わしい誤謬になど陥ることなしに、神とその真理を見出すことだろう。〔しかし〕対極から出発する者たちについて、同じことを言うわけにはいかない。彼らは自らの欲に屈し、自らの欲望の実現において好き勝手をやり、自らを自らの神とも目的ともしてしまって、自然宗教のであれ啓示宗教のであれ真理のたとえ一片にさえ、あらゆる疑問に答えが出され、あらゆる不審が取り除かれるまでは、耳を傾けようとしないだろう。そして、全体系のうちにほんの少しでも疑いが残れば、一部にいささか難点があるという理由で、全体を拒否してしまうだろう。言っておくが、こういう者たちは真理を発見しそうにない。なぜなら、彼らは不当なそれ〔真理〕の求め方をしているから、つまり合理的な人間ならやるようには、また彼ら自身も他の場合ならやるようにはしていないからであるし、同時にまた、神がその〔真理の〕目的と定めたもののために、それ〔真理〕を求めているのではないからでもある。それ〔真理〕に定められた目的とは、われわれの能力や思弁の向上ではなく、われわれの神への愛と隣人への慈悲の向上なのであり、われわれの知識のそのような増加が、われわれの生をよりよいものにするはずである。

19　幸　福　A　Happiness A

一六七六年九月二六日。'Happynesse'. MS Locke, f. 1, pp. 445-7. Driscoll 1972, pp. 101-2 に不完全に収録。

人が追い求め高く評価するものであって、しかも誰かのペンによって〔その真実の姿が〕暴露されてこなかったものはない。名誉のむなしさ、富の空虚さ、官能的快楽の汚れ、恥と不満足は、たんにキリスト教徒の書き手によってばかりでなく、異教徒の哲学者たちによってさえ、充分に論じられ、明らかにされてきた。これは、人間の全能の機知、すなわち、あらゆるものを思いのままにあざけりの対象に変え、着せかける衣装と照明〔の効果〕で思いのままに美しくも醜くも見せる機知に出ることではなく、次のことに由来するのだ。すなわち、これらすべてには欠陥というか暗い側面が実際にあり、それを示す技をもつ者の手にかかれば、それが必ず軽蔑と嫌悪を生むのである。われわれはこの世では、真実で満足のゆく幸福からはるかに遠いので、それが何に存するものかを知らないが、少なくとも、これら不完全なるものが提供しうるすべてのかなたにあることくらいは、確実に知っている。これ〔幸福〕は、誰もそれにたいする反論を書こうとか、それへの不信を生もうとか、あるいは人類にそれを嫌悪させようとか試みたことがないので、誰もが、自らの心のうちに見出すその強い印象によって、幸福は不完全さを一切もたない状態であり、それにはいかなる例外も認められないと信じているのである。[1]

注

1 〔訳注〕「これ〔幸福〕は」以降の原文は不完全文で、Since で始まる条件節が文頭にくるが、その後は分詞構文になって、そのまま終わる。したがって主節がないが、意味上からは分詞構文の部分がその働きを担うべきなので、そのように訳す。

20 政治 Politica

一六七六年一〇月一四日。欄外に記されたキーワードは'Politica'である。MS Locke, f. 1, p. 469. J・R・ミルトンによって速記から起こされたもの。

消費税[1]その他の、曖昧な税には注意せよ。なぜならそれは、人々の負担において、人々の自由にたいする群なす敵を維持するからである。それゆえ、すべての教区をしてその税を正確に知らしめ、住民をしてその徴収者たらしめよ。

注

1 〔訳注〕消費税（excise）は一六四三年にジョン・ピムが主唱して導入し、王政復古後も徴収の意味を変えて存続した。ピムが念頭に置いたのは奢侈品だったが、法制定直後から生活必需品全般にわたった。王政復古後には酒類に特化してゆく。

21 アトランティス Atlantis

一六七六―九年。ロックの日誌には 'Atlantis' という見出しのついたいくつかの覚書が散在する。MS Locke, f. 1, pp. 280（一六七六年六月一二日）、319（一六七六年七月一四日）; f. 2, pp. 289（一六七七年一〇月四日）, 296-8（一六七七年一〇月一四日）; f. 3, pp. 92（一六七八年三月二一日）, 95（一六七八年四月二日）, 142-3（一六七八年五月二六日）,198-201（一六七八年七月一五日）; BL, Add. MS 15, 642, pp. 13-14（一六七九年二月一四日）, 18-22（一六七九年二月二〇―一日）; MS Locke, c. 42B, p. 36（一六七九年）。ロックは、多くの語句を削除しているが、それらは［　］内に補充してある。また二点はロックが読んだ人類学的文献についての注記であり、ここには含めなかった。すなわち、MS Locke, f. 3, pp. 92 と 95 は、フランソワ・ピラールの『東インドへの航海』（一六七九年）から引いたもので、モルジブでは権力行使者の召喚に応じない者は追放されるということ、カリカットでは王が唯一の判事であって「そこには法律家は一人もいないので、訴訟はごくわずかしかない」というものである。一六七六―七年および一六七九年の断片（MS c.42B）は、これまで公刊されたことはない。一六七八年五月二六日の断片は、Fox Bourne 1876, I, 387 に収録（節倹についての覚書と記されている）。Bastide 1907, pp. 377-9 に一六七九年の手稿（MS 15,642）が収録されているが、これは信頼できない。De Marchi 1955 はこの文書を論じている。MS Locke, f. 3, p. 199 はラスレット編『統治二論』の第二論文 §81 に引用されている。ロックの速記からの原稿起こしは、J・R・ミルトンの労に負う。

ロックがユートピアを著そうとしていたのかどうかを、考察している研究者もいる。実際、ロックのもろもろの意見は、彼が『カロライナ憲法草案』、そして帰化や救貧法についての論で表明した考え方と、密接に関連している。彼は、それと分かるように、植民地やカロライナに言及している。MS Locke, f. 2, p. 289 の 'Atlantis' と題された文章において、彼は、公的記録に個人の名前をあげるときには、その者が登録された場所を、たとえば「チャールズタウンのT・マシューズ」のように示すべきだとしている。チャールズタウンはカロライナの首都である。「アトランティス」と題された手稿群は、人々の生活への介入をロックがどこまで肯定的に論じているかを知る上で、実に興味深い。彼は、共同体と権力行使者には道徳的規律を課す義務がある、とする強力な見解を示す。彼は、移動を統制することで浮浪者を制限しようとする。さらに彼は、人口増加についてのこだわりも明らかにし、多産を奨励する婚姻法を提案している。『統治二論』第一論文 §§33, 41, 59,「結婚」（一六七九年）〔本書収録〕、アリストテレス『政治学』、第二編、1270 と比較せよ。以下のノートはユートピアらしくはないが、モアの『ユートピア』をめぐる議論については、書簡 60 と 66 を見よ。

MS Locke, f. 1, p. 280: 一六七六年六月一二日

一法廷において一開廷期に二度以上訴訟を起こす者は、公職に就かせてはならない。

MS Locke, f. 1, p. 319: 一六七六年七月一四日

ユートピアにおいては、誰もが何らかの手業に従事しており、健康であって自宅にいるときには、少なくとも毎日一時間、または毎週六時間、その仕事をしなくてはならない。

MS Locke, f. 2, pp. 296-8: 一六七七年一〇月一四日

隣り合う一〇世帯ごとに十家組長を置き、この長は、自分の十家組区に居住する者の中に過失または不審な暮らしぶりがあれば、書面にして地域[1](colony)の判事に報告しなくてはならない。判事はこの報告を記録するとともに、〈自らの軽重判断に応じ〉法廷を開いて被告発者を取り調べ、もし何らかの過ちで有罪であることが判明すれば、それにふさわしく罰しなくてはならない。もし当該人物の暮らしぶりが疑わしいと判断されれば、本人をして、その者の将来の暮らしに責任を負う保証人たちを見つけさせるか、さもなければ、どこかの公立労役所(public workhouse)に入所させねばならない。もしそれ以降に当該人物が刑事罰に相当する過失を犯した場合、本人が罪に応じて適切に罰せられるだけでなく、保証人たちもその償いをしなければならない。すなわち、もし盗みを犯していれば、本人は絞首刑となり、保証人たちは、被害者への損害補償のみならず、訴訟費用も負担しなければならない。もし殺人を犯した場合には、彼ら〔保証人たち〕は、被害者の地位身分に応じた支払いをするか、または被害者の死から損失をこうむった者があれば、それを補償しなければならない。偽証の場合も同様である。十家組の者が十家組長に署名通報したのに、十家組長が地域の判事に報告しなかった場合には、十家組長が保証人と見なされる。十家組長が報告を判事に取り次いでも、被告発者をして保証人を見つけさせられなかった場合には、十家組長が保証人と見なされる。報告そのものがなかった場合には、当該十家組全体が保証人となり、十家組のあらゆる過失について、保証人として責任を負う。かようにして、全員が隣人の見張人となって、過失は未然に防止されることになり、その方が、罰せられたりするよりもよいのである。

十家組長の帳簿に、初回登録の地域と直前に居住していた十家組とともに名前が記載されない限り、どこにであれ、誰も七日以上は暮らすことができない。このようにすれば、放浪かつ不審な浮浪者たちや好ましくない暮らしをする者たちが特定され、手が打たれるだろう。もし当該者が七日以内に〔帳簿に名前等の記載を〕行なわなければ、良民適格性を喪失したと見なされる。さらに、当該者が宿泊している家の所有者、またはその者に家を売ったり貸したりしている者は、八日目には当該者のことを十家組長に通報しなければ、もしすでに自らがそれを行なっていない場合には、自身が当該者の保証人と見なされる。

国の良好な統治のために、どの程度に知識や学問を普及させるべきかを考察するのは、善いことである。というのは、ことに下層民の場合、無知は人を獣にし、学問は傲慢にするからである。

MS Locke, f. 3, pp. 142-3: 一六七八年五月二六日

時代が贅沢と過剰に傾いているときには、タキトゥス[2]の『年代記』第三書八七頁にあるとおり、節倹法はその悪を抑制せず増大させるので、人々の出費に限りをつけ、収入を越えた消費を防ぐ最善の方法は、おそらく、掛売りの負債を地主は小売商人に支払わなくてよい、という法律を施行することであろう。これによって、商人の利害が彼ら〔商人たち〕を、日ごろ流行の先端を切るような者たちについて、非常に用心深くさせ、それによって、日ごろの放漫過剰には非常な抑制がかかるだろう。他方、貧しい労働者たちが必要物を得るための彼らの掛けは、〔この法律の適用対象外なので〕以前どおりに維持されることになるだろう。JL

MS Locke, f. 3, pp. 198-201: 一六七八年七月一五日

強く健康な人々が多くいることは、あらゆる国にとって宝であり、それを繁栄させるものである。

子供たちが強くあるためには、両親が若すぎないように配慮されねばならない。彼ら〔子供たち〕が多くあるためには、結婚が奨励されねばならないし、「荒レタブドウ畑ハ子孫ナクシテ衰エル（*nam vaga vinea debitat sine prole*）」ので、姦通は妨げられるべきである。

男性は一七歳になるまで、女性は一五歳になるまで、婚約してはならない。男性は一八歳になるまで、女性は一六歳になるまで、結婚してはならない。結婚する者は、誰であれ、男性なら一八歳に達せず、女性なら一六歳に達していない場合、婚姻上の特権を享受することはできず、かつ男女どちらかの該当年齢に六カ月が加わるまでに誕生した子供は、嫡出とは見なされない。

妻も子もない男性は、四〇歳になるまで未成年と見なされる。既婚、または子供がある男性は、二一歳で成年と見なされる。四〇歳以上で妻も子もない者は、自分の父親以外の何人の物的財産法定相続人にも人的財産遺贈受取人にもなれない。四〇歳まで未婚であって、しかも結婚している弟がある男性は、生得権[3]（birthright）を喪失する。結婚している、または子供をもつ男性は、戦時に強制徴募を受けない。七〇歳に達した男性は、自分がふさわしいと考える以外の公職につかなくともよい。そして、彼に生存[4]中の子供があれば、子供が五歳に達するまでは[5]（living in 5 years）、それ〔公職〕を免れる[6]。自国のための戦闘中に死亡した子供は、その親のために、生存中と見なされる。他国に定住している子供は、死亡したものと見なされる。男性は不義を働いた妻を離別することができ、さらにもし結婚後七年を経て子供が生まれない場合には、いつでも妻を離別することができる、すなわち、彼女によって子供を得なかった場合には、再婚ができる。不義の場合、彼は彼女に何も与える義務はない。不妊の場合、彼は彼女に婚資を返却しなくてはならない。もしも女性が、二名の証人の前で厳粛に夫から同席を禁じられた男性と私的に、つまり証人がいない状態で会えば、不義と見なされる。

〈既婚男性は、左手[7]（with his left hand）婚を〔妻とは〕別の女性と行なえる。左手婚による子供は嫡出と見なされるが、たとえ年長であっても、右手婚〔通常の結婚〕による子供たちのすべてより年下としてのみ物的財産法定相続を受ける（inherit）。すなわち、継承取得権（succession）において、次の弟[8]の子供たちの位置にある。左手婚の絆、期間、そして条件は、当事者間で交わされた契約書にあるとおりとする。私生児は、遺言によって物的財産法定相続（inheritance）、または人的財産遺贈（legacy）を受けることはできない。〉

BL, Add.MS 15,642, pp. 13-14: 一六七九年二月一四日

自分より五歳以上年長〈または一〇歳以上年下〉の女性と結婚する男性は、誰であれ、女性が持参金としてもってきた半分を〈公に〉没収される。

男性が一四歳未満で女性が一三歳未満である結婚は、「ソノコト自体ヲモッテ[9]」無効、すなわち「成熟以前[10]」である。自身が一八歳未満で〈女性と〉結婚する、または一六歳未満の女性と結婚する男性は、女性の持参金の半分を没収され、彼女の子としての特権を喪失する。

四〇歳以降も独身である男性は、独身[11]である間、父親、または母親以外の何人もの物的財産法定相続人にも人的財産遺贈受取人[12]にもなれない。ただし、国のための戦いで不具となっている場合は除く。五〇歳を越えて独身のまま死亡した男性は、その物的財産についての遺言も人的財産についての遺言（will and testament）も、国のための戦いで戦死［または］不具となった場合を除いて、無効となる[13]。

七〇歳になった者は、いかなる公職をも拒否する自由をもつ。

六五歳になって、存命中の子供が五人いる男性、あるいは六〇歳で同六人、五五歳で同七人、五〇歳

で同八人、四五歳で同九人の男性は、七〇歳の男性の特権をもつものとする。

一〇人の子供がいれば、男女の別なく、いっさいの公的な税と負担を免れる。〈孫とひ孫は、前述の特権については、子供として数えられる。〉そして、国のための戦争で戦死したこれら［子供たち］は、この件では生きているものとして数えられる。

片手、片足、片目の喪失、または頭蓋内か体腔内に達する傷は、不具と見なされる。JL

BL, Add. MS 15,642, pp.18-22: 一六七九年二月二〇日
直近の一〇世帯につき一名の十家組長を置き、一九世帯まではそのままとするが、二〇世帯になれば二つの十家組に分ける。市の開催中でなければ誰であれ、十家組長に面会して直前滞在地の十家組長の証明書を示さない限り、一箇所に二日間滞在してはならない。その証明書には、当該人物の名前と直前滞在地での暮らしぶり、さらにそこでの滞在の長さが記されていなければならない。浮浪者、およびその他、危険で住所不定の輩を抑止するためである。
十家組長は、少なくとも月に一度、または機会があればそれ以上、自分の十家組の全世帯を訪問し、暮らしぶりを見なければならない。堕落したり生活が荒んでいたり不審のむきがあったり、または暮らしの立て方の説明ができないような者があれば、地域の判事に報告し、判事がその件で措置を講じられるようにするためである。また、何人か、または家族のどれかが、病気、老齢、子供の世話やその他のために生活が立ち行かなくなっていれば、判事に報告し、何らかの措置が講じられるようにする。もし十家組長がこの義務を果たすことに怠慢である場合には、そのために生じた、または生じかねなかったと判断される被害に応じて、罰せられるものとする。

もし誰にもせよ、老齢、病気、子供の世話やその他のために、〔自分に〕援助が必要と判断した場合には、十家組長に申し出ねばならず、十家組長は地域の判事に報告しなければならない。報告を受けた判事は、地域の救貧院（almshouse）において彼らに必要物が供給されるよう、世話しなければならない。彼らは救貧院において、終身、公費により雇用され食事を提供される。

乞食はすべて、乞食であるという「事実ヲモッテ」[14]逮捕され、公立労役所に送致され、そこにて一生を終えるものとする。

地域の判事、およびその地域の十家組長の証明書を携行する旅人のすべては、証明書が示す目的地への途次であれば、どの救貧院でも休息し一泊することができる。

罰則規定なしに何ごとかを命じ、または禁じる法律を強制するには、事例ごとに、違反によってすでに引き起こされた害に見合うか、または〔犯人の〕将来の遵法を確保するために充分であると判事および陪審団が判断する罰によるものとする。ただし、効果を発揮するであろう範囲内のもっとも厳しからぬところで満足することを原則としつつ、害を償うに足るところまでは重くするものとする。しかし、この裁量権は、けっして生命に及ぶことはない。[15]

誰にもせよ、乞食に施しを行ない、その後二四時間以内に、乞食が物乞いをしたことを十家組長に知らせない者は、その十家組にける税を、向こう一年間に二倍額支払う義務を負い、その額に相当する減額が、その十家組の世帯にたいして均等に行なわれるものとする。しかしこれは、物乞いに出歩かずに自宅にいる、同じ村の貧しい人々にたいして、善意の人々が金銭、衣服、履物、その他の方法で慈善を行なうのを、妨げようとするものではまったくない。JL

BL, Add. MS 15,642, pp.18-22: 一六七九年二月二一日

アテナイ人とゲルマン人は二〇歳まで、ラケダイモン人は二五歳まで、エジプト人は三〇歳まで、結婚できなかった。思うに男は、他の諸事において成人となるまで、つまり二一歳まで、結婚すべきではない。

二一歳までに結婚すると、生涯、自己の土地を売却できず、七年以上に及ぶ抵当設定、譲渡、賃貸を行なうことができないが、〔その土地は〕彼の子供たちの自由保有と見なされ、彼の死後は子供たちが均等に分配を受けるものとする。賃貸されている土地と、土地に付随して派生する権利についても、同様である。所領が分割できない一箇所だけである場合のみ、二一歳以降に誕生した長男がそれを保有するものとする。もし二箇所以上の所領があれば、第二の所領は次の男子のものとなる、云々。

子供の数にたいして認められた特権においては、三人の孫は一人の子供と算定される。

父親が二一歳となる以前に誕生した子供たちは、この特権には算入されないものとする。

法律に従って登録（つまり、父母の名前と、父母それぞれの登録場所の名称を記しての登録）をされなかった子供たちも、算入されないものとする。

男性は、結婚の当日以降、いかなる税を支払う義務も、出征の義務も、いかなる公職に就く義務も、自らが望まない限り負うことはない。

妻子のある男性は誰も、自国の国境外においては、軍務に就かないものとする。この場合、彼の自国とは、同一の政府の下にある人々がもはや居住していないところで果てるものと見なされる。JL

MS Locke,c. 42B, p. 36: 一六七九年

この国［アトランティス］においては、娘をうまく結婚させたり、息子を何らか善い職務に就くように育て上げたり、彼ら〔娘や息子〕に充分なものを与えた者たちは、老後において彼らに豊かに扶養される。JL

母親によって養育されない[16]息子は、父親の所領を相続しない。母子のいずれかにたいする明白な危険なくしてはそれ〔実母による養育〕ができない、という医師と産婆の証言に基づいて、権力行使者が許可を与え、その許可が記録されているのでない限りは。

彼らは、自分の子供たちに、四〇歳以下の親方や教師をつけないことになっている。

戦争で子供を亡くした者たちは、捕虜となった若い子供たちを養子にする。愛情が両者において、自然の親子の間にあるものと変わらないことについては、Sagard, [*Histoire du Canada*], p. 954 を「見ヨ」。

法律や刑罰よりも習慣と流行の方が、公共社会にとって善いものをより多くもたらす。JL

五歳未満の子供をもつ者は誰も、負担の大きい公職に就くことはない。JL

注

1　十家組長の公職がまだ続いていた。ロックは、サマセットの自分の借地人に代わって、十家組長維持税、救貧税と教会税を支払っていた（BL, Add. MS 46, 470, p. 15）。

2　コルネリウス・タキトゥス（AD *c.* 55-115）。ローマ帝国の歴史家で、帝国の腐敗を批判した。

3　〔訳注〕弟との関係では、長子相続権が念頭にあったと思われる。

4　〔訳注〕七〇歳に達した男性の公職辞退権はすでに明記されているので、これは青壮年の男性を指すと考えられる。

5　〔訳注〕文脈と別の手稿での用語法から判断した。

6 〔訳注〕あるべき主語 he がなく不完全文だが、意味は明瞭なので、he を主語と考えて訳す。

7 〔訳注〕いわゆる貴賤相婚のこと。一般的には、身分の低い女性が、妻子ともに身分や財産を相続、継承しない等の契約の下に、身分の高い男性と行なう結婚。子供は非嫡出子にはならない。

8 〔訳注〕左手婚の子の父親の直近の弟。

9 *ipso facto* [thereby]

10 *ante pubetatem* [before puberty]

11 *celibate* [celibacy]

12 *legataire* [legatee]

13 一六九四年の法律（ウィリアムとメアリ第六・七年法律第六号）によって、二五歳以上の独身男性は、税を余分に払わねばならなかった。書簡 1847 を見よ。

14 *ipso facto* [automatically]

15 つまり、死刑のこと。

16 〔訳注〕当時の地主階層の家庭の赤ん坊は、生まれるとすぐに、村の乳母（wet-nurse）に預けられることが多かった。これは、その弊害が意識されはじめていたことの、よい例だろう。

22 知性 Understanding

一六七七年二月八日。欄外に記されたキーワードは、'Understanding', 'Knowledge its extent and measure', 'End of Knowledge', 'Knowledge'。MS Locke, f. 2, pp. 42-55。King 1829, pp. 84-90; 1830, I, pp. 161-71; Aaron and Gibb 1936, pp. 84-90 に収録。キングは 'Knowledge, its extent and measure' という題をつけている。これは、技術的な認識論の議論ではなく、人間が知性を使用する適切な範囲についての論考である。フランシス・ベイコンとロバート・ボイルの例にならって、ロックは人々にたいして、抽象的で形而上的な思索を避け、その代わりに、有用で「経験的な」知識を求めるよう、訴える。彼は、発明や経済上の改善にも触れている。彼は、理性の他の役割、つまり神の諸目的の理解と道徳法則の探求にも注意を向けている。

「ワレワレハ、信ジヨウト欲スルコトヲ容易ニ信ジル[1]（*Quod volumus facile credimus*）」。Q．意志は、どの範囲まで、またどういう手段によって、知性と同意とにはたらきかけるのか。われわれの心は、真理と同じだけの広さには作られていないし、その視野に入ってくるすべての事象の広がりに適合してもいない。それは、自らが把握するには大に過ぎる多くのものに出くわすし、理解不可能だとあきらめがち[2]のものも、少なからずある。空間の広大な広がりの中で迷子になりもすれば、物質の最小片さえ、想像も及ばぬ分割可能性で心を悩ます。そして、非常に慎重にも、知解できない事象を容認せず、永遠で全知の霊を否定したり疑う人は、物質を永遠で知的なものにしてしまうという、より大きい困難に陥ることになる。まさに、考えたり体を動かしている間に、その一方あるいは他方〔考えることと体を動かすこと〕をどのようにこなしているのか把握することは、自らの能力を越えている、とわれわれの心は知るのだ。このようなわれわれの心の状態は、われわれ自身の抱く完全さの観念からいかに遠くても、真理を探求するわれわれの努力をたゆませることがあってはならないし、すべてを充分に理解できないからといって、われわれには何ごとも知る力がないと思うことがあってもならない。われわれは、自分たちが世界へ乗り出すに当たって、知識の獲得に適した諸力を備えていることを知るが、〔諸力が獲得した〕知識は、われわれがその使用目的を、われわれの本性の仕組みとわれわれの存在の諸環境が示してくれるところに限定し、その目標に向けるのであれば、充分なものである。もしわれわれが、この世で自分たちが置かれている諸条件の下で自分たちを考察するならば、次のことに気づかざるをえない。すなわち、われわれが在るありようとは、それに伴う諸必要が、肉、飲み物、衣服、気候からの保護といった、しばしばきわめて物質的なものの絶えざる供給を求めるものであって、しかもわれわれの便宜のためには、さらにはるかに多くが要求されるということである。これらを供給するために、自然はわれわれに、ほとんどは粗にして使用に耐えない素材を提供するのみである。それらを手直ししてわれわれの必要を満たすためには、労働、技術や思考が必要となるから、もしも人間の知識が、その労働を短縮し、また最初は何の役にも立たないように見えたもろもろの物を改良する方法を見出さなかったなら、われわれは、貧しく惨めな暮らしの用をかろうじて満たす程度のものを作り出すことだけに、時間のすべてを費やしていただろう。その充分な証拠は西インドの、あの広大で豊かな世界の住民たちであって、彼らは、全精力を費やしながら、快適ではなく労多い、貧しい生活を送っているのであるが、しかもなお生きるだけで精いっぱいである。その理由はおそらくただ、あの石〔鉄鉱石〕の利用法を彼らが知らないということであり、旧世界の住民は鉄を抽出する技術をもち、そのたった一つの金属なくしては存立さえおぼつかない他のすべての技術の実現と改良に必要な器具を、そこから製作できるのである。だから、ここには、この世界の人間が利用し益を受けるにふさわしい知識の、広大な領域があるのだ。すなわち、〔その知識とは〕われわれの労働を短縮したり易しくするための手段の新しい発明や、複数の行為者と受動者[3]（agents and patients）を賢明に統合することであり、それが、われわれの富の貯え（つまり、われわれの生活の利便に役立つもの）を増やし、またはよりよく維持する、新しく有益なものの生産を促進するのである。これらのごとき発見のために、人間の心はよく適合しているが、おそらくは、事象の本質、その始原、それらの隠された働き方や、物質すべてを含む広がり全域は、われわれの役に立たないのと同様に、われわれの能力をはるかに越えるものでもあって、太陽や星の本質を知らないからといって不平を言う理由はない。光そのものの考察でさえ、われわれを闇の中に取り残すのであり、自然について他の千もの思索をしても、われわれにとってのその有益さが確かでないとか、あるいは、われわれの暮らしをより幸福にしてくれるわけではないとしたら、それら〔の思索〕は、無意味なことに拘泥するか、異常に好奇心旺盛だったりする頭脳を無益に働かせているにすぎないのであり、そういう頭脳は、本当の益をいささかも抽出できない事項をただ面白がっているだけなのだ。そこで、この世にある人間というものを考えてみて、彼の心と諸力は何らかの用を弁ずるために与えられているのだとすると、必然的に結論は次のごとくにならざるをえない。すなわち、それは、この世が可能にする限りの幸福を彼に与えるためでなければならず、それ〔幸福〕はたしかに、その中〔この世〕において、われわれが最高の安逸、快楽と多様性をもって、できるだけ長く生存することに他ならない。そこで、人間がこの世の生活だけを気遣っておればよく、かつこの世の後の自分のありようについての不安がないとすれば、彼らが頭を悩まさねばならないのは、自然史や、偶然われわれのものとなったこの宇宙の棲家内の事象の性質の探求だけであり、彼らは自分たちの力が及ぶ物事の物質的な原因と結果の知識においては熟達しているのであるから、自分たちの思考を、その中〔この世〕で自分たちが便利で喜ばしい生存を続けるのにもっともよく寄与しうる技術や工夫、機器や道具へと、向けるのである。それ以上探求する手間は省かれていいし、宇宙の始原、枠組み、または構成といった事柄に関心を抱いたり悩んだりして、この巨大な機械〔宇宙〕を、自分たちが案出した体系に引き入れる必要はなく、そんなことをして曖昧で難解な仮説を構築しても、それ〔そんな仮説〕は、論争を引き起こし口論を続けさせる以外に、使い道とてない。やるべきことで手一杯だというのに、自然のうちでも人間との特別な関係がなく、日常に縁の薄い部分についての知識が不足しているからといって、どうして不平を言うことがあろう。われわれの持ち分は地球上のこの小さな部分でしかなく、そこに、われわれも、われわれのかかわる事柄も、すべて閉じられてあるのだから、なぜ、宇宙のしかじかの部分についてわれわれは無知だと嘆かなくてはならないのか。[4]なぜわれわれは、遍在する物質、運動と空間という、あの絶え間なく変化し航行が困難な大海を航海し測深するための羅針盤も測鉛も与えられていないからといって、ほとんど〔必要な能力の〕割り当てがないなどと、考えなくてはならないのか。というのは、もしわれわれの航海や旅の果てるべき浜辺があるとしても、そこから持ち帰るべき、少なくとも現在のわれわれに役立ち、われわれの状態を改善するであろうような品は、ないのである。また、あの深淵〔宇宙空間〕に浮遊しているのをわれわれが目にするあれらの巨大な量の物質〔星々〕に、はたして隣人がいるのかどうか、〔いるなら〕どういう種類のものかを発見するだけの知識がないからといって、不機嫌になる必要はない。なぜなら、われわれが彼らと、われわれにとって有益な通信や通商を行なうことは、けっしてありえないからである。つまるところ、動物としての人間は、ようやく六〇年か八〇年の間生存するにすぎず、その〔生存〕条件もありようもそこで終わってしまうのだから、安逸、安全と愉快をもってその時間の終りまですごす助けになることを与えてくれるかもしれない以外の知識は必要がなく、それ〔安逸等々をもって人生をすごすこと〕が人間に可能な幸福のすべてであって、さらには、この知識のための有効な手段を獲得するためならば人間は充分に恵まれているということを考えれば、人間は、これらの発見によく適合した諸力や器官を所有しているのである、もっとも、それらを用いることがふさわしいと思えばだが。彼の知識の今一つの用い方は、同輩である人間たちと平和のうちに暮らすことであるが、これを行なうことも、彼にはできるのである。

この世の多くの善いことと、それらを生命、健康と平和をもって楽しむことを別にすると、それ以外にある関心事は、そこ〔この世界〕から人間を誘い出し、この地球の境界外に人間を立たせるものしか考えられないし、どこか他のところに、人間がたどり着けるよりよい状態があるというのは、ありそうな話である。というのは、この世が提供できるものをすべて、あるいはこの世にある彼が自らに提供しうるすべてを所有する者であっても、その者はそれでもまだ不満足で安からず、幸福からは程遠いからである。確実であって誰もが同意するしかないのは、この場面〔この世〕が終われば、別の存在様態がある可能性があり、そこでの幸福も悲惨も、われわれのここ〔この世〕での保護監察期間中の行動をどう秩序立てるかによっているということである。何らかの神（a God）を認めれば、誰でも容易にこの結論に達するし、彼〔神〕はかくも多くの自らの足跡と自らの存在の証拠を、すべての被造物の中に残してきたので、人間が自分の諸力をその方向で働かせるならば、誰であれ〔神の存在を〕確信するに充分であり、あえて言うならば、〔知性の〕光の不足を理由にしてこの確信を免れることは、誰にもできないのである。もし誰かがそれほどにも盲目であるなら、それはただ、目を開いて見ようとしないためにすぎないし、至高の支配者と普遍の法について疑念をのみ抱く者であり、どのような法にも従おうとせず、どのような判事にも自分の行動を説明せず、ここ〔この世〕での生の後の、別の生を疑う者であって、そういう者たちがここでわざわざ生きようとする生は、それ〔この世での生〕が終わったときに、彼ら〔別の生を疑う者とは異なる一般の人々〕が審問されるのを恐れ、答えたくもないような、そういうものである。私は、神、天国や地獄という考えを完全に捨てた者が、理性ある被造物にふさわしい生き方をし、疑いえない道徳原則の一つである、自らがなされたいようになせ、を遵守するのを見るまでは、つねにこの意見を抱き続けるだろう。そこで、次のことが可能、または少なくとも蓋然的ということになるが、それは、別の生があり、そこにおいてはわれわれは、この世における自らの過去の行動について、天地の偉大な神にたいして説明することになるのであり、ここに今一つの、しかも主要な人間の関心事が出てくる。すなわち、どのような行動が彼のなすべきものか、どのような行動が避けるべきものか、また、ここ〔この世〕では彼がそれによって生きねばならず、この後には、それをもって彼が裁かれることになる法とはどのような法か、ということであり、そしてこの領域においてもまた、彼は暗闇に放置されることなく、自らを導くに足る光を見出すことができる知識の諸原則と諸力を与えられているのである。この領域においては、自分の意志がそのようにしようとしない限り、知性が彼を裏切ることはめったにない。彼が誤った筋道をたどるなら、もっともありふれているのは、意志的に道を外れたということであり、あるいは少なくとも、惑乱を選んだということである。正しく歩もうとしながら手ひどい過ちに陥るといったことは、かりにあったとしてもごく稀であり、確信をもって言えると私は思うが、嘆かれて当然の大いなる無知の真っ只中にあってさえ、誰もが自分の義務を果たすために、その何たるかを知ろうと真摯に努力しているのであるから、知識の欠如ゆえに失敗することは、ほとんどないのである。

人の仕事は、この世においては幸福になることであり、それを実現するものは、生命、健康、安楽と快楽に資する自然界の事物を享受すること、そして、この生が終わった後の別の生によせる快い希望であるから、そしてまた、その別の生においては、永遠の安全の中でより高次の至福を重ねていくことであるから、これらの目標の達成のためにわれわれが必要とする知識は、歴史のそれと、われわれの力の及ぶ範囲内に存在する自然物の作用と動作についてのそれ、そして、われわれの行動を、それが意志による限りはできるだけ、すなわち、われわれの力のうちにある限りはできるだけ統御する義務についてのそれ、以外にはない。それらのうちの一つは、われわれの肉体とその最高の完全さを適切に楽しむことであり、今一つはわれわれの魂のそれであって、これらの両者を達成するために、われわれには肉体と魂の諸力が与えられているのである。そこでわれわれには、実験的自然哲学において知識を改善する諸能力があり、道徳法則を確立する基盤となる諸原理も、善い行動と悪い行動を区別するための光も欠けてはいないのであるから、その他の事項において、われわれの理性をもはや何も言えなくしてしまったり、知性を惑乱させたり、無力感の下で完璧な暗黒にわれわれを置き去りにしたりするような困難に直面しても、不平を言う理由はないのである。というのは、われわれの幸福にいかなる意味でもかかわらないような事項は、われわれの仕事には含まれないのであり、それゆえ、われわれが自分たちの目的でもなければ、自分たちのありようや目標に裨益するのでもない事項に対処する能力を与えられていないとしても、驚くには当たらないのである。

神が、彼の無限の力と叡智にふさわしい宇宙というこの偉大な機械を作ったのであるから、そしてまた神はわれわれをその〔宇宙の〕小区画、おそらくはそのもっともつまらぬ部分に置いたのであるから、なぜわれわれは自らのことを、神はわれわれをその探索者としたのだとか、そのすべてを完全に理解しない限り事態はあるべきように収まっていないのだとか、かくも傲慢に考えるのだろうか。彼の善性とわれわれの状況にとっては、われわれが、自らの用に供し生活の便宜に役立たせられる限りで、彼の寛大さへの賛美でわれわれの心と口とを満たすにふさわしいものとして、自らがかかわりをもつその〔宇宙の〕諸部分を理解しうるのは、好ましいことなのである。しかし彼の偉大さにとっては、それ〔偉大さ〕がわれわれの諸力や想像力の飛翔限界を越えているのは、それだけよりよくわれわれを、彼の力と叡智への崇敬の念で満たすのだから、それが他の諸目的にも寄与していて、おそらくはわれわれが知らない他のより知的な被造物が用いるにはふさわしいのだろうということはともかくとして、好ましいのである。そして、たとえわれわれが自然の最奥部のすべてを究明して、宇宙の組成をまるごと理解できると期待するのは穏当でないにしても、神の存在を疑うのは、彼はわれわれの狭小な知性のはるか上にあるのだから、それ以上の傲慢無礼である。また、われわれ自身がそうだからといって、つまり、われわれの心がそれを包摂するほど広くないからといって、無限なるものは一つとして存在しないと考えるのも、同様である。もし、われわれの知性を尺度として、すべての事象の生滅が定まり、しかもそれ〔すべての事象〕が、われわれが理解不能とするところでは存在を拒まれるのだとすると、この世界にはほとんど何も残らなくなって、われわれは自分たちに、知性、魂や肉体というほどのものをさえ、ほとんど残してやれなくなるだろう。われわれによりふさわしいのは、自らの弱さや喫緊の要や、われわれは何のために作られてあり、何を行なえるのかをよく考えること、そして肉体の諸力と精神の諸力を、それらはわれわれの状況によく適合しているのであるから、自然と道徳知識の探求に用いることである。それ〔この探求〕は、われわれの力量を越えるものではないのと同様に、われわれの目的からそれるものでもなく、ほどほどの勤勉さによって獲得されうるのであり、われわれにとって無限に有益であるように改善もなされうるのである。

注

1 カエサルとベイコンからのこの引用は、*ECHU*, bklv, ch. 20 にも出現する。
2 fain [want]
3 「受動者」の一つの意味は、何らかの行動を受動的に遂行し、または外在する行為者から印象を受けることである。
4 〔訳注〕ここから段落最後の文章の前までは一文であり、文章構造も不完全である。論理ユニットとして分離できるところで文を切って、訳した。
5 ロックは当初はこう書いた。「道徳哲学を見出す光も欠いてはいないので」。

23　思索断片集 B　Adversaria B

一六七七年九月四日。欄外のキーワードは'Adversaria'。MS Locke, f. 2, pp. 247-52. King 1829, pp. 247-52; 1830, I, pp. 218-22（日付を誤っている）; Aaron & Gibb 1936, pp. 92-4 に収録。ロック自身による表形式は、ここでは連続した散文にしてある。これは、覚書の作り方と「諸学の区分」についてロックが残した、いくつかの見解のうちの一つである。きわめて類似したものが、c. 28, fos.50-1（一六七七年一一月一二日）にある。「思索断片集 A」と「C」、そして「知識 B」〔本書収録〕と比較せよ。

読書と覚書の作成においては、これらが、注意されるべき事項についての主要部分、または見出しとなるように思われる。その第一は、事物についての知識、それらの本質と本性、諸属性、種別ごとの原因と結果であって、私はそれらを「愛知果（*philosophica*）」と呼ぶのだが、物事の階梯と種別に従って、適宜に分割されねばならない。そして、これらについては、われわれが事物の、本当に他と明瞭に区別されるものとしての真正の概念を得れば、得たに応じて、本当で真実の知識を増進できるのである。そして、われわれの知性のこの改善は、読書によるよりも思索による方が多くを達成できるが、とはいえそれ〔読書〕もまたないがしろにされてはならない。そして、これ〔知性の改善〕について主として用いられる能力は、判断力である。

第二の見出しは、事象誌（History）であって、ここにおいては、すべての細部を覚えるのは不可能でもあれば無益でもある。私が思うにもっとも有益なのは、人間界で見つかる、神、宗教と道徳にかんする見解、およびこれらについて人々が自ら作り、または慣習が確立したもろもろの掟を観察することである。そして、記憶力はここに主として用いられる。

第三の見出しは、もっとも有用なもので、他の人々のところにわれわれが見出すもののうち、模倣するにふさわしいものである。政治的な知恵でも私的なそれでもよく、また生活の便宜に資する技術でもよいのである。

第四の見出しは、何であれわが国に移植できるような自然産品、あるいは通商に有益な物品。そして、これらは慣習や行動に関係する。

第一のものを私は、「愛知果についての覚書（*Adversaria Philosophica*）」と呼ぶが、〔新たな〕事物との出会いのたびに、もろもろの種へと分けねばならない。

第二のものを私は、「事象誌についての覚書（*Adversaria Historica*）」と呼ぶが、これは以下のところを含む。すなわち、(1)神、創造、啓示、預言、奇蹟にかんして人間界に見出される意見や伝統、(2)義務、もろもろの罪、または宗教における非本質的事項、または世俗社会のために国法が命じ、禁じ、または許可する事項についての、もろもろの掟や仕組み。これを私は「制度（*Instituta*）」と呼び、以下のところを含む。(i)神法に基づく神の礼拝のための［事項］（宗教的義務、もろもろの罪、「非本質的事項」）、(ii)世俗法による［事項］（もろもろの市民的義務、犯罪、容認しうる行為[1]）。

人々が神から祝福を得たり、またはもろもろの罪の赦しを得たりするために用いるやり方があるが、これを私は、「請願[2]」および「赦免[3]」と呼ぶ。そして一番最後に、人間界で、魔術、または真正の予言として観察される、超自然的事象一切がある。

第三のものを私は、「模倣されるべきことについての覚書（*Adversaria Immitanda*）[4]」と呼ぶ。すなわち、政体の統治のためや、私生活のために資する賢明な慣習なら何でもよく、あるいはわれわれに有益なように自然物を改良するのに使う技術なら何でもよいが、これらには、次の見出しが含まれる。すなわち、政治または市民的叡智、慎慮または個人的叡智、医学すなわち飲食、薬物、人間の動作、感覚器官にかんする技術[5]。

第四のものを私は、「獲得されるべき物についての覚書（*Adversaria Acquirenda*）」と呼ぶが、これは、当該国の自然産品のうち、わが国に移植して増加させるにふさわしいか、または非常に有用な性質のために当地にもたらされるべきものである。あるいはまた、彼らが送り出しているのが自然産品であれ人工物であれ、当該国の産品として着目するのにふさわしいものであって、彼らとの適正な交易で獲得するにふさわしい商品である。これらには次のようなものがある。すなわち、「獲得サレルベキ物」と「商イ品[6]」。

まだ一つ残っている。それは、自然界の因果誌である。この領域では、読書するときに、もろもろの物体の諸特性や、それらの物体、または性質がお互いに与えあうもろもろの効果をよく心にとめることが有用だが、それは主として、技術の改善に貢献したり、私が上で「愛知果」と呼んだものの本性に光を当てたりできるような事項について、手短に書いておくためである。私の考えでは「愛知果」は、何ごとであれその本性の真実、明快かつ截然たる観念を抱くことに存する。その観念は、自然物、または実在物にあっては、われわれはそれらの本質は知らないのであるから、われわれが知る限りのそれらの生成因、もろもろの属性や効果を取り入れることになるし、道徳的存在にあってはそれらの本質と結果を取り入れることになる。この自然誌を私は、「物体誌、種別で言及されるべきものとしての（*Historica Physica, referenda secundum species*）」と呼ぶのである。

注

1 これらの分類はラテン語から訳した。
2 *Petitoria* [petition]
3 *Expiatoria* [expiation]
4 模倣されるべき事項、見習われるべき行動。
5 これらの分類はラテン語から訳した。
6 *Acquirenda* and *Merces* [commodities and merchandise]

24 道徳 Morality

一六七七—八年頃。'Morality'. MS Locke, c. 28, fos. 139-40. Sargentich 1974, pp. 26-80 に収録（ただし、一六九〇年代のものとしている）。冒頭部は、ロックの快楽主義原則を再述したものであり、次いで、所有と正義の起源について述べている。

道徳とは、人が幸福を獲得するための行動の掟である。

というのも、すべての人の目標と目的はただ幸福のみであるから、遵守したからといって幸福を結果せず、破ったからといってその後に悲惨をもたらしもしないような何ごとも、掟や法にはなりようがない。

定義：幸福と悲惨は快楽と苦痛に存する。善いもの（good）とは、快楽を与えるか増大させる、または苦痛を取り去るか減少させるものであり、悪いもの（evil）はその逆である。

公理1。すべての人間は幸福の享受と悲惨の不在を欲する、しかも、それだけをつねに。

公理2。人間が行動するのは、自らが欲するものの獲得のためのみである。

したがって幸福とは彼らの〔人間の〕目標であるから、それを獲得する手段のみが、行動の掟たりうる。誰もが知るように、人はその人生において、ある程度の幸福と多大の悲惨をもつ傾向がある。

また明らかなのは、快楽と苦痛を味わえる状態で人をこの世に存在させている力[1]は、彼が死によってすべての感覚と知覚を失った後にも、再び彼を存在させうるということである。これはまさに、彼をはじめて存在させた彼〔神〕が、再び彼を感覚をもつ状態に呼び戻すことができ、彼が望むだけの間、快楽と苦痛を味わえるその状態を維持させることができるのと、同じである。

それゆえ、このことは明らかである。この世[2]で快楽と苦痛が味わわれるが、次のこともまた可能である。この世の後にも或るありようがあって、そこにおいても人間は、楽しみや苦しみを味わうことができるかもしれない。

この世については、だから、快楽を獲得し苦痛を避ける方法が何であるかを、見つけようではないか。というのはそれこそが、この世を越えた先に見通しをもたないすべての存在にとって、行動の掟となるに違いないのだから。

人間は、自らをも、また他の人間をも作らなかった。

人間は、世界も作らなかった。誕生したときに、それがすでに作られてあるのを見出したのである。それゆえ、人間[3]は、誕生の時点では、世界にある何にたいしても、他の誰かに優越した権利を一切もてないのである。したがって人間たちは、すべてを共同のものとして享受するか、あるいは取り決め(compact)によって自分たちのもろもろの権利を決めなければならない。もしすべてが共有のままとされれば、欠乏、強奪と力ずくが不可避的に生じるだろうし、その状態においては、明らかなことだが、幸福は得られない。豊かさと安全なくしては、それは存在できないのだから。

この状態を回避するために、取り決めが人々のもろもろの権利を定めなければならない。

これらの取決めは、守られたり破られたりする。もし破られるものならば、それらを作ることは無意味である。もし守られれば、そのときは、正義が義務として確立されて、われわれの幸福の最初かつ一般的な掟となるだろう。しかし、次のような反論があるかもしれない。約束を破ることが一人の人間にとっては有益なことがままあるかもしれず、すると、私は自分の幸福のためにそれをしてよいのではないか、というのである。答え—すべての人が平等に同じ一つの掟の下にあるのだから、もし私が自分の益のために約束を破ることが許されれば、他の誰にたいしてもそれが許されるのであり、すると、私が何を所有していようとも、それはこの世界の他の人間すべての力ずくや詐欺にさらされることになるだろうが、その状態においては誰であれ、他の人間すべてよりも強くかつ賢くない限り、幸福であることはできない。

というのは、そのような強奪と力ずくの状態においては、誰であれ、自分が幸福であるために所有しておくことが必要な事物の持ち主でいるなど、不可能だからである。

正義こそはもっとも大きくもっとも困難な義務であるから、それがこのように確立されれば、残りのことは難しくないだろう。

その次の美徳の類は、社会に関係しそれゆえ正義にもかかわるようなもろもろのそれであるが、直接に契約の条項となるものではない、品格、慈悲心、寛大といったものである。

品格（civility）とは、要するに善意と敬意の外的表現であり、少なくとも軽蔑、または憎悪の表現ではない。

注

1　この後に次のような文章が抹消されている。「彼を人間の通常の人生よりも長く、そのような状態にあらしめることもできただろうが」

2　手稿では「この世とすべて（life and all）」となっている。意味が通るようにするために、'all' は削除した。

3　手稿では「一人もない（no man）」となっている。意味が通るようにするために、'no' を削除した。

25 寛容C Toleration C

一六七八年四月一九日。欄外のキーワードは'Toleration'。MS Locke, f. 3, p. 107。これまで公刊されたことはない。

ユダヤ人は厳格な教会規律をもっていて寛容はまったくなかった、とどれほど人々が想像しようと、しかし、それが全能の神から直接に与えられた律法であったことも、考えなくてはならない。すなわち、⑴彼らには賛同署名を求められるような信仰箇条はまったくなかったし、少なくとも、一柱の神しかおらず、そしてエホヴァが彼らの神［だった］。⑵私生児、去勢者［や］アンモン人[1]などを彼らの会衆から排除するもろもろの律法があったが、誰かを無理に会衆に入れる律法はなかった。

注

1　古代セム族の一つで、イスラエル人とつねに争っていた。

26 法律 Law

一六七八年四月二一日。欄外のキーワードは'Law'。MS Locke, f. 3, pp. 111-12。King 1829, p. 116; 1830, I, 217（日付を誤っている）; Wootton 1993, p. 236 に収録されている。

国法は、人間の社会の合意に他ならないが、〔合意するのは〕彼ら自身か、彼らが権威を与えた一人、またはそれ以上の者であって、もろもろの権利を決定し、その社会のうちにある全員のある種の行為にたいして、褒賞と懲罰を定めるのである。

27 自然の法 Law of Nature

一六七八年七月一五日。欄外のキーワードは'Lex nat [urae]'。MS Locke, f. 3, pp. 201-2. Von Leyden 1956, pp. 34-5 に収録。Dunn 1967, pp. 155-6 も一部を収める。

神は人間を、宇宙のこの居住区にいる他の被造物より優遇して、自身についての知識を与えたが、これは他の獣のもたないものであり、それゆえ彼〔人間〕は、獣が負わない義務を負う。神を知って賢明な実行者となるためには[1]（for knowing God to be a wise agent）、彼は次のような結論を避けることはできない。自らのうちに見出す、他の被造物に優越した知識とそれらの諸力とを彼がもつのは、何らかの用途と目標のためなのである。それゆえもし、彼が父と息子の関係を理解し、彼が生み（hath begot）（彼の息子のことを考えずに自分の快楽のみ追求する）、かつ養育した息子が彼に服従し、彼を愛し、敬い、そして彼に感謝するのが理にかなっていると思うなら、彼はまた、自らと他のすべての人間は、自分たちがかくあるところのすべてを負う自分たちの存在の作り手に、服従と敬意、愛と感謝をささげることは一層理にかなう、と考える他はない。もし彼が、他人を傷つけた自分の子供の一人を罰するのは当然と考えるなら、彼はまた、誰かが他人を傷つけたとき、人間すべての父である神に同じことを期待する他はない。もし彼が、自分の子供たちはお互いに補いあい助けあうのが当然と考え、それを彼らに義務として期待するならば、彼はまた同じ推理をもって、神はすべての人間がこの同じことを互いになすことを期待する、と結論しないだろうか。もし彼が、神は彼と他のすべての人間を、社会なしには生きていけないようなあり方に作り、その社会を維持しうるのが何であるかを見分ける判断力を与えたと考えるのであれば、社会の維持に寄与するそれらもろもろの掟に従うことが、自分には義務であり、それを神は求める、という以外の結論を彼は出せようか？

注

1 〔訳注〕この部分は複数の読み方が可能である。この訳は、for, knowing God, to be a wise agent として読んでいる。

28 美徳 A

Virtue A

一六七八年八月二六日。欄外のキーワードは'Vertue'。MS Locke, f. 3, pp. 266-7. これまで公刊されたことはない。ロックはジャン・ド・レリの『ブラジル航海史』(一五九四年)からの引用にコメントをつけているのである。

美徳とはただ、社会の善いことにもっとも寄与し、したがって、人々がそれをするように、社会があらゆる手立てですすめるような行動の名称であることは、私には実に明らかだと思われる。

29 幸福B Happiness B

一六七八年一〇月一日。欄外のキーワードは 'Happynesse'。MS Locke, f. 3, pp. 304-5。King 1829, p. 115; 1830, I, 216; Fox Bourne 1876, I, 124-5; Driscoll 1972, p. 100 に収録。ドリスコルは、フランソワ・ベルニエの『ガッサンディ哲学要綱』(一六七八年)との類似性を指摘している。

人の幸福は、各人に好みはあるものの、肉体のであれ心のであれ快楽に存し、「究極ノ悪(*summum malum*)」は苦痛、または心身の苦しみである。このとおりであることについては、私は全人類の経験と、すべての人の胸中の思いに訴えるばかりでなく、このことの最高の掟、すなわち聖書にも訴える。聖書はわれわれに、神の右手つまり栄光の座にはさらなる快楽があると語っており、人が断罪されるのは快楽を求めるからではなく、終わりのない喜びよりも、この生の束の間の快楽を好むゆえなのである。

30 評判 Reputation

一六七八年一二月一二日。欄外のキーワードは'Credit, Disgrace'。MS Locke, f. 3, pp. 381-2. King 1829, pp. 108-9; 1830, I, 203-4; Fox Bourne 1876, I, 403-4; Wootton 1993, pp. 236-7 に収録。ロックはガブリエル・サガールの『ヒューロン国大航海記』（一六三二年）とピエール・ブーシェの『カナダ史』（一六六四年）への言及を付加する。ロックの人類学的読書については、Batz 1974 と Bonno 1955 を見よ。

人の行動が起きる主たる源泉、人が自らの行動を律している原則、そして自らを向ける目標とは、信用と評判であり、いかにしても避けようとするのは、大部分、恥辱と不面目であると思われる。ヒューロン人とその他のカナダの人々をして、あれほど一貫して、言い難き苦しみに耐えさせているのは、それなのだ。これが、ある国では商人たちを作り出し、また別の国では兵士たちを作り出す。これが人々をして、ある国では神学に向かわせ、別の国では医学や数学に向かわせるのである。これが婦人のための服を裁断させ、男性の流行を作り出す。さらにはいっさいの不便さにまで耐えさせるのだ。男たちを酔いどれにしたり素面にさせたり、泥棒にしたり正直にしたり、そして泥棒同士で信義を守らせるのも、これである。もろもろの宗教がこれによって押し立てられたり、派に分かれたりするのであり、生活をともにしてきた者たちに蔑まれる恥辱や、自分を推挙したい相手にたいして恥をかくことは、人間の行動の大部分が生まれる大いなる源泉であり、かつそれら〔大部分の行動〕を指揮するものである。富が信用されているところでは、それ〔富〕を生み出す悪行や不正は奨励されないでもなく、なぜなら、地位が得られれば高い評判がついてくるのであって、それはまさに国によっては、王冠が血〔血筋〕を尊貴にすると言われるとおりである。力を善く行使することではなく、力そのものが評判を与えてくれるのであり、それを獲得するための不正、虚偽、暴力や抑圧は、知恵と有能さとして通用するのだ。愛国心が信用の要件である場合には、われわれは勇敢なローマ人の一族を見ることになるだろうし、宮廷での寵愛だけが主流の事項であるときには、そのローマ人の一族がすべて、へつらい屋と告げ口屋に変わるのを見るだろう。それゆえ、この世をみごとに統治しようとする人は、どのような法律を作るかについてよりも、自分がどのような主流的傾向を形成するかの方に、思いをいたす必要がある。そして、何ごとを実行するにせよ、それに必ず〔良好な〕評判を与える必要があるのだ。JL

31 カロライナ Carolina

一六七九年二月二〇日。'Carolina'. BL, Add.MS 15,642, p. 18. これまで公刊されたことはない。ロックは、ガブリエル・サガールの『カナダ史』（一六三六年）に依拠している。

インディアンとの交渉においては、われわれの側の人間の一人といえども殺害された場合には、もしそうできる条件にあれば、どのような斟酌もせず、けっして赦免するべきではない。hist. Sagard, p.236を「見ヨ」。しかし、受けた損害のうち、その他のすべてては、補償がなされるならば、他の考慮に基づいて、赦し和解するのが便宜であるだろう。しかし、殺人の場合、やはり生命には生命であるが、もしそれを要求し固執する条件がなければ、それに注意をむけるべきではない。[1]

JL

注

1　ロックが言いたいのは、充分な罰を下せる立場になれば、見て見ぬ振りをすべし、ということらしい。

32 結婚
Marriage

一六七九年二月二二日。表題なし。BL, Add.MS 15,642, p. 22. これまで公刊されたことはない。ロックは再び、人口増加の促進に関心を向けている。

非常に有益でありながら法律では確立できず、習慣とか風習によって導入されるべきもろもろの事項がある。つまり、結婚の奨励であり、とくに貧しい人々の結婚である。友人知人の結婚があると、人々は新婚夫婦の家に、結婚後の日に自ら出かけてゆくべきだが、そこで楽しくやるための飲食物は〔あらかじめ〕届けておき、そこに出かける誰もが、その新婚夫婦の状態にふさわしい家庭用品やお金を、贈り物としてもっていくべきである。これは、敬意と友情の印ととられるべきであり、それを行なってよい期間は最初の一年間とすべきである。JL

33 忠誠

Pietas

一六七九年三月二五日。'Pietas'. MS Locke, c. 33, fo. 10. これまで公刊されたことはない。ラスレット編『統治二論』第二論文 §58 で言及されている。ここでもロックはサガールに依拠している。ジャニッサリはトルコの歩兵であり、そもそもは改宗した囚人と、貢物とされたキリスト教徒の子供たちから編成されていた。

〔ジャニッサリは、十四世紀から十九世紀にかけて、トルコ皇帝親衛隊だった。英語のつづりはフランス語からきているが、わが国では「イニチェリ」「イェニチェリ」「エニチェリ」等の表記もある。〕

生まれではなく教育が、義務観念と愛情を、虜囚とされた子供たちに与える、彼らが親や祖国と誰にも負けぬほどに闘うときには［Sagard, p.］454[1]。われわれは、まさにこのことを、ジャニッサリに見るのである。JL

注

1 〔訳注〕不完全な文章。「彼らが」は men。

34　正　義　Justitia

一六七九年三月二五日。'Iustitia'. MS Locke, c. 33, fo. 11; also in c. 43B, fo. 60. これまで公刊されたことはない。

世に行なわれる誤った判断のほとんどは、知性よりもむしろ意志の誤りであるから、正義がよく行なわれるためには、学識豊かな人物より、むしろ剛直な人物を選ぶよう、意が用いられるべきである。JL

35 政体 Politia

一六七九年三月二五日。'Politia'. MS Locke, c. 33, fo. 11; also in c. 42B, fo. 6. ラスレット編『統治二論』第二論文 §106 で言及されている。これまで公刊されたことはない。ここでもロックはサガールに依拠している。

カナダの王たちは選出されるのだが、その息子たちは、父親の美徳の後継者なら、〔王位を〕継ぎ損なうことはけっしてなく、そう〔美徳の後継者〕でなければ継げない。そして彼らの王たちは、力ずくと強制によるよりも、むしろ同意と説得によって従われるのであり、それは、公共善（public good）が彼らの権威の尺度だからである。Sagard, p.418. そしてこれは、少なくとも世界のこの部分での、王の権威のそもそものありようだと思われる。

36 臆見 Opinion

一六七九年六月一七日。'Opinion'. BL, Add.MS 15, 642, p. 101. Aaron and Gibb 1936, p.112; King 1829, p. 136; 1830, I, 252-3 に収録。

思考力があって思慮深い[1]人間が何かを信じることができる場合、それは、その事物の根拠となる道理の明証性と妥当性に依拠するもっとも確実な同意を伴う。しかし、大部分の人間は、事物の蓋然性をその本性において検証することも、またその正しさを彼らに証明してくれる人々の証言を検証することもなく、自分の国、地域、または党派の人々が共通にもつ信念や臆見を充分な証拠と見なし、型と手本どおりに生きるだけでなく、そのように信じる。かくして人々は、熱心なキリスト教徒と同様、熱心なイスラム教徒にもなる。JL

注

1 considerate [reflective]

37 愛国 Love of Country

一六七九年。'Patriae Amor' and 'Amor Patriae'. MS Locke, d. 1, pp. 53, 57. King 1829, pp. 291-2; 1830, II, 92-4に収録。ラスレット編『統治二論』第二論文§58に引用されている。

「国ニオケル愛[1]（*Patriae Amor*）」は、そこに定住し、二度とそこを離れまい、という思いから出てくる。そこを離れようという考えを頻繁に思いつかせる事物は、他国において人に自然につきまとうが、そうした事物には何であれ甘んじないという心が「国ニオケル愛」である。というのも、一般的には、われわれは死を考えたり、また、この世における休息所に仕立てたその地を離れることを考えたりするが、しかし、わが身に引きつけると、そうしたことを先から先へと引き延ばし、かつ繰り延べして、われわれはこの世での滞在を永遠のものにするからである。その証拠に、われわれはこの世での滞在に厳格な期限をけっして切らず、またこの世を離れることを真剣に考えることなどけっしてしない。JL

「国ニムカウ愛[2]（*Amor Patriae*）」そこでわれわれが得た快楽や利便の記憶、その人との交際やその人の援助がわれわれにとって愉快かつ有用でありうるような友人への愛着、そして、財産か才能かで一旗あげて故郷に錦を飾ることで、または旅をしてこの世の誰よりも多くの事物を、そして異国の事物を見てきたことで、自分の期待どおりの評判を上げて、昔なじみをあっと言わせようという考え、これらすべてが、自分の国を長い間不在とするさいには、われわれに自分の国へのたえざる愛着と帰郷の念を抱かせる。しかし、私はこれだけが、われわれに自分の国を思い焦がれさせるすべてでも、また主要な原因でもないと思う。外国にいる間、われわれは自分を外国人と見、つねにそこを去ることを考えている。われわれはそこで落ち着くことなく、そこでの滞在の終了をしきりに期待し、またはそれについて考える。そして心は何ごとにも容易に満足せず、滞在の終了に思いをはせる。しかし、自分の国へ戻ってきたときには、われわれはそこを定住の地と考え、そこで落ち着き、永遠の住処と定める。われわれはそれ以上のことをめったに思わず、後になって移動し定住しようと他国のことを考え、そこへ自分が行こうとは思わない。私が想像するに、このことが人類を帰国の念につねに駆り立てる。彼らはもう二度と自分の国を離れようとは考えないからである。したがって、どこかの土地で結婚し、かつ定住した人々は、こうした帰国の念には、はるかに冷淡である。そして、私は次のように確信する。人がこの世を、もはやそこに滞在すべきではなく、永続的で確定的な定住地をもてない所である、としきりに見なすとき、そしてそこでの滞在に制限があると考え、かつそこを去ることをしきりに思案するとき、その者は、それに応じて直ちに異邦人の考え方を身につけて、生国の自分にかかわりのある場所には一層無関心となり、そして、生国へ帰って落ち着くためにすべての国を無縁のものとして去らねばならぬと考える、そういうさいの旅行者がどこかの外国にもつ程度の愛着しか、そこにもたなくなるであろう。JL

注

1 〔訳注〕英訳上、訳し分ければ Love of Country で、国内にいてその国にもつ感情。次の訳注参照。

2　〔訳注〕英訳上、訳し分ければ Love toward Country で、国外にいて自分の国にもつ感情。*Patriae Amor* も *Amor Patriae* も、編者は Love of Country と訳し区別をつけない。このラテン語の訳し分けについては、訳者がゴルディにそれぞれの英訳を提案し、了解を得た。

38 愛
Love

一六七九年。'Amor'. MS Locke, d. 1, p. 57. これまで公刊されたことはない。

生まれつき人は皆、彼らの内に愛を貯えていて、我慢できずにそれを何かに与えてしまう。したがって、われわれは、愛の対象として適切かつ価値あるものを選ぶよう、注意すべきである。愛情が本来向けられるべき子供をもたない女性のように、小さな犬や猿を愛好するようになってはいけないから。JL

39 寛容D Toleration D

一六七九年。'Toleratio'. MS Locke, d. 1, pp. 125-6. Inoue 1974, p. 47 に収録。

人が自分自身の魂の救いのために何を信じ、または何をすべきかを、誰も他人に指図する力をもたない。なぜならば、それはその人自身の私的な関心事にすぎず、他人にはかかわりがないことだからである。神はそうした力を、誰にも、どの社会にも、どこにおいても与えたことはないし、自分に絶対的に優位する他人に人がその力を与えるとは、およそ考えられない。

(1)なぜならば、被治者と同様、権力行使者も、医者も学者も、人はどんな地位にあっても誤りをおかすものであるから、あの種の永遠の事項において、過ちを犯すかもしれない人間の絶対的な指令下に置かれることは、不当なことだからである。そうした事項において、もし彼らがわれわれを誤って導けば、彼らは何の補償もできない。

(2)なぜならば、そうした力は、それがそのためにだけ与えられると考えられるあの目的には、つまり救済への正しい道に人を保つためには、絶対に役立たないからである。というのも、かりにこの力を主張するさまざまな人たちが皆、彼らが指図する事項において緊密に一致していたとしても、またはこの力にたいする彼らの権利を全部放棄して、一人の確実な指導者に従うことに同意しえたとしても、そのどちらもまず起こりそうなことではないが、しかし、信仰と見解に確信をもつよう、そして礼拝において統一するよう人々を強制する力は、たとえその力がそれ自体においては無謬のものであったにせよ、彼らの救済を確実にするためには役立ち得なかったからである。人が今もつ光と信念に逆らうものを彼に信仰させることは、たとえ今の確信が将来その逆らうものへと変化することがあるにしても、強制ではまったく不可能である。とはいえ強制は、彼にその逆らうものの信仰を実際に告白させることはできるかもしれない。しかし、誠実さの伴わない信仰告白は、彼の行路において、まさに偽善者の分け前にあずかるべき場所へと、彼を向かわせるようになるだろう。そして、神が必要とし受け容れるような礼拝ではない、と人が自分自身の良心において判断する何ごとかを、神への礼拝において行なうことは、神に仕えることにも、またそれで神を喜ばせることにもけっしてならず、そうした礼拝者は神を侮辱して人間を喜ばせるだけとなる。というのも、神への礼拝にかんする事の次第でさえ、そうした次第をどうでもよいこととは思わない者にとっては、どうでもよいことではありえず、時間、衣服、姿勢等は、礼拝対象である当の神がそれを受け容れられる、またはそれを喜ばない、と考える人によっては、気ままに用いられたり、または無視されたりできないものだからである。

しかし、そうした教えを受け容れ、また礼拝のそうしたやり方を実践するよう、人を強制する権利を誰ももちえないとしても、しかし、このことは、自分たちの内部において信仰告白を確立し、そして品位と秩序の掟を確立するために、各宗教団体や聖職者が権力をもつことを妨げはしない。しかし、それらは誰にも強制でもって押しつけられるべきではない。そうした聖餐共同体や宗教団体等に人が入るさいの目的に反する、つまり、そこで教えられ表明される一定の真理の信仰と保持、そして神が受け容れ可能な方法での神への礼拝に反する、とその人が判断する何ごとかが、そこで設定されるに至るときにはいつでも、当該聖餐共同体へと人々は強制されてはならず、またそこから脱会することを、何人も妨げられてはならない。[1]

注

1　この一節は相互参照を示すと思われるラテン語句で締めくくられる。
〔訳注〕ゴルディは明記していないが、このラテン語句は、Inoue 1974, p. 47 によれば、'Sic Argumentatus est Atti : de quo videndum.' である。'Atti' が Atticus の略とすれば、この名前は、ヘンリー・E・ハンティントン図書館所蔵の『寛容論』（一六六七年）手稿末尾に登場し、この箇所は、『寛容論』のこの手稿への参照を意味すると推測される。Atticus はロックの一種のペンネームで、オクスフォードの親しい友人あての書簡等で用いられた。

40　神の正義について　Of God's Justice

一六八〇年八月一日。表題なし。MS Locke, f. 4, pp. 145-51. King 1829, pp. 122-3; 1830, I, 228-30; Wootton 1993, pp. 237-8（'The Idea we have of God' と題す）に収録。権力と同様に慈悲も、人類にたいする神の正義の必須の構成要素である、とロックは議論する。

あらゆる卓越性を伴い不完全なものを含まない、そうしたものは何であれ、それは、われわれが神にたいしてもつ観念の一部を必ずや構成するに違いない。したがって、存在、その継続、または永続とともに、権力と叡智と慈悲は、われわれが神と呼ぶあの完全な、超越した存在の構成要素、しかも神においては極限大、または無限大となって現れる構成要素であるに違いない。しかし、その無限の力は、叡智と善によって統御されなければ、卓越したものではありえない。なぜなら、神は自身の存在において永遠かつ完全なものである以上、その力を利用して、自身の存在をより善いものや別の状態に変化させることができないからである。そしてそれゆえに、神の力はすべて、彼の被造物において、かつ被造物にたいして行使されるに違いない。それぞれ固有な立場と状況に置かれた被造物にたいして、全体の秩序や完全性が許容する限り、まさに被造物の善や便益のために神の力が行使される。そしてそれゆえに、権力と同様、慈悲においても神を無限の存在と見なすなら、何ものかが幸福になるように、その本性や状態にとって可能なあらゆる手段を、神はそれに与えたと考えられるのであって、惨めになれと意図して神がそれを作ったとは、われわれは想像できない。そして、正義はまた、われわれが必ずやそれを至高の存在に帰する完全性の一つであるとしても、しかし、被造物のそれぞれが置かれた秩序と状態の美においてそれらを保全するために、神の慈悲がそれを必要とする以上に、正義の行使が及ぶとは考えられない。というのも、われわれの行動は背伸びしても神に及ぶものではなく、また神に何らかの利益や害をもたらすこともできない以上、被造物の何かに神が加える罰、つまり、被造物に神がもたらす悲惨や破滅は、より大きな、またはより重大な部分を守るためのもの以外の何ものでもありえないからである。そして、神の正義はまさに被造物の保全のためにあって、神の慈悲の一分枝に他ならず、それは、不正かつ破壊的な部分が害をなすことを、むしろ苛酷さによって抑制する。というのも、これ以外の何か他の理由によって神が罰を科する必要に迫られると想定するなら、それは神の正義をたいそう不完全なものにし、神の叡智や慈悲の掟に反して神が動くように強いる、神の上に立つ力を想定することになるからである。意図的に破壊され、または破滅以上に悪い状態に（悲惨な状態は破滅よりもはるかに悪い状態である。苦痛が無感覚よりも悪く、また拷問台上の拷問が静穏な眠りよりも望ましくないのと同様に）置かれるほどに無益に何かを作るために、神の叡智や慈悲の掟があるとは考えられない。神の正義は、したがって、神の業の保全のために、無限の慈悲が必要だと認める以上に及ぶとは考えられない。

41　宗教　Religion

一六八一年四月三日。表題なし。MS Locke, f. 5, pp. 33-8. King 1829, pp. 123-5; 1830, I, 230-34; Fox Bourne 1876, I, 462-4（日付を誤っている）; Aaron and Gibb 1936, pp. 114-6; Wootton 1993, pp. 238-40（'Inspiration' と題す）に収録。ロックは宗教における理性の役割、霊感、または啓示と想像されたもの、そして奇蹟について議論する。*ECHU*, bk iv, ch.16, §13; and chs.18-19;『キリスト教の合理性』と『奇蹟論』(*Works*, IX, 256-65) を見よ。

宗教とは、人間が神に直接払う崇敬と服従である。それは、神の存在を人間が知りうることを前提とし、かつ神によって求められるものであり、神を喜ばせて、それによって神の怒りを避け、神の恩恵を獲得しようというものである。神が存在すること、そしてその神が何であるかは、自然の理性以外の何によっても、われわれは見出すことができないし、判断することもできない。というのも、その他の何かの方法で見出すことは何であれ、もとは霊感 (inspiration) に由来するに違いないからである。霊感とは心の内にある臆見、または信念であり、そうした心の起源やその理由は分からない。しかし、霊感は、未知、かつそれゆえに超自然的な原因に由来し、そして人間の知性に他の事物を真理と認めさせる理性的推論の原理にも、観察にも、方法にも依拠しない、そういう真理として受けとめられる。しかし、神や神の礼拝にかんするそうした霊感は、自分は霊感をこう〔別のように〕受けたと思う人によっては、何一つ真理として認められない。ましてや、理性に合致する以上の何かの霊感を自分が受けたと信じるよう納得してもらいたい、誰か他の人によっては、そうした霊感は何一つ真理としては認められない。その理由は、理性が判事でないところでは、霊感か空想か、真理か誤謬かの区別を人間自身がつけるのは不可能であるばかりでなく、次のように信じて神概念をもつことも不可能だからである。神は被造物を作り、その被造物には神自身にかんする知識が必要だったが、われわれにかかわりのある他の事物については何でも明らかにするようなあの方法によっては、その知識が見出されないようにし、あらゆる種類の誤謬が入りこんで真理よりも虚偽へと陥れそうな、そうした方法によってのみ神自身の知識が人間の心へと入りこむものにした、と。神やこの世の宗教にかんする臆見の矛盾や奇妙さをもとにすれば、人が霊感以上の空想をもつこともありうる、ということに誰も不審を抱くことはできないので[1]、そうなると、霊感はそれ自体単独では、理性に合致しない何かの教えを受け容れる根拠にはなりえない。

次に、霊感が奇蹟を行なう力を伴う場合に、神や神の礼拝にかんする何らかの臆見を、どれほど霊感が心に強いることができるかを検討し、かつ、ここでもまた、最後の決断は理性のそれでなければならぬ、と私は言おう。

(1)なぜならば、何が奇蹟で、またそうでないかを裁定するのは理性でなければならないからである。自然的な諸原因の力はどの程度にまで及ぶのか、またそうした諸原因がどんな奇妙な効果を生みだしうるのかを知らずに、そうした裁定を行なうのは大変困難である。

(2)神が自然の事物のありようを変更し、人間の理性が同意できない何ごとかを打ちたて、それを一つの真理として人間に受けとめさせることによって、人間の知識や知性のもつ原則をくつがえすとすれば、それは必ずや、正真正銘の奇蹟そこのけの大奇蹟の一つとなり、そうなるとよく見積もっても、奇蹟が次から次へと起こることになるだろう。そして大なる世界のいくつかの現象を神が一挙に変更し、その通常の筋道からはずし、かつ事物を通常の掟に反して作り出す、と信じることは、理性の側の力が大きくなればなるほど、一層困難になり、また、いつも後になれば人間の心はそうする[2] (do so) のだから、とあてにして信じておくことも、一層困難になっていき、そうしたことは謬見である、または、自分にはその原因が分からない自然の結果であって、さほど奇妙なことではけっしてないのだ、と信じる方がまだしも容易となる。

(3)なぜならば、人は、自分を越えたところに、そして自分と至高の存在の間に何種類の被造物が存在するのか、知らないからである。そういうものの中には、われわれが奇蹟と呼ぶ、自然において途方もない結果を生みだす力をもつもの、そして真理のもつ確実性以外の理由でそうする意志をもちうるものがありうるだろう。というのも、モーセと同様〔出エジプト記、第七章一一—一二節〕エジプトの魔術師が縄を蛇に変えたことは確かだからだ。また、それは真の神と神が送った啓示に対抗してなされた、大変な奇蹟であった。そうなると、人間の理性が与える以上に大きな確証や保証をもちうる奇蹟とは、どういうものであろうか？

そしてもし霊感が、霊感を受けた人間自身の理性にかくも大きな不利をもたらすなら、他人からのみ、しかも時と場所をあまりに遠く隔てた者からこの啓示を受けとる人間においては、霊感はなおさら不利をもたらす。真理を確かなものとするために、神は奇蹟をなしうる、または行なったということを、私はここで少しも否定はしない。ただ、私は次のように言おう。理性に合致しない教説、神自身の概念、または神の何らかの礼拝を、神が人々に強制するとは、われわれには考えられない。また、そうしたものを奇蹟のおかげで真理と受けとめることもできない。さらに、神の啓示の最大の証拠となり、かつそれを真理だと確証する奇蹟の証明をもつ、あれらの書物においてさえ、そうしたものを真理と受けとめることはできない。奇蹟が福音によって判断されたのであって、福音が奇蹟によって判断されたのではない。申命記第一三章一節〔―三節〕、マタイによる福音書第一四章二四節〔―二三節〕、そして聖パウロは、天使が他の福音を教えるならば、と言う。〔ガラテヤの信徒への手紙、第一章八節[3]〕

注

1 〔訳注〕原書では、「神やこの世の」で始まる文は、先行文の理由づけを構成する形になっている。しかし、文脈から判断すると、「神やこの世の」以降の文は、「そうなると、霊感は」で始まる次の段落の理由づけを構成する。この文章が始まる箇所で段落を切り、「そうなると、霊感は」に続けるのがより妥当と考えられるが、ゴルディはあえて手稿のままにしたと言う。段落構成は原書に従ったが、「ので」を「。」で終えなかった。

2 〔訳注〕何を「そうする」のか、ゴルディ、訳者とも推測以上の答えを出せなかった。

3 〔訳注〕パウロの言葉は、実際には次のとおりである。「しかし、たとえわたしたち自身であれ、天使であれ、わたしたちがあなたがたに告げ知らせたものに反する福音を告げ知らせようとするならば、呪われるがよい。」

42　理性、情念、迷信　Reason, Passion, Superstition

一六八一年五月一六日。表題なし。MS Locke, f. 5, p. 59. King 1829, p. 119; 1830, I, 223-4; Cox 1960, p. 33 に収録。

人類を統御する三大事は、理性、情念、そして迷信である。最初のものは、少数者を統御し、後の二つは、人類の大多数に共有され、交互に彼らをとらえる。しかし、迷信はもっとも力強く人類をとらえ、最大の災いを引き起こす。JL

43 知識B Knowledge B

一六八一年六月二六日。欄外に次のキーワード 'Knowledge'。MS Locke, f. 5, pp. 77-83. Aaron and Gibb 1936, pp. 116-18; Wootton 1993, pp. 259-61（'Two sorts of knowledge' と題す）に収録。知識の性質と種類にかんして、*ECHU*, bk iv, ch. 21 を準備する論稿。ロックは、道徳原則は「明証的確実性」をもちうるとほのめかすが、そうした「明証的確実性」をもつ真理を、経験および蓋然的な知識に依拠する「政治と政策的判断（prudence）」にかんする真理から区別する。

この世には二種類の知識がある。一般的な知識と個別的な知識であり、二つの異なった原則に依拠する。つまり、真の観念、そして事実問題または歴史である。あらゆる一般的な知識は真の観念にのみ立脚し、これらの観念をもつ限り、論証や確実な知識がわれわれに可能である。というのも、三角形や円について真の観念をもつ者は、これらの図形にかんしてどんな論証をなすことも可能だからである。しかし、三角形について真の観念をもたない者は、三角形[1]について何も知ることができない。彼は、その混乱した、または不完全な観念に基づいて、三角形について何か混乱した、または不完全な観念をもつか、もしくはその本質について何か不確実な臆見をもつことになる。しかし、これは信念であって知識ではない。同じ理由で、神について、神の被造物である自分自身について、または神との関係や、自分の仲間である被造物との関係について、そして正義、善、法、幸福等々について真の観念をもつ者は、道徳的事項を知り、それらについて明証的確実性をもつことが可能となる。だが、こうした観念をもつ者は道徳的事項について確実な知識が得られる、と私は言っても、しかし、道徳上の確実な知識を現にもつことは、三角形や直角の真の観念をもつ者が、それによって三角形の内角の総和は二直角に相当すると知るに等しいことだ、と私は言うつもりはない。人は自分に何かを告げる他人を信じることがあるが、しかしそのことを知るのは、自分自身がそれについて思考を働かせ、いろいろな観念の結合や調和を知り、そうして自分自身にたいし証明してみせる、つまり考察吟味の上でそれがそうだと合点するときである。それゆえに知識への最初の、かつ最大の一歩は、真の観念で心を装備させることである。そういうことの可能な心が、図形と同様に道徳的事項を知る。それについて人が自分の判断力を使ってもつと考え、そしてだらだらと議論する怠惰な伝統的方法に身を委ねることをしなければ、数学と同様に道徳も論証可能である、と私は考えざるをえない。自然の事物やその機能を知っていても、それらが生みだされた方法や状態について、またはそれらが依拠する共働原因について完全な観念をもたなければ、その知識が単なる事実を越えることはほとんどない。さらに、公事や私事の順調な運営は、われわれがこの世で対処せねばならぬ人間の種々かつ未知の気質、利害や能力に依拠し、物体のもつ何か確立した観念には依拠しないので、政治や政策的判断は論証可能ではない。それらにおいて人を主として助けるのは、実際に起こったことの歴史と、相当な根拠を探ろうとする賢明さ、さらにそれらの作用や結果に類推を加えることである。知識はしたがって、正しい、かつ真の観念に依拠し、臆見は歴史と事実に依拠する。そしてこのことから次のようになる。一般的な事物にかんするわれわれの知識は、「永遠ノ真理」[2]であり、事物の存在や出来事には依拠しない。というのも、人が真の数学的図形を描こうと描くまいと、または道徳的掟に自分の行動を合致させようとさせまいと、数学と道徳の真理は確実なものだからである。三角形の三つの内角は二直角に相等するということは、三角形のような図形がこの世に存在しようとしまいと、誤りのない真理であり、そして、この世に正しい人間のようなものが存在しようとしまいと、正しくあることがどんな人間にとっても義務だということは間違いない。しかし、公事や私事においてこのやり方でうまくいくのかどうか、大黄が下剤となるのかどうか、キニーネ[3]が瘧《おこり》病を直すかどうかということは、経験によってのみ分かる。そこには、経験、または類推的な推論に依拠した蓋然性はあっても、確実な知識や明証性はない。JL

注

1 scalenon [triangle]
2 *eternae veritates* [eternal truths]
3 quinquina [quinine]

44 法律 Laws

一六八一年六月二八日。表題なし。MS Locke, f. 5, pp. 86-7. Von Leyden 1954, pp. 67-8 に収録。フッカーの『教会政治論』の読書によるもの。ロックは、自然法、国法と評判法という区別をもうける。'lex triplex' (f. 3, p. 201; 15 July 1678) と題したラテン語のノートでも、ロックはそう区別する。

国の法の遵守は「市民ノ義務 (*officium civile*)」であり、刑法違反は「過失 (*crimen*)」または「違犯 (*delictum*)」である。どんな国においても、自然法によって命じられていると考えられるものを遵守するのは「美徳 (*virtus*)」であり、その反対は「悪徳 (*vitium*)」である。信用や評判にかかわるものを遵守、またはなおざりにすると、どこであれ「称賛 (*laus*)」と「非難 (*vituperium*)」がある。「許容事項 (*licitum*)」は禁じられていない、または当該社会の法によって命じられていないことである。「非本質的事柄 (*indifferens*)」は他のすべての法によって命じられていないことである。JL

45　大陪審選出　Selecting the Grand Jury

一六八一年七—八月頃。表題なし。ロックの手によるもの。PRO 30/24/47/30 fol. 32-5. Milton and Milton 1997 に収録され、ここでは文書執筆事情にかんして十全な議論が付される。この文書は、シャフツベリ伯の法的弁護にロックが巻きこまれたことを示し、宗教的に異論をもつ者の市民的自由をロックが擁護したことを明示する。これは、七月二日のシャフツベリの逮捕と、彼にたいする反逆罪の告発を大陪審が却下した一一月二四日の間に書かれたに違いない。大陪審が起訴しなければ、シャフツベリは裁判にかけられなかった。大陪審の判事は州長官によって選ばれ、彼らはホイッグだった。トーリーの判事は非国教徒の資格を奪うことで、陪審員からホイッグ派の一団を排除しようとした。州長官による陪審員の指名を却下する判事の裁量を法は認めていた。ロックは、判事の裁量権が過度に及ぶことを拒否する。さらに、刑事巡回裁判官が、治安判事または未決囚釈放裁判官に抗して、裁量権を行使することに、ロックは反対する。シャフツベリは貴族であり、刑事巡回裁判官の前でのみ、反逆罪で告発されることが可能だった。しかし、実際には、同じ陪審員が、三種類の判事に正式起訴状を提出していた。にもかかわらず、ロックが論じるに、複雑な操作でもって、彼らは三つの別々の陪審団を形成した。この覚書を書くさい、ロックが念頭においていたのは、ウィリアム・トムソン（ホイッグ法律家）の見解、エドワード・クック卿の『法学綱要』（法律家の聖書）、そして『刑事巡回裁判所の審理に従事する陪審員を長官以外のだれも指名、選出すべきでない』であった。最後の書は、ロックと同じ見解をもち、ロックは二回言及している。本文書は、最近J・R・ミルトンとP・ミルトンが見つけ出し、排斥危機の政治にロックが巻きこまれたことにかんして、われわれの知見を増やすものとなる。さらに、Haley 1968, pp. 667n and 670 を見よ。他の新たな事実については、Knights 1993 を見よ。

州長官が選出した陪審員を更改するために、治安判事、または未決囚釈放裁判官においてどんな権力が主張されようと、ヘンリー八世第三年［法律第一二号（一五一二年）］の制定法自体からは、次のことが明白である。制定法前文で言及される、またはそれに類する軽罪の罪が現在の州長官にあり、または陪審に選ばれた者がそうした類いの人物である、ということが妥当な証拠に基づいて法廷で明らかにされない限り、治安判事らは陪審員を更改するどんな権力も、制定法上もたない。制定法の前文というものは、法典条項の意味を開示する卓越した鍵とつねに見なされる。そしてそれゆえに、制定法全体やその条項が非常に多大なものに見え、そのすべてが法廷の裁量に委ねられても、しかし、次のことは周知の事項である。法の解釈に伴う裁量は、やりたいことをする法外な自由や勝手気ままではなく、その手続きは、法と理性の準則の内に制限かつ拘束される。裁量は「法ニ従ッテ何ガ正シイカ（*per legem quid sit justum*）」を識別する能力であって、意志や個人的な感情によって左右されてはならない。というのも「コウイウ裁量ガ裁量ヲ混乱サセル」[1]（*talis discretion discretionem confundit*）」からだ。そしてこうした場合、法廷の裁量にとって、制定法前文以上によい案内役はありえない。

それゆえに、自分たちのために利益や報酬を引き出そうという強奪的、または抑圧的な意図でもって、州長官がこうした陪審員を選出したことが明白となれば、または選出された人物が悪評のある人々であり、また平気で良心をいつわる宣誓をするような人物であるならば、彼らの更改はもっともなことであろう。しかし、どの法も侵犯されれば、また侵犯が繰り返されれば、とくにいくつかの刑法については、その遵守が厳格に強要されなければ、制定法が認識する意図的偽証の嫌疑を人にかけることはできなくなる。こんなことでは、金曜日に肉を食べる人、または四旬節を厳守せず、聖日をすべて遵守しない人の誰もが、法的資格を失うことになろう。

そして（ずっと反抗されてきた）イングランド教会の儀礼や儀式に異論をもつ者にかんして言えば、彼らはあの制定法の意味する対象にはなりえない。なぜならば、彼らの異論は、賢明かつ善良な人々が従来異論を唱えてきた、また今後も多かれ少なかれたえず異論を唱えるであろう、そうした事項におけるものであるからだ。そうした異論は、非国教徒の利得や世俗的な利益にたいそう反するものであるから、良心の衝動という以外の何かから出てきたとは思われない。良心において彼らは誤ることがあるし、それゆえに愚鈍であったり、そう思われることもあるが、しかし、彼らを邪悪と結論する理由は何一つない。むしろ、彼らは恐れていて、自分たちの宣誓が正当に執行され、守られるよう努力するであろう。非国教徒はイングランドの自由人であることを、非国教徒であるがゆえに止めることはなく、他の人々と平等に、同等の負担や職務にたいして、同等の特権や権限を有する。そして法はそれに差別を加えず、またそうする理由は何もない。

これらすべてのことから次のようになる。ヘンリー八世第三年の制定法が認識するような瑕疵が何もないのに、陪審員を更改するよう法廷が州長官に命じるなら、州長官は服従を拒否し、二〇ポンドの没収なしに、彼らが選んだ陪審員をそのままにしておいてよい。

しかし、次の場合は、法廷の命令によって陪審員を更改することを、法が規定し、かつ許す唯一の事由となる。「当該州長官、またはその代理人の単独の利便、利益、および利得のために、当該州長官、およびその代理人の邪悪な働きかけによって、［陪審員が］故意に宣誓、および偽証する」[2]、こうした人物を陪審員団に選出したという罪を州長官が認めるならば。[3]（あえて言うと）もし法廷の決定によって州長官自身に、また州長官が陪審団から除名する市民たちに、大変な汚名が着せられ、継続的な非難がずっと負わせられることになるならば、州長官はさらに次のことを考慮すべきである。陪審員を更改するこの権力は、治安判事（彼らが送付する令状は「当該市民ヲ守ル王国ノ治安判事ニヨッテ[4]（*justiciarii Domini Regis ad pacem in dicta civitate conservand*）」という体裁がとられる。）、および未決囚釈放裁判官（彼らが送付する令状は「ニューゲート囚人監獄ニ収容サレシ者ヲ考慮セント指名サレタ王国ノ裁判官ニヨッテ（*Justic. Domini Regis ad Gaolem de Newgate de prisonar. in eadem existent deliberand. assignat*）」という体裁がとられる）にのみ与えられ、刑事巡回裁判官には、州長官の令状によって選出され、その令状に加えられた陪審員を更改する権限はまったくない。彼らが送付する令状は次のような体裁がとられる。「審理ヲ待ツ各人ヲ当該王国ノタメニ審理セントスル王国ノ裁判官ニヨッテ（*Justic. Domini Regis ad inquirend. pro dicto Domino Rege de quibuscunque prodicionibus*）」等々。

このことを正しく理解するために、ロンドン市においてどうなっているかを知っておかなくてはいけない。ギルドホールの治安判事裁判所の大陪審に選出され、かつ宣誓した人々と同じ者が、未決囚釈放裁判所とオールド・ベイリーの刑事巡回裁判所の大陪審でもあるのは、通例となっている。だが、彼らが同じ人物であるということは、次のことの妨げにはならない。彼らは、三つのそれぞれの陪審団に選ばれた、三つのそれぞれの陪審であるということである。彼らは、三つのそれぞれの令状に服し、三つのそれぞれの裁判所に従って行動する。それらは、治安判事裁判所（ロンドンでは勅許によって開廷され、その審理はギルドホールで開始されて、オールド・ベイリーへと延長続行される）、未決囚釈放裁判所、そしてオールド・ベイリーで開廷され判決が下される刑事巡回裁判所である。そして州長官は、もし気が向くなら、各裁判所の陪審団に異なった人物を選出していい。ロンドンや州の巡回裁判の両方においてこの慣例をすすめ、かつ正当化したのは、人々の便益（これらの異なった陪審団に同一人物が仕えることで、事態がよく、またはよりよく処理されうるということ）ではなかったか。そこでは、大陪審を構成するのと同じ人物が、事が起きれば、三つのそれぞれの陪審団に選出される。

混乱を避けるために、もう一つのことが注意されなければならない。つまり、未決囚釈放裁判官と刑事巡回裁判官が同一人物であるなら、未決囚釈放裁判所と刑事巡回裁判所のそれぞれの陪審団に同一人物の陪審員が選出されるときには、判事や裁判官は両方の資格をもって裁判所に出席するから、当の陪審員は一回だけ宣誓するのが普通だということである。だがこのことは、彼らがなおも、二つのそれぞれの陪審であることを妨げはしない。

したがって、これらは、同じ名前の陪審員をもつ別々の陪審団である。未決囚釈放裁判官で、刑事巡回裁判官と同一人物である者が、ヘンリー八世第三年の制定法に基づいて、未決囚釈放裁判所の令状によって陪審団が更改されるよう命じる事由を見出すとしても、そしてそれに服する事由を州長官が見出すとしても、しかし、このことは、刑事巡回裁判所の令状に基づく陪審団にはかかわりがなく、またそれに影響を及ぼさない。こちらの方は、州長官によって選ばれたそのままのはずだし、またそうでなければならない。このことは、ヘンリー四世第一一年の制定法［法律第九号（一四一〇年）[5]］に明らかである。それは次のことを絶対的に規定している。州長官によって陪審に選ばれるべき者の名を、誰かが州長官に指名し、それに基づいて陪審員が選出されることはあってはならない。そしてあの制定法前文をよく読めば、当該法はとくに、判事が陪審団をそうやって変更しないようにするために、また陪審団に入れるよう判事が誰かを指名しないようにするために、作られた法であることが分かるだろう。そうしたことは、当該制定法に反すると絶対的に規定されているので、そういうことが起これぱいつ何時であれ、当該法が明示するように、それにかんする手続きはすべて無効となる。したがって、未決囚釈放裁判所の陪審団に何が起ころうとも、その法廷は、刑事巡回裁判所の陪審団の何かを変更し、または更改する何の権力ももたない。当該法はまさにそのことに反対していて、それゆえに、州長官によっていったん選出された陪審団はそのまま変わらない。加えて、もし陪審団にたいして裁判官がそうした権力をもつなら、『法学綱要』第四部に見られるエンプソンとダドリーにふりかかった苦難の多くが[6]、再び引き起こされるだろう。

注

1 この定義やラテン語句は、クックの『法学要綱』(第二部)と彼の「報告書」に従う。'What would be just according to law'; 'Such discretion confounds discretion.'
2 ロックは欄外注を加える。「公刊されたヘンリー八世第三年制定法の前文を見ヨ。」
3 〔訳注〕「しかし」以降、主節の主語が関係代名詞で始まる、不完全な構文である。
4 〔訳注〕これも含め、ラテン語のつづり等は原書のまま。
5 欄外注として「公刊された文書を見ヨ」。
6 リチャード・エンプソンとエドマンド・ダドリーは一五一〇年に反逆罪で処刑されたヘンリー七世の廷臣だった。クックは『法学綱要』第四部で彼らを呪っている。

46 美徳B Virtue B

一六八一年（King 1829 と Schankula 1973 は c. 1660-3 としている）。'Virtus'. Adversaria 1661, pp. 10-11. King 1829, pp. 292-3; 1830, II, 94-6; Fox Bourne 1876, I, 162-4; Wootton 1993, pp. 240-2 に収録。ロックは、美徳と悪徳がどうやって、益と害から導き出され、自然のままの社会と文明化された社会との間に違いをつけるのかを議論する。多婚と女性のつつましさの事例を彼は用いる。

美徳は、その義務づけにおいては、神の意志であり、自然の理性によって見出され、よって一つの法としての強制力をもつ。したがってその中身においては、美徳は、自分自身か他人かにたいして善をなすこと以外の何ものでもない。それと正反対に、悪徳は害をなす以外の何ものでもない。こうして節制のけじめが、健康、資産と時間の用い方によって設定され、正義、真実、そして憐れみは、それが生み出しうる善や悪によって設定される。自分自身を傷つけるために剣を使うだろうと思われる事由があるなら、その人には自分の剣をもつことを正当に拒否できる、と誰もが認める。しかし、社会における人間は、単独かつ孤独な存在として考えられるものとは、まったく異なった状態にあるから、この二つの状況下では、美徳と悪徳の事例や基準は大変異なる。というのも、一人きりの人間にとっては、私が前に述べたように、節制の尺度は、上にあげたもの以外の何もない。しかし、もし彼が社会の一員であるなら、そこに彼が置かれた状況に応じて、評判や模範という尺度を得ることになるだろう。したがって、ひっそりと目立たない状態では、悪い不節制にはならないものでも、そうした不節制を悪と見なす人々の間では、大変な悪になるかもしれない。なぜならば、人々の間で自分の評判を落とせば、それは、威信をもつことを不可能にし、そうでなければ行なうかもしれない善をも不可能にするからである。というのも、評価や評判は一種の道徳的な力をもち、それによって人はいわば増大した力でもって、それなしでは同等の身体や自然的力をもつ他人がなしえないことを、することができるようになるからである。不節制によってこの自分の道徳力を弱める者は、不節制によって自分の心か身体かのもつ自然の力を弱めるのと同等の害を、自分自身に加える。このことは、よく考えてみると、もっとも繊細な区分立てをして述べられた奇妙な議論以上に、美徳と悪徳にかんする良い基準をわれわれに与えてくれるだろう。最大の悪徳であるものはつねに、その結果として、その後に最大の害を引きずる。そしてそれゆえに、社会に加えられた害や悪は、私人に加えられたもっと大きな個人攻撃を伴うそれよりも、はるかにとがめられるべきものとなる。そして、かくも多くの事項が、社会における人々の間では、自然に悪徳となる。そうした事項は、社会がなければ、罪のない行動であろう。たとえば、男が、一人または複数の女と一緒に住み、子をもうけ、自分たちの思いどおりにし、そして再び別れたらいいと思うとき、他の人たちとは無関係に当事者同士の間でそれがなされるのであれば、誰も傷つかないのだから、どうしてそれが悪と責められるのか私にはわからない。しかし、同じことが社会においてなされれば、それが深く染まった悪徳であることには間違いない。一人きりの状態や、あれこれの社会のもつ意見から切り離された状態では、掟や尺度は自然法の直接的な事例に従って得られるだけだが、社会では、それ以外につつましさということが、弱き性〔女性〕の大いなる美徳として、慣習や評判によって設定された掟や尺度にしばしばなる。というのも、自然や理性ではなく、その女の国や宗教がもつ意見がつつましさに設定したけじめを犯すことで、彼女が自分の評判に何らかの汚点をつけたなら、彼女は破廉恥や他の悪に身をさらす危険を冒すことになるだろう。そうした悪の中では、婚姻関係の楽しみを、そして、それに伴って、彼女の存在の主たる目的である人類の繁殖を逸する危険は、少なからぬものがある。JL

47 思索断片集 C Adversaria C

一六八一年頃か？　表題なし。MS Locke, c. 28, fos. 157-8. 執筆年の特定が困難である。しかし、ほとんど同一の表が、Adversaria 1661 の中の、一六八一年に書かれた二九〇―一頁にある。「思索断片集 A」と「B」〔本書収録〕を比較せよ。これまで公刊されたことはない。ラテン語から翻訳した。ロックの表形式は再現せずに、番号を加えた。彼の区分のうち、三つをここで印刷した。残る四つは、形而上学、神学、医学、そして記号学であるが、これらは省略した。

〔原書上では番号を打った事項が連なり、理解しにくいので、本書では、項目ごとに適宜段落を入れた。〕

［I］政体

［1］土台―家父長権、人民の同意、武力。

［2］形態―君主制、貴族制、民主制、混合。

［3］行政―国法（市民の義務、犯罪、許容される行動）、統治。

［II］歴史

［1］教会、宗教、または聖職者にかんするもの。
［2］世俗―国家や人民にかんするもの、伝記的に人々にかかわるもの。
［3］時系列的に、時代にかかわるもの。

［Ⅲ］慎慮
［1］目的
［i］永遠の、かつ天での幸福（神学）
［ii］地上的なもの―平静、健康（医学）、富（経済［政治経済、経済学］）、権力（政治学）、愛顧、評判。
［2］手段
［i］自己についての知識
［ii］情念の支配
［iii］道徳的廉直（賞賛される美徳、非難される悪徳、どちらでもないもの）
［iv］知性の裁量
［v］物事を区別する
［vi］助言を求める
［vii］人心操作（修辞学、論理学）
［viii］家族（妻、自由人、召使）
［ix］農業

〔x〕通商

〔xi〕軍事技術

48 熱狂 Enthusiasm

一六八二年二月一九日。表題なし。MS Locke, f. 6, pp. 20-5. King 1829, pp.125-7; 1830, I, 234-7; Aaron and Gibb 1936, pp. 119-21, 123-5 に収録。ロックがふれているのは、ジョン・スミスの『選集』（一六六〇年）の第一部「神の知識を獲得する真の方法、または手段」にかんする部分である。ロックは三つの解説を書いた。最初のものがここに印刷されるものである。第二の解説（魂の不死にかんする）と第三の解説（知識にかんする）は省略した。これらは、Aaron and Gibb 1936, pp. 121-5 に収録されている。「熱狂」の最初の段落は、書簡 696 と同じである。第三の解説は書簡 687 と同じである。両方ともダマリス・マッシャムにあてられた。さらに書簡 684, 688, 699、そして *ECHU*, bk iv, ch. 19 を見よ。

宗教に関連する何らかの主張にかんして強く、堅く信じることとは、その主張が理性に由来する証拠をまったく、または充分にはもたず、神自身が途方もない方法で心に働きかけた真理として、かつ神に直接由来する作用として受けとめる場合、私には熱狂に見える。確信するための何の証拠も根拠も、熱狂にはまったくなく、また熱狂が知識と見なされることは絶対にありえない。[1] キリスト教徒であれ、イスラム教徒であれ、そしてヒンズー教徒であれ、すべてが知識だと主張しているのは私も知っている（そして中国人もそうだと私は教えられた）。しかし、矛盾や偽りが神から出てくるはずがないことは確かであり、また偽りの宗教を信じる人々のような仕方で、またそうした人々が等しく彼らの宗教に確信をもつような仕方で、何かを確信することは、真の宗教を信じる人には起こりえないことも確かである。[2]トルコの僧は、神と話したとか神の顔を見たと言っては、神の光に包まれ恍惚状態となって、啓示、法悦、幻覚、歓喜を主張する。Ricaut 216 を「見ヨ」。（つまり、Of the Ottoman Empire, fol. London 70, l. 2 c. 13, etc.）[3] そしてヒンズー教徒の中のヨガ行者[4]は、神の光に照らされ、神と完全に一体化したと語る。Bernier 173（つまり、Memoires, Tome III, 8vo, London 72）p. 36.[5] このことは、もっとも霊感を受けたキリスト教徒にも妥当する。

　こうした霊感の光について見ると、人々によって見出されたそうした光が真実だという証拠がなければ、そしてそうした光が理性の一部となり、人の心にある他の信念、しかもそれについて彼の理性が判断を下す他の信念と同様の根拠をもつのでなければ、どんなに明瞭なものに見えようとも、そうした光は知識や確実性をもたらすことはない。そしてそうした光について何の証拠もなければ、それは想像力が描きだすたんなる幻想以外の何ものとしても通用しえない。それが当人の心には、どんなに明瞭に見え、快く受け容れられるものであろうとも、確実性をもたらすものは、想像力の明瞭性ではなく、物事の真実にかんする明証性だからである。トルコ人の天国を、そしてそこへ彼を案内するために送られた天使をはっきり見たと言い張る者は、多分、これらすべてについて大変生き生きとした幻想をもっているのだろうが、しかし、そんな幻想は、そうした場所があるとか、天使が彼をそこへ案内してくれるということを、証明するものではまったくない。それは、次のことと同様である。画家がうまく描いた彩色画においてこれらのすべてを彼が見るとして、一枚は幻想における束の間の下描きであり、もう一枚は感覚をもつ[6]身体をもとにした完成された絵である場合、下描きか完成された絵かということ以上の違いは、これらの二つの絵の間には（これらの絵が似せて描いた何ごとかについての確実性にかんしては）何もないということである。

超自然的な光にたいするこうしたすべての主張は、想像力の単なる結果と作用にすぎないと思わせる、なお一層の事由が次のことにある。こうした光に心を向かわせ、かつそうした光を心に受容可能にするために用いられる準備と方途はすべて、心のもつ理性的な力を妨害し弱める一方、想像力をあおり、それを働かせる傾向をもつ、そういうものであるということだ。たとえば、断食、孤独、同じ事項にたいする集中的かつ長期の瞑想、阿片、人を酔わせる液体、長い間強烈に体を回転させる等々、これらはすべて、あの常軌を逸した発見にたどりつこうとするあれこれの人々によって用いられ、当然ながら、理性的な能力を弱め、または妨害し、したがって幻想を野放しにして、真実と想像の間の区別を、きちんと心がつけられなくなるようにし、過ちを犯させるものである。ちょうど、熱狂した、判断力が弱い、酩酊した、または狂気の人間が、次々と事をなす場合のように。

アメリカ人の間での熱狂者とか、または先に言及した人々のように啓示宗教を主張していない者について、私は読んだという記憶がない。読んだことがあれば、それは自然に次の疑問を引き起こすことになる。啓示に基づいて彼らの宗教を立てる人々は、それに乗じて、以下のように推測しないだろうか。宗教全般の教えを神が啓示によってすすんで人々に見出させているなら、神の恩恵に特別な利害をもつ人々が、彼らにたいしてこそ神が自身を啓示するだろうと期待するのは当然である、と。とくに彼らの行動、状態や慰めに関連した彼らの関心事において、彼らがそれを正しい方法で探し求めるならば。しかし、このことについては、事実においてより充分な確信が得られるまでは、私は何も結論しないでおこう。

注

1　欄外に次のように追加。「宗教ではなく通常の事物にかかわって、そうした根拠のない考えが心を強くつかむなら、われわれはそれを狂乱と呼び、誰もがそれをある種の狂気と見なす。だが、宗教においては、人々は啓示の考えに慣れているので、それをより大きく許容する。とはいえ、実際には、それはより危険な狂気であり、だが人々は宗教においては、彼らの理性を捨ててもいいし、捨てるべきだと考えがちである。」

2　欄外に次のように追加。「熱狂は、野獣のような肉欲とは正反対の心の過ちであり、理性のもつ正当な尺度を越える別の極端にあって、感覚の問題や事項にひたすら思考がひれ伏し、理性を欠如するに至る。」

3　ポール・リコー卿『オスマン帝国の現状』（一六六七年、第三版一六七〇年）。

4　Jaugis [Yogis]

5　フランソワ・ベルニエ『回顧録続編』第三—四巻、一六七二年。

6　sensible [sentient]

49 教　会　Ecclesia

一六八二年頃。'Ecclesia'. MS Locke, d. 10, pp. 43-4. フッカーの『教会政治論』(Hooker 1989, pp. 117-8 を見よ)。King 1830, II, 99-101 に収録。ロックは一六八一年六月にフッカーの著書を一冊買い、広範にノートをとった(MS Locke, f. 5, pp. 67-77)。

フッカーの教会論は、第一巻第一五章によると、次のようになる。それは超自然的だが、任意の集団であり、そこで人は、神、天使、そして信心篤い人々と自分自身を結びつける。この起源は、彼が言うには、他の集団と同じであり、つまりは、人と交わりのある生活をもちたいという気持ち、かつ連帯の絆にたいする同意にある。その絆は法や秩序として、人々を結びつける。教会を超自然的にするのは、その連帯の絆の部分が、啓示された法だということにある。それは、どんな礼拝を神は人に規定したかということにかかわり、自然理性が見出せるはずがないものである。したがって、神の礼拝は今も昔も、理性の法が教える以上の何かをそこに含み、人々の考案にはよらないものであろう。このことから私は次のように考える。

(1)教会が超自然的集団であり、かつ同意に基づく集団である以上、たとえそこに多くの教会員がいても、特定の教会集団の一員になるよう、世俗権力は人を強制できない。世俗権力は純粋に自然的な権力だからである。また他のどんな権力もそのように強制できない。

(2)そうした集団に入る目的は、唯一、神が受け容れてくれるような礼拝を捧げて、神の恩恵を得たいということであるから、啓示が断固として、かつ明瞭に規定しない限り、どんな儀式も誰も強制できない。儀式の執行に加わる誰もが、それが神の受け容れるものだと良心において納得するのがせいぜいである。啓示にない礼拝の何かの部分に良心がとがめを感じるなら、人間のどんな命令もその者を拘束することはできない。

(3)教会の連帯の絆にとって唯一無二の部分は啓示法であり、この部分だけが不変である。他の部分は人間が作ったものであるから、同意に全面的に依拠し、したがって変更可能である。そして人は自身が同意した以上に長くは、そうした法に拘束されず、または、そうして同意した特定の集団に留められることはない。

(4)この集団の起源は、彼が言うようには、人と交わりのある生活をしたいという気持ちには由来しないと私は考える。というのも、その気持ちは他の集団で充分満足させられるからだ。この集団の起源は、その下に自分が置かれている、と理性の光によって見出した義務、つまり、この世において公然と神を信じ、かつ礼拝する義務に由来する。JL

50 迷信 Superstition

一六八二年頃。'Superstitio'. MS Locke, d. 10, p. 161. King 1830, II, 101 に収録。ケンブリッジ・プラトニスト、ジョン・スミスの『選集』（一六六〇年、第二版一六七三年）の発言にロックは依拠している。

迷信の真の原因と起源は、実は、神にかんする誤った見解以外の何ものでもない。それは神を、苛烈かつ専制的とするのと同様、不快かつ恐ろしいものにする。また迷信は、神を厳格かつ怒りやすく、しかし無力なものにし、そして、ちょっとおべっかを使ったお祈りで、とくにそれが神聖ぶった見せかけや心の厳粛な悲しみを伴ってなされるなら、神は再び簡単になだめられるとするのである。Smith, p. 25. 迷信のこの根は、さまざまにその枝を広げ、時には魔術や悪魔祓いにまで、さらに、テオフラストゥスが彼の論考で大々的に明らかにしたように、もったいぶった儀式や、事物や時節のくだらない遵守にまで、しばしば発展する。[1]

迷信は、神に悪を見てとることから、そして生活を真に改善しなくても、形式的かつ外的な神への訴えかけによって神をなだめられるという期待から、成り立っている。JL

注

1　テオフラストゥス。ギリシアの哲学者で、アリストテレスの弟子。

51 伝統 Tradition

一六八二年頃。'Traditio'. MS Locke, d. 10, p. 163. King 1830, II, 101-2 に収録。ロックはここで「信仰の規則」論争にかかわる。聖書は、教会の伝統という解釈上の権威抜きに、真理への充分な案内になるか、という問題である。

ユダヤ人、カトリック教徒（the Romanists）、そしてトルコ人、これら三者は皆、天から啓示された法によって自分たちが導かれ、その法は彼らに幸福への道を示すと主張する。しかし、彼らは皆、しょっちゅう伝統に訴え、それを書かれた法と同等の権威をもつ規則と見なす。それによって彼らは次のことを認めているように見える。神の法（だが神はそれをすすんで啓示した）は、場所、時間、言語や習慣を隔てた人々には、文書では伝えられない。そして、言語の欠陥ゆえに、義にかんする実定法は何一つ、離れた世代における地上の住人すべてにたいして、充分に、かつ正確性をもって伝えられる方法にはなりえない。したがって、すべては自然宗教に、そして人が生まれつきもっているあの光に帰さなければならない、と。またはそうでなければ、彼らは、[1] せんさく好きな人々に、彼らの聖職者や教師の誠実さを疑わせる機会を与える。つまり、聖職者や教師は、人々が信仰と行動について一定の周知の規則をもつことをいやがり、自分たち自身の権威を保持するために、伝統という別のものにはまりこみ、その伝統はつねに彼らの力の下にあって、彼らの自身の利害と都合によって変えられて、それに具合のいいものにされるのではないかと疑わせるのだ。JL

注

1 〔訳注〕「彼らは」は、文脈的にはユダヤ人、カトリック教徒、トルコ人の三者を指すと考えられるが、内容的には、これら三者とは別の集団を念頭においているようにも思われる。

52　ラバダイト　The Labadists

一六八四年八月二二日。表題なし。MS Locke, f. 8, pp. 114-21. これまで公刊されたことはない。ラバダイトは、初期クエイカーに似て、「内なる光」に依拠し、生活様式の簡素さを厳格に主張する。フランスのイエズス会士、ジャン・ド・ラバディにより創立された。彼は一六五〇年にプロテスタント主義から離脱し、オランダへ移り、一六七四年に死去した。ラバディはエドマンド・ラドロウや他のイングランドの国王殺しを助け、彼らは一六六二年にスイスを亡命地とした。ラバディの追随者は、ピエール・イフォンに率いられ、北オランダのヴィウヴェルトに落ち着いた。そこはコルネリス・ファン・ソメルスダイクの所領であり、彼はスリナムの総督であり、彼の姉妹がラバダイトだった。このセクトは次世代を残せなかった。ロックは彼らに会うためにわざわざ旅をした（ウィリアム・ペンが一六七七年にしたように）。彼の発言はセクト的宗派にかんする彼の見解を明らかにする。Saxby 1987 を見よ。

ここソマーダイク[1]氏の家に、ラバダイトの教会があり、現在は氏の監視下にある。彼らは、審査の後許可されれば、年齢、性別や身分を問わずあらゆる人を受け容れる。彼らは皆共同で生活し、入会した者は誰もが、自分自身とともに彼がもつものすべてを神に、つまり教会に寄進することになる。それは教会によって指名された職員によって管理される。というのも、財産として何かをもつことは、根本的な過ちであり、排除されるにふさわしいことだからだ。何らかの理由で外出を強いられる者、または健康上の理由から外で住まなくてはならない者は、彼らの共同の財産から教会が支給する手当てをもらう。彼らの掟は神の言葉であり、お互い同士の相互の兄弟愛である。彼らが過ちを防ぎ、または正す規律は、まず、兄弟による叱責である。もしこれで充分でなければ、次は、礼典を停止し、さらに共同の食卓につかせないことになる。もしこれでも正せなければ、その者を彼らは教会から切り離す。

彼らは毎朝五時ころ会合し、聖書のどこかの箇所に基づいて、いくつかの議論がなされる。その前後に礼拝があり、それから彼らはそれぞれ各自の仕事に出る。というのも、彼らはほとんどあらゆる職業に従事しているからである。仕事をするよう何かの掟で強制されることはなく、慈悲と義務感から仕事をする。昼食時には、聖書のどこかの箇所が読み上げられ、それが普通、食事中の彼らの議論の話題となる。夕食時には、賛美歌を歌う。モーセのであれ福音のであれ、法によって日曜日を遵守するよう彼らは義務づけられてはいないが、しかし他の人の感情を傷つけることのないよう、必要な場合以外は、その日は働かない。したがって、彼らはその日は二度集まって説教する。彼らが言うには、キリスト者の全人生が罪からの安息であるべきだった。洗礼は、信仰告白とともに、その生活によってキリスト者であることを明示する成人以外には、ほどこされない。これが、この国の改革派教会と彼らが異なるすべてである。そして旧約と新約にたいする彼らの解釈において、あれ［安息日にかんする伝統的な実践］は、彼らが理解するには、モーセの律法であり、外面的な行ないから成り立つものであって、新約に典型的なもの［ではなく］、新約は福音であり、霊的な礼拝から成り立つ。

彼らの衣装は簡素でつつましく、彼らのものごしや行動は謹直で、私が間違っていなければ、少し気取っている。彼らは、他人にたいするのと同様、お互い同士も大変礼儀正しく、出会うごとに帽子をとって互いに挨拶を丹念にかわす。

彼らはここに九年いて、彼らが私に語るには、日々増えている。しかし私は彼らの数が分からなかった。イフォン氏とファン・デル・モイレン氏の両者にたずねたところ、両氏は私がもっとも話をした人々であったが、モイレン氏が約一〇〇人、イフォン氏が約八〇人だと教えてくれた。彼らは大変用心深く、とくに彼らの生活と規律の様式や掟についてはなかなか説明をしてくれない。大変な苦労をして、そこまで多くのことを私は彼らから知ったのだ。彼らのやり方をことさらにたずねなくても、彼らの仲間に入ろうと望み求める気になった人はここへ来ればいい、と彼らは思っているようだった。彼らが言うには、もし神が人をその気にならせたのなら、そしてその者に恩恵の印を彼らが見るならば、彼らは手続きを進めて、彼に指示を与え、さらに審査し、そして彼を正しい者と彼らが判断したあかつきには、彼の入会を認める。その恩恵の印は、私にはつまるところ、彼らの牧師イフォン氏の意志と規律に完全に従うことのように見えた。彼は、私が間違っていなければ、彼らにたいして完全な支配権を確立していた。というのも、彼らの教会には外見上は、役職、譴責、そしてあらゆる管理の仕組みが存在したが、しかし、イフォン氏において、そして彼の「全権（*dominus factotum*）」において、いかにして結局のところ事が決するかは、容易に見てとれる。彼らは世間からたいそう隔絶し、概して大変善い、模範的な生活をしている人々であると私は思うが、しかし、私が相手した人々の声、ものごしや風体の様子から、ある者は彼らの間のちょっとしたタルテュフ[2]だと疑わせる。さらに、彼らの議論はすべて、普通の人々よりも純粋な考えを伴っていて、あたかも彼ら以外には誰も天への道を歩むことがないように見えるし、［そして］普通なら物事の合理的な手立てや手段を求めるような場合や事例においてさえ、神に直接ことをお伺いしようともったいぶった口調を必ず混じえるので、あたかもすべてを彼らは啓示によって行なうように見える。友人にすすめられ、彼あての手紙をたずさえてきたものの、イフォン氏に拝謁することができたのは、私がやって来てから二時間以上も経った後であった。この日の朝には何も集会がなく、私が聞いたところでは、イフォン氏は気分が悪かった。私が彼に会ったのは、私が帰ろうというときだった。そして私が何度それをお願いしても、彼らの修行や食事の場所、屋内の彼らの部屋を見ることは許されず、門もない小さな家に私がいる間ずっと、「玄関」[3]のところに留め置かれた。私がすでに言ったように、「家ノ秘密」[4]を見つけられることに、彼らは大変神経をとがらせているようだった。こんなことは、キリスト教の行動様式にはまったくふさわしくない、と私には思われた。

注

1 Somerdike's [Sommelsdyck's]
2 宗教にたいする偽善者で、一六六四年のモリエールの劇にちなむ。
3 *atrio gentium* [the public entrance]
4 *secreta domus* [secrets of the house]

53　このように私は考える　Thus I think

一六八六―八年頃か？　'Thus I think'. MS Locke, c. 28, fos. 143-4. King 1829, pp.304-5; 1830, II, 120-2; Fox Bourne 1876, I, 164-5; Cranston 1957, pp. 123-4 に収録。幸福、快楽と行動について。

幸福を求め、不幸を避けるのは人間の本分である。幸福は心を喜ばせ、かつ満足させることに、不幸は心を妨げ、乱し、または苦しめることにある。したがって、満足と快楽を求め、不快や不安を避け、できる限り前者を多く、かつ後者を少なくするのが、私の務めと心得ている。しかしここで私は、間違いを犯していないかどうか、気をつけなければならない。というのも、永続する快楽よりも短期の快楽を私がもし好むなら、自身の幸福を損なうことは明白だからだ。そこで、この人生においてもっとも永続する快楽は何から成り立つかを、ここで見てみよう。私が観察する限り、それは次のことにある。

⑴健康、それなくしては肉体的な快楽を味わうことができない。

⑵評判、誰もがそれを得たいものだと私は思うし、それを欠けば苦しみがたえず伴うから。

⑶知識、私がもつ少しばかりの知識を、他の快楽と引き替えに、何らかの値で売り払おうとか、放棄しようとは思わない。

⑷善行。今日食べたうまく料理された肉は、腹一杯食べた今となっては、私を喜ばせることはなく、

それどころか病気になってしまう。昨日かいだ香水が今の私を喜ばせることはない。しかし昨日、昨年、または七年前に私がした善いことは、それをふりかえるたびごとに、いつも私を喜ばせかつ楽しませる。

(5)あの世での永遠かつ無限の幸福を期待することは、それに持続的な快楽を伴うものである。

そこで、私がこうした幸福を忠実に追求したいなら、自分自身にたいして次のことを提言する。どんな快楽が私に差し出されようとも、上に述べたこれら五つの大きな、かつ持続的な快楽のどれをもそれが妨害しないことを、注意深く確かめねばならない。たとえば、目にとまった果物が、私が好きな味をもっていて私を誘うが、しかし私の健康を損なうなら、私は、大変短いかつ一時的な快楽と引き替えに、恒常的かつ持続的快楽を放棄することになり、たいそう愚かにも自分自身を不幸にし、かつ自分自身の利益に忠実でないことになる。狩猟[1]、演劇や他の罪のない気晴らしは私を楽しくさせる。そうしたことを勉強や仕事の後で、気分一新するために用いるならば、それらは私の健康に役立ち、心の活力を貯え、私の快楽を増進する。しかし、そういうことのために時間のすべて、または大部分を使えば、知識や役に立つ事項における自分の向上を邪魔し、私の信用をそこない、恥、無知と軽蔑という不快な状況に自分を追いやることとなる。そんな状況では、私は大変不幸であるしかない。飲酒、賭博や悪い遊びが私にこうした害をなすのは、時間を無駄にすることによってだけでなく、実際に目に見えて私の健康を損ない、自分の能力を損ない、悪い慣習に染まり、評判を落とし、そして私の良心にたえず続く苦しみを残すことによってである。

したがって、すべての悪い不当な快楽を、私はつねに避ける。なぜならば、そうした情念の統御は、そうしたことを楽しむよりもはるかに大きく、持続的な快楽を私に与えてくれるからだ。そしてまた、現在の誘惑に私が負ければ、後で確実に私が苦しむものとなる、そうした何種類かの不幸から、情念の統御は私を解放してくれるであろう。あらゆる罪のない気晴らしや楽しみは、健康に貢献する限り、そして、私の向上や改善、知識や評判というより確かな快楽とともにある限り、私はそれを享受していく。しかし、それ以上のものではない。今の快楽に得意になって欺かれ、より大きな快楽を失うことがないように、私は注意深く確かめ、見きわめていこう。

注

1　ロックは最初に「食事、飲酒、音楽を聞く、すてきな芝居を見る」と書いて削除し、その後で「飲酒、賭博」と書いて、それも削除した。

54　倫理一般　Of Ethic in General

一六八六―八年頃か？　'Of Ethick in General'. MS Locke, c. 28, fos. 146-52. King 1829, pp. 306-12; 1830, II, 122-33 に不完全に収録。*ECHU*, bk IV, ch. 21 を準備するものとして書かれた。bk II, ch. 28 に近い。これはロックの論考のうち、もっともよく議論されたものの一つである。彼は自分の快楽主義的原則を説明する。道徳の一般的原理と自然法、そしてそれらが、道徳の決まり文句、罰と報い、そして立法者にたいしても つ関係を議論する。J・R・ミルトンが指摘するには、*ECHU* (1671) の「草稿 B」〔本書収録〕の一部を写した一節がある。ロックは自分の原稿にいくつか重要な改訂を加えた。

(1)幸福と不幸は人間の行動の二大源泉である。そして方法は異なれ、この世で人々は皆、さまざまな場所や形態で現れる幸福を求め、不幸を避けようと願って、たいそう忙しくしているのが分かる。(2)発言の真偽と同様に人間の行動にも正邪がある、と認めないような人々の国があるとは、私は聞いた覚えがない。大変異なっているとはいえ、何らかの尺度はどこにでもあったし、それで善悪が判断されるような、人間の行動にたいする掟やけじめというものもあった。また、彼らの間で美徳と悪徳を区別しないような人々がいるとも、私は思わない。ある程度の道徳はどこでも受け容れられていることが分かる。それが完全かつ的確だとは私は言わないが、次のことをわれわれに知らしめるには充分である。どこにでも多かれ少なかれ道徳観念があること、そして政治社会や権力行使者が沈黙する局面でさえ、人々はなおも何らかの法の下にあり、それに服従しなければならないと考えられていることである。

(3)しかし、いかに道徳が人類の最大のつとめや関心事であるとしても、そしてわれわれのもっとも注意深い適用と研究に値するものだとしても、しかし、そのまさに出発点で、次のように大変奇妙な、かつわれわれの考察に値することが生じる。[1] 道徳は、普通この世界では、神学、宗教そして法律からは区別される知識として扱われてきた。それは哲学者の、つまり、神学者、聖職者や法律家のどれとも異なる種類の人々の、固有の領域とされてきた。哲学者の仕事は、世界に道徳の知識を説明しかつ教えることであった。つまり、次のことについて私に明瞭に説くことである。今なお人々の間で生じるいくつかの発見について、自然法について、そして理性的な被造物ならそれに従いたいと願う、その他の行動上の掟にかんする分かりにくい見解について、さらに、聖職者なら彼らの神が直接命令を下したと主張し(というのも、あらゆる異教の礼拝儀式は啓示を主張するが、それを支える理性を欠いているから)、法律家なら政府の命令だと語るような、そうした事項について。

(4)しかし、こうした哲学者は、これらの掟の由来をめったにたずねることなく、そうした掟を、天地の偉大なる神の命令として促すことも、また神がこの世の後に人間に応報する尺度のようなものとして促すことも、めったにない。こうした掟に彼らが付け加えることができた強制力のせいぜいは、美徳と悪徳の名による名誉と不名誉である。彼らは彼らの仲間や、そうした類いの他の人々にたいし、彼らの権威によって美徳と悪徳の名に重みをつけるよう努力したのである。人定法も、罰も、世俗または神の命令を遵守する義務も、何もなかったとしても、正義、節制や豪胆、泥酔や窃盗といった類いの行動は世になお生じるであろうし、そのいくつかは善、いくつかは悪と考えられることになろう。美徳と悪徳の明瞭な観念も出てくるだろう。というのも、これらの名称のそれぞれに、複雑観念が付属するからであり、そうでなければ、あらゆる言語において道徳的事項を表現するこうした言葉のすべてやそれに類する語は、空疎で意味のない音になってしまい、道徳論議はすべて完全なたわごとになる。しかし、このようにして人間が獲得する美徳や悪徳の知識のすべては、言語が何であれ、それらの言葉の定義や意味づけを、その言語に熟達した者やその言語を日常使用する国から取り出してきて、その国ではそれら〔言葉〕をどう適用して、特定の行為をどう正しい名称で呼んでいるかを知る以上には出ないだろう。そうなると、実際的には、適切に話す術を知る以上ではないだろうし、せいぜいのところ、当人が暮らす国において立派だ、または不名誉だと思われている行為、つまり美徳や悪徳と呼ばれる行為を知るにすぎないだろう。私が見出しうるその〔美徳と悪徳の〕一般原則、およびもっとも不変な要素は、次のようなことである。すなわち、美徳と見なされる行為は社会の保全に絶対的に寄与する傾向があり、社会の紐帯を妨害または解体してしまうそれら〔行為〕は、どこにおいても、誤っており悪徳と見なされる、ということである。

(5)そのこと〔社会の紐帯を解く行為が悪徳と見なされること〕は、社会それ自体の法以外に強制や優越した法がなくても、必然的にそのように〔悪徳と見なされるように〕なったであろう。というのは、人々が集まり結合して一つの社会を作るとき、同時に、それ〔社会の紐帯を解く行為〕を賞賛すべきものと認める、つまり美徳に数えるということ、のみならず、彼らが結合している当の社会を解体する傾向をもつ行為を、やるなと説きもせず、非難すべきものとしない、つまり悪徳と数えない、などということは考えられないからである。しかし、そのような直接の影響を社会に及ぼさない、その他のあらゆる行為については、私は（私が歴史で心得ている限りでは）ただ次のように思うだけである。ある国々つまり社会では、それが美徳となり、別のところでは悪徳となり、そして他のところではどちらでもなくなるということである。そうした行動は、ある所では賢者と評される人々の権威により、また別の所では、人々の傾向や流儀に従って、たまたま美徳や悪徳と定まってきた。こういうわけだから、このように取り上げたもろもろの美徳の観念は、われわれが暮らす国の流儀に従って適切に話す以上のことを、われわれに教えてくれるわけではなく、われわれの知識を、それらの言葉によって人々が意味しているところを越えて、大いに改善してくれるわけでもない。そして、これが、スコラ学の一般倫理学に含まれる知識なのである。これは、一定の複雑な様相の正しい名称を知り、かつ適切に話す術にすぎない。

(6)スコラ倫理学は、アリストテレスの権威の上に立つが、むずかしい言葉や無用な区別立てのために、より一層複雑なものになり、彼や彼らが何を美徳や悪徳と呼ぼうとするかをわれわれに教えるさいに、彼らは道徳についてては何も教えず、ただ、その名称を理解し、彼らやアリストテレスと同じように行動を呼ぶよう教えるにすぎない。つまり、彼らの言語を適切に話すということにすぎない。道徳の目的と効用は、われわれの生活を指令することにあり、どんな行動が善や悪であるかをわれわれに明らかにして、前者を行ない、後者を避けるようわれわれをしむける。道徳を教えると主張する人々は、仕事を間違えていて、そうする場所ではないところで言語の専門家になっている。彼らがわれわれに教えるのは、話し、かつ議論することであり、そして彼らが定める名称で行動を呼ぶことである。そのさい、美徳へとわれわれを引きよせ、悪徳から遠ざけうるような手だてを、彼らが示すことはない。

(7)道徳的な行動は、理解力があってかつ自由な行為者の選択に、まさに依拠するものである。理解力ある自由な行為者は、快楽をもたらすものに自然に従い、苦痛を引き起こすものから遠ざかる。つまり、自然に幸福を求め、不幸を遠ざける。つまり、人に快楽をもたらすものは、彼にとって善く、苦痛を引き起こすものは、彼にとって悪い。そしてより大きな快楽をもたらすものほど、より大きな善であるし、より大きな苦痛をもたらすものほど、より大きな悪である。というのも、幸福と不幸は、心か体の、または両方の快楽と苦痛にのみ存するからである。これらの語について上で明らかにした解釈に従えば［*ECHU*, bk II, ch. 28］、彼らの幸福と不幸に向かうようなもの、彼らにおいて快楽か苦痛を生むに資するもの以外は何も、人々にとって善でも悪でもありえない。というのも、善悪は相対的な用語であり、事物の本性における何ものかを意味せず、ただ、快楽か苦痛を生み出すその性質や傾向において、他にたいしてそれがもつ関係だけを意味するからである。だから、ある人にとっては善いものが、他にとっては悪いということを、われわれは知っているし、またそのように言う。

(8) さて、道徳的善悪が自然的なそれと同様に、善悪という名称をもつのは、快楽と苦痛をわれわれに引き起こすという性質に由来する。そのことは、一般的にさほど理解されていることではないけれども。しかし、人に快楽を引き起こさないものは何も道徳的善ではなく、人に苦痛をもたらさないものは何も道徳的悪ではない、ということを人がもし肯定するなら、それは、多分、一見したところではおかしいようだが、間違っているとは思われないだろう。[2] 道徳的善悪と自然的善悪の違いは次のことだけである。自然的善悪とわれわれが呼ぶものは、事物の自然的な力によって、われわれに快楽か苦痛を引き起こすものである。そして道徳的善悪は、知的で自由な行為者の意志の介在によって、[3] 介在後に快楽と苦痛をもたらすものであり、それは、何らかの自然的結果によるのではなく、その意志の力の介在によってもたらされる。したがって、頭痛や悪心を引き起こすなら、過度の飲酒は自然的悪であるが、法の侵犯は、それに罰が付随してくるから、道徳的悪である。というのも、褒賞と罰は、上に立つ者がそれによって彼らの法の遵守を強制するところの善と悪だからである。自由な知性ある行為者の行動にとって動機となり、またはそれを抑制するものを、善悪の考慮以外のところに、つまりそれに伴う快楽と苦痛以外のところに設定することは不可能である。

(9)正義と節制、窃盗と淫乱の定義だけをわれわれに与える仕方で道徳を扱う者は、そしてどちらが美徳でどちらが悪徳かを教える者は誰であれ、それに名称を与えて、一定の複雑な様相観念を設定するのみである。彼らが自分たちの掟で話し、彼らの教えを吸収してきた他の者たちにとって分かりやすくかつ適切に語るさいには、道徳以外のことについては、そういう方法によってわれわれはよく理解できるだろう。しかし、節制や正義について彼らが鋭く議論することはけっしてなく、節制を規定するような上位者の法について、またどういう法の遵守または侵犯に褒賞と罰が伴うのか、何も明らかにしないので、道徳の力は失われ、言葉と口論と瑣事へと蒸発していくだけである。そして、アリストテレスやアナカルシス、[4] 孔子、またはわれわれの中の誰かが、あれこれの行為をいかに美徳や悪徳と名づけようとも、彼らの権威は皆すべて似たり寄ったりであり、彼らは誰もがもつ力、つまり彼らの言葉がどんな複雑観念にあてはまるかを明示する力を行使しているにすぎない。道徳的善は、それらを命令または禁止する法を明らかにしなければ、空疎な音にしかならず、そしてスコラ学がここで美徳と悪徳と呼ぶ行為は、別の国では、同様の権威によって反対の名称で呼ばれるかもしれない。そして彼らの決断と決定だけが美徳と悪徳を決めるなら、ある者の行動については、決定次第では遵守する義務の下に置かれることのない、つまり善でも悪でもどちらでもない行為となる。

(10)[5] だが、われわれの行動には別種の道徳や掟があり、多くの点で先のものと符合かつ一致していても、それらは異なった根拠をもち、われわれは別の方法でその知識にたどりつく。われわれの行動のこうした観念や基準は、われわれ自身が作って、それにわれわれが名称を付与する観念ではなく、われわれの外にある何かに依拠し、したがってわれわれによって作られず、しかし、われわれのためにある。これらのものは、われわれの逸脱を罰する権力をもつ他者の言明された意志や法によって、われわれの行為に課せられた掟である。こうしたものが、適切かつ真に善悪の掟である。なぜならば、こうした掟にわれわれの行動が一致するかしないかが、われわれに善悪をもたらすからである。先のものがわれわれの言葉に影響を及ぼしたように、これらのことはわれわれの人生に影響を及ぼす。そして両者の間には大きな相違があり、その相違は、一方では、よく生きかつ幸福を得ること、他方では、適切に言葉を話しかつ理解すること、この二つの間にある。後者の観念は、人間が自分自身に単純観念を集めて作ることで得られるものであり、美徳や悪徳と人々が名づける、そうした名称で呼ばれる。前者の観念は、上に立つ権力によってわれわれに課せられる掟から、それに至るものである。

⑾しかし、第一に、賞罰を加える権力と意志をたずさえた立法者が全人類に周知されなければ、そして第二に、彼が自分の意志と法をどのように言明したかを明らかにしなければ、そうした掟の知識にわれわれは至ることができない。そのため、こうした、いわば、神や自然法について語るための適切な場所に至るまでは、さしあたり、私はこういう掟があるという前提をすえるだけにしておかなければならない。そして今は、当面の目的に直接かなうことだけを述べるにとどめる。第一に、われわれの立法者によって課せられるこの行動の掟は、以前に述べたあの単純観念、つまり汝の隣人を汝同様に愛せ、ということと密接なかかわりがあり、かつ究極的にはそれに行きつく。第二に、その法は周知のもの、または周知のものと前提されているので、それにたいするわれわれの行動の関係、つまり、その掟にわれわれが一致したりしなかったりする、ということは、何か他の関係と同様、容易かつ明瞭に分かる。第三に、他のものと同様に、道徳観念をわれわれはもち、他のものと同じ方法でそれに至り、かつそれらは単純観念の集合以外の何ものでもない。

ただ、われわれは注意して、道徳的行動に次のような区別をすべきであり、それらには二種の範疇がある。第一は、寛大、つつしみ、つましさ、……[6]等の固有の名称をもつもので、それらは様相、つまり、まさにその種の単純観念の集合から成り立つ行動にすぎない。しかし、それらが善いか悪いか、美徳か悪徳かは、そのことでは決められない。第二は、一定の法にかかわるようなもので、行動は法に一致する、または一致しない、つまり、善か悪か、美徳か悪徳かである。「エントラペリア[7]（Ευτραπελια）」は、とくにそうした種類の行動にたいするギリシア人の間での名称であり、つまり、それらの行動を表すにふさわしい単純観念のその種の集合にたいする名称である。しかし、「エントラペリア」と呼ばれるこうした単純観念の集合が美徳か悪徳かどうかは、美徳や悪徳と定めるあの掟にそれを照合することによってのみ分かる。この照合は行動に固有なあの熟慮、つまり一定の掟との一致を意味する。第一の範疇においては、どんな行動も単純観念の集合にすぎず、したがって一つの明瞭な複雑観念をなす。第二の範疇においては、どんな行動も一定の法や掟に関係し、それに一致するかしないかによって、美徳か悪徳になる。教育と敬虔、饗宴と暴食は、似た様相であり、一つの名称で呼ばれる一定の複雑観念にすぎないが、しかし、それらが美徳や悪徳と見なされるとき、そして義務を伴う生活上の掟と見なされるときは、それらは一定の法に関係し、そうした関係の熟慮の下にある。

(12)[8]それゆえに、適切な基礎の上に、かつ義務を伴うような土台の上に道徳を設定するためには、われわれは法というものをまず明らかにしなければならない。法は立法者をつねに想定する。つまり、優位に立ち命令する力をもつ者、さらに、彼によって制定された法の内容に応じて賞罰を加える力をもつ者のことである。人間の行動に規律と制約を加えてきたこの至高の立法者は神であり、彼らの創造主であり、この神の存在をわれわれはすでに証明した。さて次に示すべきことは、一定の掟と一定の命令があるということである。それは神の意志であって、それにたいして万人が彼らの行動を従わせねばならない。そしてさらに、神のこの意志は全人類に充分に公布され、かつ周知されるということも、明言しておく。

注

1 ロックはこの節の冒頭で次の一文を削除した。「美徳と悪徳についてここで語る機会があれば、少し道徳について考えてみると具合がいいだろう。道徳とは、人類が知りたいと、もっとも関心を寄せるあの知識である。少し奇妙であるが、考えると……」

2 ロックは次の句を削除した。「自分自身の便宜品や必需品を得るための金がないのに、なぜ人は自分が負っている借金を返すのか？　また、別の者はなぜがまんして、隣人の妻に手出ししないのか？このことは多分次のように答えられるだろう。一方には、道徳的清廉と善があり、他方には道徳的な卑しさと悪があるからだと。よい言葉ではある。道徳的清廉は、考えれば、まさに神の自然法を遵奉することだが、もしそれを行なうことに本当に快楽が伴わなければ、そしてその行為自体に見出される以上の大きな悪が避けられなければ、何も意味がないだろうし、道徳的善は私の行動を指令する理由にはならないだろう。快楽の喪失がなく、できるだけ自分の食欲を満足させても苦痛が伴わないとすれば、隣人の穀物倉や畜舎が彼の腹を満たしてくれそうなときに、空腹の苦痛をこらえる者はバカではなかろうか？　自分のものではないものをとっても、過食の危険以外は何も悪が伴わないのであれば。」

3 元の句は「力をもつ知的な存在の指令」だが、ロックは「知的で自由な行為者の意志の介在」の句を挿入して、それに置き換えた。しかし、彼は元の句を削除し忘れた。

4 アナカルシス。スキタイの王で、ソロンの同時代人。大賢人と認められた。

5　この節の最初の五分の四（「単純観念を集めて」まで）は、§160 of Draft B (1671) のほとんど正確な再現である。Nidditch and Rogers 1990, pp. 269-70.

6　もう一つ、読めない項目がある。

7　大ざっぱに言えば、評価または見積もられる事物のこと。

8　ロックは次の文を削除した。「そのさい、心により大きな善と見えるものが、その選択を決定する。」

55　平和的キリスト教徒　Pacific Christians

一六八八年。'Pacifick Christians'. MS Locke, c. 27, fo. 80. King 1829, pp.273-5; 1830, II, 63-7; Fox Bourne, II, 185-6; Sina 1972, pp. 73-5 に収録。明らかに、一宗教団体のための一連の指針。「ドライクラブの掟」（一六九二年頃）と比較せよ。その会員は次の信条を表明しなければならなかった。「たんなる思弁的見解、または外的な礼拝様式を理由に、何人もその身体、名前、または財物を損なわれてはならない。」

(1)神が啓示したもの以外は何も、救いのために知られ、または信じられる必要はない、とわれわれは考える。

(2)それゆえに、聖書に啓示された真理の言葉を真率に受け取り、かつこの世に生まれた各人を照らす光に従う人々すべてを、われわれは受け容れる。

(3)肉、飲み物、衣装、日付、その他の外的な行為の遵守において、われわれは誰も裁かず、そうした外的な事項の使用は各人の自由に委ねる。その者にとって、そうした事項は、神の義、聖性、そして真の愛において、そしてイエス・キリストにおける隣人において、内なる人間を養成するのにもっとも貢献すると思われるからである。

(4)聖書の教えの何かを理解困難だと思う人には誰であれ、われわれは次のようにすすめる。

(i)謙虚な心、ひたむきな心で聖書を学ぶこと。(ii)あなたを照らす光の父に祈ること。(iii)あなたにすでに啓示されていることに服従すること。われわれが知っていることを実践することが、より大きな知識に至るもっとも確実な方法である。われわれの無謬の案内役は、次のようにわれわれに語ってきた。私を送った者の意志を行なおうとする者は誰でも、聖書の教えを知るようになる（ヨハネによる福音書第七章一七節)。(iv)自分を導くのにもっとも有用だとその者が考える人々の助言や援助に、われわれはその者を委ねる。誰か他人に、最下層のキリスト教徒に［さえ］、彼らの見解や解釈を押しつけるような権威は何も、誰も、どんな団体ももたない。宗教の問題においては、誰もが自分で知りかつ信じ、そして説明をしなければならないからである。

(5)多様な反対意見がある中で、すべてのキリスト教徒は愛と思いやりをもつことが不可欠の義務であるとわれわれは考える。その思いやりによって、われわれは空疎な音ではなく、実効ある忍耐と善意を意味し、霊的な事項と同様、外的な事項においても、人々を互いの共同、友情、相互援助へと至らせる。そして信仰や礼拝の問題において、あらゆる権力行使者にたいして、彼らの権威を、いわんや彼らの剣（それは悪事をなす者にたいしてのみ彼らの手に置かれた）を利用することを思いとどまらせる［説いて止めさせる］ことによって。[1]

(6)われわれが信仰するキリスト教は、頭脳を思弁で、舌を議論で装備するような観念的知識ではなく、われわれの生活に影響を及ぼす義の掟である。つまり不正からわれわれを救い出し、善行に熱意ある者をご自身のように清らかにするために、キリストは自身を投げ出したということである。（テトスへの手紙第二章一四節）だから、われわれの集会の唯一の職務は、そうしたことをたたえること、あらゆる論争や思弁上の問題を脇に置き、善い生活という義務において互いを指導し励ましあうことにあるとわれわれは言明する。それが真の宗教の大なる職務と認められるものであり、神に祈ることは、われわれの知性を明らかにし、われわれの腐敗を挫くために、神の霊の援助を求めることである。そのようにして、われわれは神にたいし穏当かつ受容可能な礼拝を行ない、われわれの行為によってわれわれの信仰を示すことができる。こうしてわれわれは、われわれが模倣すべき最大のお手本として、われわれの主および救い主イエス・キリストという模範を、われわれ自身と他の者たちに提示する。

(7)お一方だけがわれわれの主、すなわちキリストであり、われわれの集会の主は他にだれもいない。しかし、愛、平和と謙虚の精神にある者が尊崇の言葉を語るならば、われわれは彼に耳を傾ける。

(8)平和の福音の代わりに、彼ら自身の意見を愛好し、その意見を押し立てて、それに従わせようと努力することほど、連帯、愛と思いやり、つまりキリスト教独特の最重要かつ最大の義務に反し、またそれらにとって致命的なことがはっきりしているものは、他に何もない。こうした意見の相違や分裂の種を避け、不可避だと分かっている意見の相違の中で連帯を保つために、もし誰かが争いを起こすように見え、愛よりも自分自身の感覚におぼれ、他人を傷つけ他人に逆らってまでも、自分に従うものを引き連れたいと願っているように見えるならば、われわれは彼のことを、彼がすべきようにはキリストを学ばなかった、それゆえに他の者を教えるには適任ではない、と判断する。

(9)われわれの集会において、品位や秩序は、心をそうあるべきように高めるためにのみ指示され、非常にわずかな、かつ単純な掟しか必要としない。会合の時と場所が設定され、もし他に何かあれば、規制を必要とする。そのさいには、集会全体が、または兄弟のうち最古参で、もっとも謹直かつもっとも慎重な者の中から四人が選ばれ、彼らがそれを決める。

(10)譴責の後も道を踏みはずす兄弟の誰からも、われわれは身を引く。

⑾われわれ各人は、あらゆる場所、そして神がわれわれに機会を与えるであろうあらゆる場合において、万人にたいする思いやり、善意、ならびに服従の教えと実践を広めることを、われわれの義務と考える。

注

1 〔訳注〕「思いとどまらせる［説いて止めさせる］ことによって」は、by dehorting［dissuading］だが、この by が率いる句がどこへかかるのかは不明。

56　忠誠と革命について　On Allegiance and the Revolution

一六九〇年四月頃。表題なし。MS Locke, e. 18. Farr and Roberts 1985, pp. 395-8 に収録。ラスレット編『統治二論』序文に（'A Call to the Nation for Unity' の表題下で）引用。Hartogh 1990 で議論されている。さらに Dunn 1969, ch.10 と Goldie 1980 を見よ。この文書は、ウィリアム三世の新体制が危機に陥ったと見られた時に書かれ、エドワード・クラークへ送られた。クラークは一六九〇年三月に議員となり、この文書は「議会で役に立つ」と注目した。この文書は次の法案を通過させようとしたホイッグの計画に関連する。法案は、ウィリアム王とメアリ女王を「正当かつ合法的君主」（この文句は一六八九年の忠誠宣誓からはずされた）と認め、ジェイムズ二世への忠誠を放棄することを官職保有者に求めるものであった。ロックはこの革命を擁護し、教皇主義、フランス、そしてジャコバイト主義にたいする警告を人々に発した。革命に良心上の疑念をもつ人々の間で、「事実上ノ」権力と「権利上ノ」権力との区別が広まっていることに、ロックは注目する。「神授権ニヨル」世襲原則を支持する人々を、ロックは公敵と主張した。彼らはウィリアムを簒奪者と見なしたからである。彼らにたいしロックは、彼らの主張を公に否定するように求めた。ロックの標的は、ノッティンガム伯やダンビーのようなトーリー政治家、そして新体制への忠誠を論難していたトーリーの文書執筆者であった。『統治二論』第二論文 §§119, 122 における明白な同意というロックの主張と対照せよ。ジャコバイトの暗殺陰謀に続く（書簡 2004 と 2006 を見よ）一六九六年の連帯宣誓において、「正当かつ合法的」の文言が再び挿入され、一七〇二年の放棄宣誓においては、ステュアート家の公式の否定が盛りこまれた。ロック自身は、一六九五年には（そして、疑いもなくもっと早い時期に）忠誠宣誓を行ない、また連帯宣誓と放棄宣誓の両方とも行なった（MS Locke, c. 25, fos. 12, 61; 書簡2045, 2074, 3131, 3135, 3161, 3163）。後出の、ウィリアム・シャーロックへのロックの批判を見よ。

そこらじゅうで不満の声が挙がり、また人々の意気消沈がはっきり見てとれるので、[1] それに着目せずにはいられない。人々を絶望させているのは、国民に勇気がないせいでも、われわれの国力にたいする不信のせいでもない。それはわれわれの分裂のせいであり、それがわれわれの間に恐怖を投げこむ。そして誰もが次のように見て、言うであろう。われわれが連帯しない以上、このままではいられない、と。そすべてが危機にある、と善良かつ正直な人々が考えるときに、自分の考えを謙虚に提示する者がいたら、その者を、彼の王と国を愛する者、平和とプロテスタントの利益を愛するものとして、大目に見ようではないか。

イングランドが連帯すれば、それは、議論の余地なく、容易にゆらぐものではない。ならば、イングランドが危機から脱するようにしてやろうではないか。

(1)私は意見の一致を提案するのではない。万人の良心が等しく啓蒙されるということは、期待されるべきことではない。それを強制によって得ようとする者は道を踏みはずす、ということは理性と経験から明らかである。強制は亀裂を広げるということが分かっている。もしそういうことが期待されていいなら、真の方法によって万人が同じ心になるまで、ここではただ、相互の思いやりが考えの一致をもたらすだろう、ということを望むしかない。

(2)公共社会の事項における人物や方法にかんして皆が同意せよ、と私は提案するのではない。公共社会の事項は、私人の手が扱うには適さないことである。公共社会への配慮をその職務とする人々に服従することこそが、本来あるべきように公共社会を確保することにつながる。私が提案することはすべて、われわれの政府の存在と存続にとって絶対に必要だ、と誰もが認めるはずのものであり、それなくしてはどんな方法でも、われわれの平和と宗教は守られることはないであろう。

　誰もが、理性をもつ誰もが、オレンジ公の到着によって、教皇主義と隷従から解放された。オレンジ公と解放に期待をよせる者すべてにとって、ウィリアム王が即位した時点で、それは完全な解放となった。このことは、教皇主義とフランスにたいして立てられた防護柵である。というのも、ジェイムズ王の名は利用されたとはいえ、この二つのものにとってはおとり[2]［わな、口実］でしかなかったからである。彼が戻ってくるなら、それがどんな口実の下であれ、イエズス会士が支配し、フランスがわれわれの主人となるに違いない。彼はあまりにフランスに執着し、あまりにイエズス会士に依存しているので、どちらとも手を切ることができない。彼の良心をあのように導く者に盲目的に服従したおかげで、またフランス王の助言やお手本に従ったおかげで、彼は三国の王冠を危険にさらして失った。そんな彼が、怒りのために彼の生得の嫌悪の情をつのらせてしまった後では、イングランド人、彼らの自由、そして宗教にたいして、冷静な考えと善意を伴って戻ってくることなど期待されるはずもない。侮辱［軽蔑］[3]されるべき教皇教徒にも、哀れなフランス農民にもなりたくなければ、われわれの間にいるもっとも図太い、または不注意な人々にたいしてさえも、次のことを自分で考えてもらいたいと私は願う。自分が頼りにし、その後をついていった大事な人の野心や策略によって、屠殺場行きの哀れな罪のない羊[4]として、自分が市場へといったん連れていかれたら、どんな保護、助けや希望をもてるというのか。指導者たちが自分のためにどんな得な取引をしようとも、売買されるのは付き従う者たちの愚鈍な群れだということは、永遠の真理なのである。

キリスト教国の安全保障同盟を壊したくない人々は、したがって、われわれの現政権を支持しなければならない。現政権に安全保障同盟の中心があり、安全保障同盟は現政権にかかっている。イングランドを裏切りたくなく、イングランドを教皇主義の怒りや復讐にさらしたくない者、また自分の国、宗教、良心や資産に何らかのかかわりをもつ者は、教皇主義にたいしてわれわれが立てた砦を維持しなければならない。最近ようやくわれわれがそこから解放されたものよりももっと激しい、ありとあらゆる災いの洪水にたいして、それだけがわれわれを守ってくれる。われわれは皆こぞって、現陛下にたいして真率な忠誠をささげ、陛下の政府を支持しなければならない。

(1)この連帯への第一歩は大赦法[5]だ、ということははっきりしていると私は思う。あらゆる区別の印が除去されることが望ましい。本当のイングランド人なら互いに手控えたであろう悪口を、われわれの敵の策略と、自身の激情や愚劣のために言い立ててきたのだから、そうした区別に由来し、その区別を増長してきた罪を、われわれの指導者たちの叡智で消去させよう。そして、大赦法によって可能な限り無垢の状態を回復しようではないか。罪を他人に転嫁しようとして、または罰を恐れて、人々が無秩序な事態の中で安全を求めることがないようにしよう。人々を政府の下で気楽に安全にしてやろう。そうすれば、統治が容易かつ着実に行なわれていくことを望む以外に、人々にとって道理ある事項はない。彼らの国を愛するが、しかし、自分自身をもっとよく愛し、そして安全であれば静穏にしている人々は、どんなことをしても、公共社会を犠牲にしてでも、恥や破滅を避けるものだ。

(2)王位継承はあたかも「神授権ニヨッテ（*jure divino*）」確定されたかのような主張が、イングランドで近年、熱心に広められている。そしてそうした主張が一部の人々の心をつかんでいると推測するだけの根拠がある。そうした主張が行きわたる限り、このことはわれわれの静穏と、われわれの現在の体制の確立とに、和解不能な敵対をもたらす。神法と神の指名によって、別の人物がイングランド王位への資格をもつと主張する者は誰でも、最高の義務、つまり神授権に基づく義務によって、ウィリアム王と現政権への公然たる敵であるに違いない。神授権はどんな抑制も、どんな支配も認めない。したがって、ウィリアム王の臣民と称する人々は皆ともに、王の資格を無にする主張を、厳格かつ公に否定しなければならない。それはまさに適切かつ必要なことである。ウィリアムを彼らの王と呼び、そう確信する人々は、彼らは真剣なのだと理性的な人々を納得させ、かつわれわれの平和と宗教が依拠するあの王位を保証することを自ら証し、またはそうした証を他から得ようと願わずにはいられない。このことで自分自身にとまどいをもつ者は誰でも、ウィリアム王への忠誠をよそおって、なおもジェイムズ王の臣民だと確信していることを明白にしている。そして、機会を得次第、その二つの義務と良心のうちどちらが、その者をえこひいきし、かつ援助もするか、予見するのは困難ではない。そしてこういう主張〔神授権説〕を他人によって否定されたくないと思う者は誰であれ、彼が何と言いつくろおうと、公共の平和と安全にはほとんどまったく顧慮せず、政府の隠れた敵とは区別される真の友人を得たがらないまま、ことは遅きに失することになる。それは政治の一種であり、自分たちの政府に悪意をもつ者たちを発見することは君主にとってけっして高くつくことではない、とつねづね考えてきた君主たちにさえ今まで知られてこなかったものである。神授権によるイングランド王位継承がどうしたら現体制の転覆には及ばないのか、私は誰かに明らかにしてもらいたいと思う。このことをウィリアム王の治世、そして彼の支配への服従と合致するものにせよと言うなら、私はそれをスコラ的思弁としてやりすごす。しかし、それが、現にそうであることがはっきりしているように、陛下の生命と王冠にかかわるなら、そして彼の治世の静穏と臣民の福祉にかかわるなら、われわれは王と王の統治を支持するために充分連帯しているなどと思ってはならない。われわれの中で誰がそんな危険な主張をもち、かつ王の統治に敵対するこれほどに力ある原理を誰が擁護しているのか、分からない間は。

⑶先の治世の誤りがウィリアム王のお越しを招き、正当なものとし、彼を王位へとすすめた。ご自身の宣言と国の公的な行動は、このことへの疑念を取り去った。だが、あの誤りを否定し譴責するのは不当だと考える者は皆、その誤りが、われわれが目撃した変化とわれわれが得た解放の充分な原因であるとは、いまだに正直に認めることができない。そう認める者が誰もいなければ、われわれの不満は騒乱であり、われわれの解放は反逆であり、われわれはできるだけ早急に、昔の服従へ戻るべきだということになる。そう考える人々は他に仕様がないのだ。そして、誤りがあったと考える人々がいても、そうした誤りの行き着く先は、王の廃位[6]（an abdication）以外に他にありえなかったが、そうした人々がこぞって、その誤りを公的に譴責し、非難する気がなければ、現陛下はほとんど彼らの眼中に入ってこない。公的な譴責や非難がなければ、彼らは現陛下の王位継承をけっして正当化できず、また王位に彼をつけておくことも正当化できないからである。

⑷抑圧され、沈みかけているわれわれの法、自由と宗教を回復すべく、オレンジ公は、まさにそれが効をなすというときに、武装して乗り出した。このことで彼は正しいことをした、と誰もが認めたに違いないし、彼を再び去らせようとはしなかった。そして、この栄誉ある行動の高潔さとならんで、この正義をこぞって認めようとしない人々は、それを敵の不正な侵入と見なし、その敵の下では不安で、敵を排除したいと願う、ただそれだけの理由で、ひそかに嘔吐をもよおしていた。少なくとも、彼らが新たな変化をこっそり期待していたということは、明白そのものだった。ウィリアム王の大義は認めないが、彼の断行の便益は享受していこうとするそうした人々に、ジェイムズ王は信頼を置くことができる

かもしれない。彼らの沈黙は、ジェイムズ王の味方であることを充分に明らかにしてきたからである。しかし、ウィリアム王は、彼の王冠がそうした人々の出世の代価となることを肯んじない限り、けっして彼らに信頼を置くことができない。ある大義のもつ正当性を認めた多くの人々がそれを裏切ってきたが、通常の政策的判断（common prudence）は、相手側の正しさを認めることを拒否する人々から支持を期待するほどに、それ自体に逆らって悪く働くようなことは、けっしてないものである。

(5)最近私は、議論においても、出版物においても、「事実上ノ（*de facto*）」王と「権利上ノ（*de jure*）」王、つまり、所有による王と権利による王との区別に出会う。もし現政権がこの一年来われわれを解放し、そして今なおわれわれの安全を確保してくれているなら、それを粗末に扱わずに、ウィリアム王を権利によるわれわれの王だと認めよう。このことを否定する者は誰であれ、彼らがやっていることは、結果的に王を簒奪者だと呼ばわることに他ならない！　というのも、権利をもたない王座に実際に即位した王以外に、何が簒奪者だというのか。フランス王がウィリアム王をそのように呼んだとしても不思議には思わない。それは彼に寄せられうる意見の中でももっとも邪悪なものである。そして、私は次のことを少しもおかしいとは思わない。王冠への彼の権利を認めようとしない人々が、フランス王や他の誰かと一緒になって、彼らが簒奪者と判断するウィリアム王から王冠を奪おうとすることを。このことを一層避けがたくするのは、われわれの間に次のような人々が何人かいることである。彼らは大まじめに、かつ執拗に、王位の空白を否定し、ウィリアム王をジェイムズ王下で摂政位をもったたんなる一官吏と見なし、王冠の権利と人民の忠誠はいまだにジェイムズ王に留められ、保持されると考える。[7] 当時このように公に支持していた見解を、これらの人々が否定、または取り消すに至ったのか、私は聞いていないが、しかし、次のことははっきりしている。それを否定、取り消すように彼らに注意することは、統治の安全と安定に配慮する人々の利害にかかわるということである。これらの点で彼らの判断が正されるなら、彼らが納得したことを言明することに何の問題もないだろう。とくにそれが、人々の心の静穏と、彼らが支持しているように見える政府の強化にかくも資するようなときには。そしてもし昔の意見に彼らがなおもこだわるならば、それも周知され、かつ周知されることで、現政権を心から団結して支持する人々から、彼らが区別されるのが至当である。現政権は、そうした団結、国の安全、そしてわれわれの宗教の保護を必要としている。

　今や私は真のイングランド人である方々に次のように訴える。われわれの平穏の維持、王の身柄の安全、そして王国の安全はすべて、私がここで述べてきた事項にかかっているのではないか。これらのことで連帯を拒否する人々は、現政府からの分離を表明しているのではないか、そして政府の継続にとって友にはならないのではないか？　もし彼らが王国を分裂させるなら、どうやって彼らはそれが継続するよう望むというのか、また、彼らが継続を意図していると、どうやって考えられるのだろうか？　基本的な事項を支持する人々の間における見解や小さな問題における分裂は、枠組みをゆるがすことはない。こうした党派とともに、政府はつねに存在してきたし、しばしば繁栄もしてきた。しかし、政体支持の言明さえせず、彼らが従うべき君主の権利を支持しない人々が、何らかの政体を支持するとは、とても期待できない。このことは、誕生して長続きしたあらゆる政体が、つねにまず第一に留意してきたことである。政体の権力行使者の権利、そうした権利の言明とその支持を、どの政体もけっしておろそか、かつあやふやに放置はしなかった。というのも、それ自体に確信がなく、また自身の権利を主張しないような政府を、人々がしかと支持するなどと、どうやって期待できるのか？　もしその立法者たちがこうしたことをあやふやに放置し、地位も給料ももらっている高位の宮廷人が、政府にたいする支持を公然と、かつ熱意をもって明言しないなら、一体何が、国の残余の人々を着実な忠誠と服従へと落ち着かせるのであろうか？　人々の良心は疑念のうちに放置され、主張された権限の相違が公的な法令によって明確にされないばかりでなく、官職にあって政府の権利を当然知って支持するべき人々による、公然かつ断固たる言明さえないままに。公的な沈黙は、それ自体、人々の間に躓きを引き起こすに充分であり、そうした躓きを取り除く私的な詭弁屋に不足することはけっしてないだろう。当該問題についてさらに考えてみると、出版物は疑いを拡散するだけで、人々はそれぞれ、核心にあることを何も知らないまま、また政府にたいする信念もないまま、非常に多くの疑問をかかえることになる。われわれは今、重大な戦争をわが手にかかえている。戸口に強力かつ油断のない敵がいて[8]、それは、われわれの疑いや不信を無秩序と混乱へと吹き上げるに充分な、スパイや熱心なゲリラをかかえている。われわれのほんのちょっとした亀裂さえ（そして公的かつ明示的にわれわれが連帯していない限り、われわれは亀裂から遠くない）、不可避的に敵や敵の一軍をわれわれのところへ導き入れる。われわれの間にいるもっとも熱烈なホイッグかトーリーのどなたかに（その人がトップクラスの人ではなく、また他人を売って自身のために取り引きをする人でないならば）私は尋ねよう。自分の激情や敵意から、われわれの宗教や国家の敵である外国軍を引き入れ、それによって自分の国に、流血、殺戮、そして荒廃のさまをもたらしたとき、彼は自分自身に何を提案するのか？　彼の党派を熱心に支持することが、彼の資産や家族の崩壊にたいし、埋め合わせをしてくれるのだろうか？　自分の子供たちが裸にされ、妻が陵辱されたのを知ったとき、彼は自分がしたことに満足するのだろうか？　というのも、手に武器をもった外国人の無礼や強奪は、とくに宗教的に対立する人々の間では、特異なことではないからだ。すべてを裏切り自分の良心さえ屈服させたフランスとアイルランドの主人[9]は、隣人のイングランド人以上に、我慢強いだろうか？　イングランド人は、少し見解は異にしたものの、その主人と平穏に生きていこうとしていたのだ。われわれの間にいるプロテスタントの各人にたいし、イングランド人の各人にたいし、手を胸にあてて、次のことを自分で真剣に考えてもらいたいと私は願う。なんという致死的な闘争を、彼は自分の国の人々に挑もうというのか。その闘争は、我慢できる条件で人々とともに生きるよりも、むしろ、自分と自分の国の宗教、自由、安全を危険にさらすほどのものである。もしわれわれが今団結しなければ、これらすべてが危機にさらされ、それらを失うことになろう。

注

1　ロックは「イングランドに好意をもつすべての人々の」を消去し、そこへ「人々の意気消沈がはっきり見てとれるので」を入れた。
2　a stale [decoy, pretext]
3　contemned [despised]
4　つまり、屠殺用の子羊。
5　つまり、過去の罪の告発をしないという、赦免法。この法律は、一六九〇年五月に通過した。過去の過ちにたいしてトーリーに意趣返しをしたいというホイッグがいたからである。
6　ジェイムズ二世は退位した（abdicated）と言うのがトーリーの好みだった。しかしロックは、退位（abdication）を廃位（deposition）という意味をこめて使う。Slaughter 1981 を見よ。
7　一六八九年二月の議会で、トーリーは、ジェイムズ二世のイングランド帰還の望みを捨て、今度は、ジェイムズ存命中はウィリアムは摂政だという提案に及んだ。こういうトーリー高官の中には、今やウィリアム王の政府に登用された者もいて、多くのホイッグの怒りをかった。

8 〔訳注〕ここでは、一六八九―九七年の対フランス戦が念頭にある。

9 ジェイムズ二世は今やカトリックアイルランドの主だったが、それも、一六九〇年七月のボインの戦いで、彼がウィリアムに敗北するまでのことであった。

57　ウィリアム・シャーロックについて　On William Sherlock

一六九〇年末または一六九一年初頭。表題なし。MS Locke, c. 28, pp. 83-96. シャーロックの『主権的権力への忠誠問題』(一六九一年)への注解。これまで公刊されたことはない。一六八九年から一六九三年までの間に、二〇〇ばかりの文書が出版され、名誉革命と新しい忠誠宣誓の正統性が議論された(Goldie 1980)。ウィリアム・シャーロックは、アングリカン牧師であり、非抵抗の主張を支持した顕著なトーリー政治評論家であり、当初は名誉革命を支持しなかった。その後、考えを変え、名誉革命は神の関与によるという根拠から、主権の保護と臣民の忠誠は相互関係にあり、統治を掌握した「事実上ノ」君主にたいして忠誠宣誓するという説を展開した。シャーロックはセント・ポールの副監督職に昇進した。彼の文書は、一六九〇年一一月三日に出版され、一六九一年一月半ばには六版に達し、五〇の反論を引き起こした。彼はホッブズ主義と非難され、彼の議論は実際、一六四九年の革命の「事実上ノ」擁護に近い。ドイツではライプニッツがシャーロックの注解を書いた(Riley 1988, pp. 199-217; Jolly 1975 を見よ)。ロックの断片的なノートは、主にシャーロックの主張の引用と解釈から成る。ロックは彼の見解を、不愉快、自己矛盾、自己破産であり、革命をトーリーの原則と一致させる特徴的な試みである、と見た。シャーロックへの参照ページはロック自身によるものである。ロックはときに自分自身の疑問や反論を加えている。ロックの表形式は連続した文章に置きかえた。シャーロックからの抜書きの一部も、ここで再掲した。『統治二論』第二論文、とくに §§122, 186, 192, 198 における服従、同意、簒奪にかんするロックの見解、および「サミュエル・パーカー」一六六九―七〇年〔本書収録〕と比較せよ。また、書簡 1344, 1348 を見よ。〔表形式（tabular format）と言うが、手稿の実際は箇条書き的メモのようなものである。原書上では単語、番号や文章がつらなり、読みづらく、かつ理解しにくい。そのため、訳者が直接手稿にあたり、とくにロックの意見の部分は、できるだけ手稿上の体裁を尊重して訳出した。〕

シャーロック　この論争を複雑にしてきたのは、権利の議論を服従の義務と混同する、または君主の王冠への法的権利を、臣民に求められる忠誠の唯一の理由と根拠にすることにある。……忠誠は、政府ではなく権利にのみ帰すべきものであるが、しかし、政府にたいしてだけ捧げられうるものである。……君主の権利を議論することは、私には不適切に思われる……［p. 1］。どの君主も、王位についたら、神の使者として服従され、敬われるべきであって、抵抗されるべきではない［p. 4］。もっとも合法的かつ正当な王に臣民が負うような義務は、神が王位にすえたあらゆる王に負う……［もの］……以外には、ない［p. 7］。君主は、完全に王位に就けば、神の権威によるものであり、服従されなければならない［p. 9］。［合法的権利は］神による君主の処置に逆らわないものを除く、……他のあらゆる人間の主張を阻止するものである［p. 15］。体制の定着にはさまざまな程度があり、またこうした新しい政府においては必ずやそうであるに違いなく、……われわれの服従を求めるほどの充分かつ完全かつ安定した体制掌握に至るまでは、服従にもさまざまな程度のものが求められるように、私には思われる［p. 17］。臣民にとって……偽りの権利と真の権利を見分けられるようになることは必要［ではない］［p. 19］。それが一握りの少数であれ、私人の中には、彼らの宣誓に今なお拘束されて、ちょっとした弱々しい、かつ危険な試みを行ない、彼らの国に逆らってまでも、自分たちの王のために戦おうとする人々がいる。こんなことはたしかに宣誓の意図ではない。われわれが誓うのは国家的な防衛であって、私的な防衛ではないのだから。それゆえに、国家全体の叛乱が起これば、たとえそれが邪悪で不当であっても、それに参加も支持もしなかった人々をさえ、王の身柄を防衛するという宣誓から免除するように思われる。……というのも、王のために戦うという宣誓は、われわれの国にたいして戦うようわれわれを義務づけはしないからである［p. 32］。どんな人とも同様に私も、君主にたいして大きな敬意をはらうが、国家の安全と保護ほどに、君主の何らかの権利と利益が重大だとは、私は考えない［p. 33］。合法的君主が王冠を失い、もはや統治できないからといって、人間社会が人の群れに、またはホッブズ氏の自然状態に解消されてはならない。サンダーソン主教が言うように、世俗統治の目的、そしてそれに求められる服従の目的は、人間社会の安全と静穏である［p. 38］。もし人間社会が保全されるべきであれば、統治の必要性というものが君主に権威を与え、臣民に服従の義務を課する。もし神が人間社会を守ろうとするなら、次にように結論しなければならない。神がある王を王位から排除するなら、神が王位に就ける者に神は、……義務と良心という帯と紐を……［伴って］神の権威を与える［p. 39］。アンティオコスの政府は、服従や継承によって、人々の間に定着したものではない。つまり、人々は権力への服従を強いられたが、彼の政府は何らかの公的、国家的な服従によって支持されたのではない。［だが］国家の権力行使者たちは［すみやかにヤドゥスに服従した］[1]［p. 48］。王が去って統治が解体し、人民が他の君主の手に残されたとき、そのさい、彼に抵抗する理由も、権威も、組織された権力もないところで、臣民に何をせよというのか？　政府は誰かが統治しなければならず、もしそれで満足できなければ、烏合の衆が統治することになる［p. 50］。

ロック　主権的権力への忠誠問題

用語

忠誠

誤り　忠誠は、政府にたいしてのみ払われうるものではあるが、政府にたいしてではなく権利にたいしてのみ求められる

論点　君主の権利を議論するのは不適切　抽象的観念である権利や統治にたいしてではなく、統治の権利をもつ人物にのみ忠誠が求められ、捧げられる

自己矛盾

論点　君主の権利を論議することは不適切。どんな政府も、そんなことを問題にするよう、その臣民に許すはずはない。

不利な立論

これほど明白で確実な判断をそ［れ］[2]について下すことができる者はほとんどいない。

たわごと　p. 1.

権威は義務と良心を伴う　39, 43

法的権利　Q.[3]偽りの権利にたいして、何が真の権利か　19

神の権威の付与と対照せよ
体制の定着　Q.4　何か　p. 4
体制の定着のさまざまな程度　17を見よ
そして服従や継承による場合に伴うさまざまな義務　48

神の権威　p[p]. 4, 5

神が王位にすえた　7

完全な安定　9

忠誠は臣民が彼らの王［K］に負う義務のすべてである　15

王は国内において最高の統治権をもつ人物を意味する　56
「事実上ノ」王は、実際に統治を掌握する王である。「権利上ノ」王は、それにたいして、権利の上では統治するが、実際はそうでない王である　56

見解

簒奪された権力は完全に定着したとき、神の権威を保持し、服従されるべきである。神は摂理の成り行きによって王を立てる　12, 13

一体どんな手段でもって、神によって彼がそこへすえられた王位に君主が上るのか　13

神の目にはあらゆる王は平等に権利ある王であり、彼らは皆神の権威をもち、神の権威をもつ者は誰でも、真の、かつ合法的な王である　14

今われわれの王である者にではなく、法的権利なくしても王である者に、われわれは忠誠を捧げねばならない。たとえ王であることがわれわれの現王の権利であっても

法的な権利は他のあらゆる人間の主張を阻止し、そうした君主の権利を、臣民はできる限り維持するよう義務づけられる　15

つまり全人類に対抗して

Q. 現実の王がもつ神の権威は、他のあらゆる主張を阻止しないか？　また、そうした君主の権利をできる限り維持するようにと、臣民は義務づけられないか？

忠誠宣誓は人物にではなく、王に誓われるものであり、しかも王である期間を越えない

われわれは王権と彼の後継者の権利を守るように誓うが、後継者を王位に保つようにと誓うことはない　16

Q. 彼らの権利を守り、かつ彼らを王位に保たない、とはどういうことか？　自然的な、つまり父権的な権威を、譲渡、または簒奪する権威を誰ももたない　23

服従は何の権利も与えない

選択、征服、服従が王位の所持を付与することができ、それはあらゆる人間の主張に抗する充分な権限

である　24

「権利上ノ」王と「事実上ノ」王との区別は人定法にのみかかわり、臣民を拘束するが、神の摂理の必然的な掟や手段ではない　14

見解

君主を王位につけることによって神は権威を与える。そしてどんな手段で神がそうするにせよ、それは同じものである

服従は神の権威にのみ帰せられる　26

Q. 王位を失った王は、他のものと同様、神の権威にたいしても服従を負っているか?

王のために戦うというわれわれの宣誓は、われわれの国にたいして戦うようわれわれを余儀なくさせるものではない　32

つまり、もし叛乱が少数者のものであれば、それにたいして戦ってもいいが、もし多数のものであれば、彼らはわれわれの国であり、戦われてはならない

誰も神の権威への服従を拒否する宣誓をしてはならない

「ヨッテ」[5] 人間にすぎないかつての王は、神の権威に服従しなければならない

価値ある、かつ立派な人々は、神の権威にたいする抵抗者かつ反逆者である

人民が君主よりも選好されるべきである　33

Q. 非抵抗はどのようにして　p. 36
主権の制約かつ臣民の自由と両立しうるか　p. 30

君主は人定法から法的権利を受けとるが、彼らの権威は人定法からは受けとらないのか　36
統治の目的は人間社会の保護にある　38
摂理は法的権利を変更しない　26

提言

簒奪された権力でさえ、それのもつ権威を支持するよう、人間社会の保護はわれわれを必然的に強制する　41
自己保存は、君主と同様、臣民にとっても同じくらい重要な法である　42
そして簒奪者がもつ神の権威は、人民と同様、王位を失った王をも拘束するか？
真なる原則についての彼の見解を見よ　44
どんな君主の権利も、彼の全臣民の安全と保護に匹敵するほどに神聖ではない　45　人類が君主のために作られたのではなく、君主が人々の統治のために作られた　45
一国の権利と自由は、王の権利と同じくらい神聖である　47
王が去り、統治が解体する　50
場合によっては、忠誠を求めるほどに、いつ統治が確立したのかを定めるのが困難である　51
神法は、王位を実際に所有する君主にたいして、臣民としてのあらゆる服従と義務を払うよう、われわれに命じる　52
王国の一定身分の者以外には、どんな権威も、君主の肩書きと資格を認証し、王位を処分することはできない　52

王の権利の認証を、法は私人としての臣民に求めない　52
道徳的かつ自然的義務において、何人も自分自身のためになるよう理解していいし、そうしなければならない、53

意見
王位をもつものは誰であれ、王位を継承するものである
56　Q. ならば、彼の権利があらゆる他の主張を妨害する、そういう合法的な王はどうやって王位をもつのか？
p. 15を見よ

用語
定着　あの〔アンティオコスの〕政府は、服従や継承によって、人々の間に定着したのではなかった。つまり、人々は権力への服従を強いられた。彼の政府は何らかの公的、国家的な服従によって支持されたのではなく、そういう場合、長期の継続が統治の定着のために求められる
服従　だが、国家的服従は、短期間で統治を定着させる。高僧ヤドゥスと国家の統治部分が服従すると、統治は二、三日で定着した　48
一月か、一年か、七年か、百年か、どのくらい、そしてどんな掟によって、どんな神の法によって？規定されなければ、そういう場合、長いか短いかは意味がまったくない。人々が服従するのは、それに

抵抗できないところであり、抵抗がないところでは普遍的な服従がある。しかし、普遍的な同意がなくても普遍的服従はありうるが、これは別の問題である。

注

1　サンダーソンとは、おそらくロバート・サンダーソンの『良心ノ義務ニツイテ』（一六六〇年）への言及。アンティオコスとヤドゥスは、シリアの王アンティオコス四世の抑圧的支配への言及。マカバイ記一・二の記録によると、ユダヤ人ゲリラ指導者ユダ・マカバイ（紀元前一六〇年死）により覆された。
〔訳注〕原注が誤解を生じさせかねないので補足する。ヤドゥスは紀元前三三二年にユダヤ教の大祭司となり、アレクサンダー大王に抵抗しない策をとって、ユダヤ人を守った。アンティオコスは紀元前一七〇年にエルサレムを占領し、ユダヤ人を迫害して、マカバイの抵抗を招いた。

2　of th [sic]

3　〔訳注〕原書は2.としているが、手稿ではQ（Question の略）と読める。ゴルディの了解をとり、ここはQと直した。原書の後の方では、手稿上Qと読めるところは、Qと記載している。

4　〔訳注〕右と同様の処理。

5　*Ergo* [therefore]

58 倫　理　A
Ethica A

一六九二年。'Ethica'. MS Locke, c. 42B, p. 224. Driscoll 1972, pp. 102-3; Sargentich 1974, pp. 29-31 に収録。

理性的な行為者を引きつけ、またその行動の元となりうるものは、善の他には何もない。その善は、ひたすら快楽であるか、より大きな快楽になりうるか、またはそれへの手段である。快楽は皆すべて心のそれであって、身体のそれでは何もない。しかし、快楽のあるものは身体の運動に存し、またあるものは、身体の何らかの運動や性質とは分離された別の、独立した心の思いや満足に存する。そして、この後者のものが、最大の快楽であると同時に、より長続きする快楽である。前者をその短さのゆえに感覚上の快楽、後者を魂の快楽とわれわれは［呼ぼう］。またはむしろ、物質的快楽と非物質的快楽と呼ぼう。物資的快楽は、当該対象物にたいする現在の感覚を越えて継続することはなく、もっとも欲求の強い人の生涯においてさえ、わずかな部分を占めるにすぎない。味覚の快楽は、お腹が一杯になるや否や止んでしまい、食欲が堪能させられると、最上のごちそうさえいやになる。香水は少し経つと人々をあきあきさせ、つまりは香りを感じなくなる。自分自身や他人において誰もが見て分かるように、耳にたこができるほど聞いた音楽をいやがらないか、少なくとも友人と話をするよりもその音楽を選ぶほど、音楽に耽溺する人はあまりいない。そして視覚について言えば、それはわれわれの全感覚のうちで、もっとも広く、かつもっともよく使われるものであるが、しかし、その快楽は、眼前にある対象物において目がもつ喜びにあるというよりも、われわれの生活の他の部分に役に立つ事物の知識や選択といった、その対象物に付随する他のことに、そしてわれわれの生活のあらゆる部分において、われわれにとってたいそう役に立つものを見抜く力に存する。したがって感覚上の快楽をまとめると、つつましさのゆえに大っぴらに語られることのないものであってさえ、次のように言えよう。もっとも欲求の強い人でさえ、自分の感覚を感覚上の快楽によって左右させることはなく、そうしたものから快楽を得ることは、せいぜい彼の時間の四分の一である。調べてみれば、多分もっと少ないであろう。その他の時期には、身体は休んでいて、快楽に左右されない。多分、身体上の感覚はたいそう短いが、豪華な娯楽の楽しみや快楽はもっと長続きするのだろう。満足は食事よりも長続きする。それは食事の前から始まり、食事とともに終わるものではない。そうだとすれば、このことは、そうした物質的な感覚的快楽においてさえ、心の思いが大部分を構成していることを示す。そして、感覚が止んでしまったときでも、心の思いは快楽を継続させ、その快楽に感覚は何の関与もしない。ここから私は次のように言おう。欲求の強い人々においてさえ、身体ではなく心がそれらの幸福の大部分を構成し、そうでなければ、彼らの人生の大部分において、彼らは幸福を欠く。

もし幸福がわれわれの利益、目的、かつ重大事であるならば、それに至る唯一の道は、われわれ自身と同様われわれの隣人を愛することである。というのも、それによって、われわれはわれわれの快楽を増大し、確保するからである。われわれが隣人にした善行のすべては、われわれ自身に倍になって返り、尽きることがなく、かつ煩わされることのない快楽をわれわれに与える。飢えている人、ましてや友人、愛するすべての人々がわれわれにとって友人なのだが、を救うために食事を分ける者は皆、それを食べる者以上に永続する、はるかに永続する快楽を、食事を分けたことで得た。他人の快楽は食べたら消え、食事とともに終わる。だが、他人に食事を与えた者にとっては、それは思い出すたびにご馳走である。

次に、心の快楽は、もっとも永続すると同時に最大のものである。自分が愛している子供の命を救うために、最大の感覚的快楽を捨て去ることをしないような、それほどに残忍な者がいただろうか？　感覚的な喜びから離れた心の思いのもつ快楽以外に、これ〔心の快楽と〕は何か？　あなたが自分の子供や自分自身を愛するように全世界を愛し、この愛を普遍的なものにしてみなさい。そうすれば、どれほど即座にこの世は天のものとなろうか？

したがって、幸福は、他人を愛し、われわれの義務を行ない、愛と慈悲の行ないをすることに伴ってくる。それを否定する者も、この世にはいるであろう。誰もが普遍的愛と慈悲のこの掟を守るとは限らないからである。神はもう一つの人生を必要とし（その人生で神は、善行をして苦難を受けた者と、悪行をして享楽した者との間に区別を置き、それぞれの待遇を異にするであろう）、そこで神の賞罰によって善人を勝利者に、悪人を敗者にするという必然性を神の正義にすえて、道徳をより強固に執行する。

59 倫理B　Ethica B

一六九三年。'Ethica'. MS Locke, c. 28, fo. 113. Dunn 1969, p. 192 に収録。

倫理には二つの部分がある。一つは、それに照らし合わせて人々が一般に正しいとされる掟である。しかし、人々はこの掟を、彼らの真の原理からそうすべきようには、多分、導き出すことはない。もう一つは、掟を行なう真の動機であり、掟を守るよう人々をしむける方法である。そしてこの動機については、一般によく知られていないか、正しく利用されていない。この動機がなくても、道徳論議は人々が喜んで耳を傾け、承認するものであり、とくにそれがうまく言い表されていれば、心は真理にたいして一般に喜びを感じるものである。しかしこれらのすべては、思弁的な喜びにすぎない。実践のためには、他の何かが求められる。それは、人々が美徳に生き、それを味わうことができるまでは、けっして存在しない。これを行なうために、次のことが考えられなければならない。各人のそれぞれの病は何か、彼にとりついている快楽は何か。それを越えた一般的な議論が勝利をおさめることはけっしてないだろう。しかし、友情をあらゆる方面で広め、説得のあらゆる術を使えば、人は反対の道を生きるよう導かれることになる。それぞれの事例において、反対の快楽を実践するよう、また習慣にすることで反対の快楽を確立するよう、その者を導いてやらなくてはいけない。そして良心、理性と快楽が共働するとき、それらは間違いなく功を奏するであろう。問題が生じて当事者に分かる前に、誰もが予見し決定できるような方法を当該問題が提示する場合には、個々の問題においてどれがこれ〔美徳の実践〕を行うための本当の方法かということは、思慮ある人間にとっては見出すに難くないものであろう。JL

60　堕落以前ト以後ノ人間　Homo ante et post Lapsum

一六九三年。'Homo ante et post lapsum' (Man before and after the Fall). MSLocke, c. 28, fo. 113. これまで公刊されたことはない。財産と社会的格差は堕落の所産である、とロックは示唆する。

人間は死ぬべく作られ、［そして］全世界を所有した。そこでは、被造物を存分に利用するので、不当な欲求にはほとんど余地はなかった。本能と理性が彼を同じ道に導き、貪欲や野心の可能性はどちらもなく、すでにあらゆるものを自由に利用していたから、罪をほとんど犯しようがなかった。神はしたがって、試練の法を人に与えた。それによって彼は唯一の果実を避けた。それは、それ自体において善く、完全で、誘惑的なものだった。この法に付随する罰は、自然的な死であった。というのも、彼は死ぬべく作られていたけれども、しかしこの試練の法を［彼が］守ったあかつきには、それが彼の服従の充分な証拠となって、死ぬことのない不死性を、命の木が彼にまとわせたからである。しかし、彼は罪を犯した。死の宣告は即座に執行され、彼は命の木から投げ出された（創世記第三章二二節）。どんな不調をも治してくれ、またそれゆえに被造物の自由な利用が可能となり、かつ彼を若返らせてくれたものから、こうやって排除されて、彼はそのときから死に向かい、命のこの源泉から引き離された。そこで今や彼は、そして彼ゆえに彼の全子孫は、死の必然性の下に置かれ、このようにして罪が世に、また罪によって死が入りこんできた。しかしここで神は再び、彼を恩恵の新たな契約の下に置き、それで彼を永遠の生命の状態へと導く。しかし死なないということではない。これ、つまり死とその結果は、アダムとイヴにとってあの最初の罪の罰だったが、彼らの全子孫の罪を罰するものではない。というのも、今人がそう作られているように、彼らは死ぬべきものに生まれつき、彼らに不死が与えられる希望や期待をまったくもたないので、死とその結果は罰とは呼べないからだ。この罪によって、アダムとイヴは善悪を、つまり善と悪の違いを知るようになった。というのも、罪なくしては、人間は悪を知ったはずはないからである。彼らは、彼らの罪のために神を恐れた。このことは、神について恐ろしいという観念と認識を、彼らに与え、彼らの愛を減じ、それは彼らの心をあの本性へと向けた。というのも、彼らにおけるあらゆる悪のこの源は、痕跡を残して、彼らの子供たちを感化したからである。私有財産と労働が、今や地上の呪いを必然化し、徐々に境遇の相違を形成したとき、それは、貪欲、傲慢と野心に余地を与えて、型と手本どおりに腐敗を広め、その腐敗は人類全体にかくも蔓延してきたのである。JL

61　意　志　Voluntas

一六九三年。'Voluntas'. MS Locke, c. 28, fo. 114. Von Leyden 1954, pp. 72-3 に収録。

意志とその決定について人々をたいそう混乱させてきたものは、道徳的清廉の観念にかんする混乱であり、かつそれに道徳的善という名前を与えてきたことである。人が何らかの行動において得、またその結果として期待する快楽は、実際、それ自体において善であり、意志を動かすのが可能かつ適切なものである。しかし行動の道徳的清廉については、その行動自体においてのみ考えると、善でも悪でもなく、またどんな方向にも意志を動かすことはない。しかし快楽と苦痛は、その行動自体に伴うか、またはその行動の結果とみなされる。意志にたいする適切な動機として、道徳的清廉または腐敗に神が賞罰を付帯したことから、次のことは明らかである。もし道徳的清廉がそれ自体において善く、また道徳的腐敗が悪であったなら、そうした賞罰は不必要だったろうということだ。JL

62　集団帰化　For a General Naturalisation

一六九三年。Harvard University: Houghton MS Eng. 818, pp. 1-5. Kelly 1991, II, 487-92 に収録。この文書には表題がないが、ロックの裏書きがある。「集団帰化」とは、移住者全集団の帰化を指し、議会の個別法律を求めることができた個人の帰化に対する。一六八五年のナント勅令の廃止後、何千人ものフランス人ユグノーがイングランドに定住した。集団帰化法案は、王政復古期をつうじて何度も、さらに一六八九年、一六九〇年、そして一六九三年一二月にも通過しなかった。この最後の事例がロックにこれを書かせたのであろう。一六九七年にさらに法案が提出された。その法案は、その支持を表明するようロックに依頼する書簡を、匿名者に書かせることになった（書簡 2206）。これらすべての法案は、既得経済権益、外人嫌い、非アングリカンプロテスタントにたいするアングリカンの嫌悪のために、否決の憂き目をみた。この問題は、アン女王治世中も重大な論争点となった。ロックの経済論考、「救貧法論」、そして「アトランティス」〔本書収録〕と比較せよ。書簡 1745 と 1764、Resnick 1987, Statt 1995 を見よ。

帰化はあなたの人口を増加させるにあたって、最短かつもっとも簡便な方法である。賢明な政府はすべて、子供らの父に特権を付与することでそれをすすめてきた。ローマ人の間では「三児特権法[1]（*ius trium liberorum*）」があった。このことは次の理由による。

(1)人間こそ、どんな国や政府にとっても力となる。これはあまりに明白で、立証の必要もない。

(2)国の富を作るのは人間の数である。このことは、あらゆる種類の事例において明白である。ただ一つ、次のことに言及しておく必要がある。それは、オランダとスペインの比較である。後者は、地の利を得て、毎年、自身の領土から富の流入を得てきた。[2] しかし、人手がないために、ヨーロッパにおいては、最貧国である。前者は、地の利は悪いが、人口稠密であり、富にあふれている。長期の、かつ負担の重かった戦争で、今は［たいそう］消耗していると見られるが、その戦争を支えてきたことは、彼らの大きな力と富を表す。そこで次のことを私は尋ねよう。もしその人口の半分が連れ去られたなら、イングランドは、その立地のもつ有利さ、港や人間の気質にもかかわらず、その力と富を人口の減少に応じて減退させないだろうか？　この道理を調べてみれば、そのことが奇妙には思われないだろう。世の富は今や、かつてのようには、良い土地を広くもつことには存しない。そういう土地は、豊富な穀物そして多数の羊や牛の群れのように、飲食の本来の利便を豊かに提供してくれる。しかし、通商においては、金銭の利益が、そして金銭とともにあらゆる物の利益が生じる。通商は二つの部分から構成され、その両者にもっとも貢献するものは人手の多さである。

(1)製造業。　(2)次に、陸運と海運。

［1］製造業において努力されるべきことは、できるだけ大量に製造し、かつできるだけ大量に海外へはき出す［売る］ことであって、その両方にとって、こうした大量の人口が必要である。

多数のものが、多数の手のあるところで製造されうるということは、証明の必要がない。しかし、多数のものが、それをつくる多数の手のあるところで売られるということは、一見しただけでは、多分あまり明瞭ではなく、したがって、このことについてもう少し説明しよう。

あらゆる製造業において、価値の最大部分は労働に存する。したがって労働がもっとも低廉なところで、物品が最安値で提供されうるということは明白である。ここで私は次のことを尋ねよう。多数の手はどこにおいても労働をより低廉にしないか、そして市場で最安値で提供されうるものは何であれ、当然最初に買手がつき、同種の他のものを打倒するのではないか。

［2］毛織物貿易にたいしては厳しい法律が作られてきた。毛織物は、われわれの最大の製造品であり、またフランスとの今回の戦争以前には大きな不満（そうした不満に今なお妥当性があるとは私は思わない）のあった物品である。[3] しかしこれらの法にもかかわらず、大量の未加工の羊毛が王国領土からフランスへと運び出された。こうした法の厳しさも、羊毛を国内に留めておくことができなかったのである。しかしなおも、次のように言いうると私は思う。もし毛織物製造に雇用される充分な人手があって、われわれの毛織物をすべてこの国で安価に作り上げていたなら、そして本来そうあるべきように、自由かつ無制約の販売がわれわれの毛織物製造業に可能だったとしたら、羊毛一ポンドといえども運び出されることはなかっただろう。というのも、国内で買って使う方が得なものを、海外において高い、または同価格の労働で作って、より高く買うことはないからである。そこで次のように尋ねよう。フランスにおいて当の毛織物製造で雇われるフランス人が皆移住してきて、ここイングランドで定住したとすれば、それはイングランドの利得となるのではないだろうか？　そのことは、原毛と、それから作られた織物とが、異なる価値をもつことと同様に、明白なことである。そうでなければ、ここイングランドで、なぜわれわれは、毛織物製造業をわれわれの間で維持するよう努力せず、［その代わりに］われわれの原毛をすべて近隣国に売ってしまうのだろうか？

われわれは毎年多くの菜種をイングランドからオランダへ輸出してきた。その菜種はオランダで油にされ、再びイングランドへもちこまれて販売されてきた。もし労働がオランダで低廉でなく、そこから彼らが利益をあげられなかったとすれば、こんなことはありえなかっただろう。海外で販売される各人の製造品の量に応じて、それだけのもうけを彼の労働があなたの国に与える。彼自身は、その一ファージングたりとも、自分のものとして貯えることはないけれども、彼の労働が海外市場から利益を生み出すと、その結果、彼はそれだけの利益を海外から自分に送り、パンや肉や他の消費物品を買って農民や牧畜業者に支払い、彼はあなたの発展のために金を使うことになる。つまり、彼はあたかも、ここで賃貸料を払っている外国人のように振舞って、あなたの国を豊かにするのだ。

しかし、職人ではなく怠惰な人間を来させて帰化させてはならない、という反論がおそらく出てくるだろう。

これには次のように答えよう。多くの人々は、いや誰でも、他人の労働をあてにして生活しようと願って、他国へ移住するはずがない。われわれは多分、貧民の維持について非常に不便な法しかもっておらず、その法は、現にそうであるように、彼らが他人の労働をあてにして生活することをすすめているようなものであるが、しかし、これらの法は外国人のために作られたのではなく、また少なくとも、彼らが教区の税負担を期待できるようなものではない。というのも、そういう者が入国を許可されるのは恥であり、いわんや、そうした法によって怠惰であるようすすめられるのはもっての他のことであって、彼らは［教区負担を］当然期待できない。したがって、財産であれ、勤労であれ、彼らがともに持ちこんだものだけで生きていかなくてはならない。その両方とも、わが王国にとって等しく益となる。あまりに多くの人間がすでにいるではないか、と誰かに尋ねてみるとするならば、誰もそうだとは言わない、と私は思う。というのも、われわれの生産物と領土の割合から見ると、オランダの半分も人間がいないと言っていいと私は思う。ならば、ちょうどいいのか？　このことはなかなか答えにくい。というのも、われわれのところには、オランダの半分しか人がいないのに、それで国は豊かになっているからだ。このことについて疑念をやりすごせば、次のことは確実である。外国人の受け容れによって人口過密となった国はない。というのも、自分たちを維持していくために財産を持ちこむ人々は、実際にかくも大量の富を持ちこむからだ。そしてもしすでに人が一杯となっていて、職人や労働者にとって、ここでは自分の国ほど自分たちの労働でよく生きてはいけないということになれば、彼らがあっちへ行かずに、ここで悪い状態にとどまるだろうと、あなたは恐れる必要はない。あなたは安全に門戸を開放し、彼らがここに定住する自由を認めてやればよい。そうすれば、あなたのものを彼らが食べかつ消費するさいに彼らが支払うものと引き替えに、あなたは、彼らの全労働の利を得るというこの利得を確保する。そういうものがただで彼らに与えられるべきだとあなたが考えるのであれば別だが、そんなことはさほど恐怖されることではない。

外国人がパンを食べ尽くして、われわれの国の人々の口に入らなくしてしまう、という反論を私は時々聞くことがある。そのことには、彼らが安い賃金で、またはよく働くという暴露以上の真実味はない。そうした理由以外で、自分の隣人に外国人を使用させておく者は誰もいないし、そうすれば、あなた自身の人々の価値を不当なまでに引き下げ、またはもっとよく働くように彼らを強いる、という不利益として考えられるのではないか? 人手が足らなくなると、彼らの値はつり上がって、彼らは高価かつ気楽な者になる。加えて、彼らがいったん帰化すれば、われわれの人々の口から彼らがパンを食い尽くすと、どうして言えるのか? 帰化すれば、彼らはわれわれの国の人々と同じだけの利害にあずかるのだ。唯一の問題は彼らの言語であるが、それも、彼らの子供において問題ではなくなり、ウィリアム征服王の時代以来この国へやってきた人々と同様の、完全なイングランド人に彼らはなるであろう。というのも、われわれの祖先さえもその大半は外国人であったということは、ほとんど疑う余地がないからである。

通商を構成するもう一つの大きな部分は、運輸である。運輸こそ、オランダ人が巨利をあげるものであり、海運と、あの国から別の国へと世界のさまざまな物品を運送することで、大変多くの人手を使って利をあげる。このことを彼らは大量の人間なしにはすることはできず、そういう人々は、どこかの国にいったんつめこまれると、そこで生計を立てようと努力し、仕事を求めてよその国に目を向ける前に、その国での仕事に就いて得たもので満足する。言語を知らないとか、その他の困難は、どこでも外国人につきまとうから、そうした変化に普通の人々はたやすく乗りかかろうとはしない。だから、容易な帰化で彼らの流入に道を開けば、彼らがはびこるであろうと、あなたは恐れる必要はない。しかし、人間はたいそう貴重な資材であり、帰化は人々を誘い、かつ何かの変化でこの国へやってきた人々を引きとめておく手段となろう。そのことは、まさにわれわれの利得になりうる。

よく出る反論のもう一つは、それが貧民の数を増やすということだ。

もし貧民によって、自分の手によって以外には自分を維持するものがない人々を意味するならば、自分の労働によって生きる人々は、重荷どころか、われわれの富は主として彼らに負うことになる。もし貧民によって、支援を望み、他人の労働にすがって怠惰に生きる人々を意味するならば、もしそうした貧民がすでにわれわれの間にいて、働けるのに働かないのであれば、それは政府の恥であり、われわれの政体の欠陥であり、是正されるべきである。というのも、それが許されるなら、われわれの人口が多かろうと少なかろうと、われわれは衰退していくからである。しかし、われわれの間では、怠惰でいられるような許可も奨励もまったくないから、より多くの人々がいればいるほど、それはわれわれのためになり、高齢や何か他の事情で生計を立てられなくなった人々を充分に満足させることになる。

注

1 パピア・ポッパエア王の下で、西暦九年、特権的地位が三児の父親に認められた。
2 スペイン領アメリカからの大量の銀輸入。
3 〔訳注〕羊毛輸出禁止法に基づく、一六七〇、八〇年代における羊毛価格の急落を意味する。一六九〇年代には、価格はもち直しはじめていた。

63 労　働　Labour

一六九三年。'Labour'. Adversaria 1661, pp. 310-11. Kelly 1991, II, 493-5; Wootton 1993, pp. 440-2 に収録。ロックは、健康維持の正しい方法、肉体労働の道徳的価値を議論し、怠惰のない豊かな社会の展望を提供する。『教育論』や「研究」〔本書収録〕に同様の発言がある。

われわれは、神がこの世でわれわれに労働を必要とさせたのは、神の慈悲の印と見なすべきである。それは、たんに、悪い人間がぶらぶらしているときにそうしがちである悪行から人類を守るだけではない。怠惰の悪や、いつも座って勉強することにつきまとう病気からも守られるという、善や美徳にさえ益となる。有用な労働に半日使えば、この世の住民に、生活必需品や便宜品を充分に提供するだろう。宮廷の奢侈は、そしてそのお手本によって、下位の役人たちは、自分たちや他人のための仕事を、彼らの傲慢と虚栄に仕える怠惰かつ無為のものにしなかったであろうか。そして、有用かつ職人的手練からなるまじめな労働を、完全に辱めてはこなかっただろうか。このために、富者や貴族と同様に、人類のうち勉強好きで座っている人々は、病気にたいするあの自然かつ本当の予防法を奪われてきた。そして、これこそが、憂鬱症や通風、そして他の健康障害の正しい原因だとわれわれは見る。そうした障害の下で、怠惰で肉欲的な、またはせわしく勉強する人々は、彼らの人生の大部分を無益に衰えながらすごす。

書物のそばに座っている、または楽をしたくて座っている人々の中で、人生の半分にも達しないうちに、憂鬱症や通風で思考や身体の力を奪い去られないような者が、そして働き盛りであるべき成熟した年齢でありながらコモンウェルスの役立たずとなった者が、どれほどいるであろうか？　その一方で、実直かつまめな職人や、地道に働く田舎の人々は、自分の役割をよく果たし、高齢になっても生き生きとして自分の仕事を元気に続ける。したがって、自分の心の改善を意図する人々が、彼らの身体の苦痛や衰弱によって、またはそれを除去する医学的処方の遵守によって、どれだけの時間を奪われることになるかをわれわれが考慮したとき、非常に望ましい計算をすると次のようになる。もし彼らが一日四時間を、いや六時間と言ってもいいと思うが、何か体を動かして働く仕事につねに従事するなら、健康を損ない衰弱状態で費やす以上の人生の時間を、勉強に費やすことになろう。肉体労働の無視は、損なわれた健康状態[1]へと、ほぼ確実に彼らを至らせる。自分の時間の半分を体を動かす仕事にまわさない者は、休養や元気回復にほとんど余裕を与えなかったと考えられていい。そして、二四時間のうち一二時間が、身体と心の間で分割されるなら、心の改善と身体の健康は、充分よく達成されるだろうと思う。勉強に一日六時間も向けられるなら、それは心を改善して、身体も有能なものになり、私が思うに、何ほどかの［相当の］年齢に達したほとんどの学者以上に勉強に成果をあげ、かつあげうるだろうと私は計算する。というのも、すでに述べたように、知識の追求を熱心に始めたばかりの人々は、できるだけ自分の時間を生活の必要には割こうとせず、それをすべて心に回してしまう。しかし、そういうことを、彼らはついには、下手な暮らし方だと悟る。そのときになって、彼らは蝕まれた身体の手当てにとりかかろうとするが、不用意に失った以上の多くの時間をそれに費やすことになる。心に六時間が割り当てられたら、他の六時間は身体と健康維持の備えに使われていい。何か体を動かす仕事に毎日六時間使われるなら、それは直ちに身体の必要を満たし、それによって身体の健康を確保するだろう。もし一二時間のこの配分が、人々の階層上あるべき区別を維持するには公正でも充分でもないと見られるなら、多少変更しよう。ジェントルマンや学者は、思索や読書といった心の面に、一二時間のうち九時間を、他の三時間を何か体を動かす労働に使えばいい。そして肉体労働をする人は、労働に九時間、知識に三時間を使えばいい。それによってすべての人類は、人生の本当の必要と都合が要するものを、現在もっているものよりも豊かに供給され、そして彼らの大半が今やどこでもそれに身を任せている恐るべき無知と残忍さから、解放されるであろう。そうでなければ、それはこの世の政府の不注意と怠慢に帰せられる。そういう政府は自身を強化することを全面的に意図して注意を払うが、同時に、人々の幸福と、それに伴う彼らの平和と安全を無視する。政府が奢侈と虚栄の手練手管を抑制し、そしてまじめで実益ある産業を隆盛させる。［そうなれば］野心へのあの誘惑は生じず、傲慢と虚栄という特徴や外観をもって権力の所有が示されることはない。また、よく導かれた人々の心が、野心ある騒擾的な人々の道具になることもない。義務においてよく指導され、盲信から無知が除去された大衆が他者に服従すれば、策略的でかつ不満を抱いた高位者の息や手管によって、そう簡単には叛乱や大衆騒擾へと吹きこまれることはないであろう。結論すれば、この世での労働が正しく指揮され分配されるなら、今以上にこの世には、知識、平和、健康そして豊かさがおとずれるだろう。そして人類は今よりももっと幸せになるだろう。JL

注

1 estate [condition]

64 法　律　Law

一六九三年頃。'Law'. MS Locke, c. 28, fo. 141. Dunn 1969, p. 1 に収録。

すべての法の起源と基盤は依存にある。依存する知的な存在は、彼が依存する者の権力、命令、そして支配の下にあり、その優位する存在によって彼に命じられた目的のために、存在しなければならない。もし人が独立していれば、自分の意志以外には法は何一つなく、自分自身以外には目的もない。そういう者は、自分が自分にとって神であり、自分自身の意志の充足が、彼の全行動の唯一の手段と目的になるだろう。JL

65 出版の自由 Liberty of the Press

一六九四―五年。表題なし。MS Locke, b. 4, pp. 75-8, 写しがPRO 30/24/30/30. 三つの文書のセット。(A)は一六六二年免許法へのロックの批判であり、ロックの手による（おそらく一六九五年一月、またはもっと早い）。(B)は印刷規制法案草稿であり、ジョン・フリークの手による（二月）。(C)はBへのロックの注解（三月）。ロックはAに'Printing 94'、BとCには'Printing 94/5'と裏書きしている。AとCはここで全文を印刷した。Bは梗概である。Cは不完全な文書であり、ロックの書簡において、一層詳しい内容が明らかである。三つともすべてがDe Beer 1976-89, v, 785-96（Bは「免許法案」と記され、誤解をまねく。それは免許制を更新しないことをねらったものだった）に収録。抜粋は*Journalof*〔*the*〕*House of Commons*, X, 305-6; King 1830, I, 375-87; Fox Bourne 1876, II,312-15. Astbury 1978に議論がある。

一六六二年の免許法は、内戦期に扇動的な文書を国中に氾濫させた出版にたいする、刑罰措置である。それは、印刷物の出版数を制限し、内戦前の検閲を復活した。その検閲で、あらゆる出版物が免許者の承認を受けなければならなかった。この法は一六七九年に失効し、一六八五年に七年間更新され、一六九二年と三年にそれぞれ一年ずつ更新された。この文書は、免許法反対だけでなく、それは多分主要なことではなく、むしろ書籍業組合の有利な独占権に反対する論陣を張るものだった。一六九四年一一月三〇日、庶民院は委員会を任命し、失効する法について審議させた。一六九五年一月九日、委員会は免許法の更新を勧告したが、二月一一日、庶民院はそうはせずに、新しい法案を準備するための委員会を指名した。ロックの友人エドワード・クラークは委員の一人であり、三月二日に新しい法案を導入したのは彼だった。

この法案がB文書である。これは、ロックと「その同志[1]（the college）」との共同による最初の立法であった。同志たちの主要な構成員は、クラークとジョン・フリークである。法案は免許制を廃止するが、免許制に好意的な人々を満足させるに充分な出版規制を提供しようとした。

「出版規制のために」という法案の頼もしいタイトルにもかかわらず、フリークとクラークはロックに次のように語った。それは「話すことが合法的なすべてのものを印刷するための絶対的自由が存在するように考案された」（書簡 1856）。ロックは「非常に喜び」、クラークは法案を導入することにした（書簡 1858）。三月一四日に法案がロックに送られた。C文書をロックは三月一八日に送り、そこで彼は、著作者の権利と研究者の利益を守るための、さらなる条項を提案した。この文書は、とくに知的財産権にかんして興味深く、一七〇九年に通過した版権法の先駆となった。クラークへの手紙で、ロックは、多分チャールズ・ブラウントの『学識の正当な擁護』（一六七九年、第二版一六九五年、書簡 1856）にふれた一文書に言及した。ロックの同志たちは、彼らの法案が通過するとは期待していなかった。より厳しい法を望む者と、法を望まない者たちがいた。同志たちは以下のように報告している。主教、書籍商、そして宮廷の主だった人々は法案に敵対的であるが、彼らに反対する側の人々は、漠然とではあるが慎重に、（知的）財産権の擁護について語った。なぜならば、「財産権は非常に人気のある用語であるが、免許者という言葉はそうではない」からだ。王立医学校も反対側にまわり、「新米シデナムがのこのこ生え出て、彼らの術法で人殺しをしでかさぬように」（書簡 1860）新しい医学本を使用する権利を要求した。法案は進捗せず、しかし免許法を更新する提案も進捗しなかった。そこで、一六九五年以降、イングランドでは出版事前検閲はなくなった。このことはロックの書簡できちんと議論されている。それは同志への一連の文書で、一六九五年一－四月と一二月のものである。[2]

「A．チャールズ二世第一四年[3]法律第三三号、一六六二年免許法へのロックの批判」

扇動的、反逆的、かつ無許可の書物や冊子を印刷する弊害を防止し、印刷業と印刷機を規制するための法律。

第二条[4]　異端的、扇動的、分派的、または攻撃的な書物で、キリスト教信仰、またはイングランド教会の教義や規律に反するもの、または宗教、もしくは教会にとって、または教会、国家の統治、もしくは権力行使者にとって、または自治体、もしくは特定個人にとって妨害となりうるものは、印刷、輸入、または販売を禁じられる。

これらの用語のいくつかは、非常に一般的かつ包括的であり、少なくとも目下の教会や国家の権力行使者の意味や解釈に服しているので、彼らの考えに合うもの以外の書物が流通することは不可能となる。かつて対蹠地を主張することがそうだったように、まさに地球の運動が異端的だと見られてしまう。[5]そんなことは起こらないと、誰が知ろうか？

自分が語ろうとするものを何でも印刷する自由を、そしてもし彼がある法を犯せば、別の法を犯すのとまったく同様に、それに責任を負う自由をなぜもってはいけないのか、私には分からない。[6]人が異端や扇動を語るのではないかと恐れて口封じをすることには、人の手を自由にすれば暴力を使うのではないかと恐れて拘束するものを必要とする以上の根拠はまったくなく、そしてついには、あなたが嫌疑をかけるすべての人々を、反逆罪または不法行為の罪によって、投獄させねばならなくなる。

彼らが印刷するものについて人が知らないままでいることをさけるためには、その内容が何であれ、どんな本も印刷者や書籍商の名前なしで印刷、出版、または販売することを、大きな罰の下で禁じればいい。そしてそのさい、名前のあがった印刷者や書籍商には、当該書籍において法に反することは何であれ、あたかも彼が著者であるかのように責任を負わせる。彼が当該人物[7]を明示できなければ、彼が書籍を印刷したのだから、それをもとに、印刷に伴うべきあらゆる規制がかかることになる。

第三条　あらゆる書籍は、最初に書籍業組合に登録し、免許を受けなければ、印刷を禁じられる。[8]

これによって、ある書籍が書籍業組合の登録にもちこまれたさいに、ときおり次のことが生じる。組合がその本を利用してもいいと考えるなら、それを彼らの本として登録し、そのために、他の者がその本を印刷し出版をすることを妨害される。この事例の一つが、オーンシャム・チャーチル氏[9]に見られる。

第六条　何らかの者が書籍印刷の権利、特権、権限または許可を、何らかの特許状により有する場合は、当該書籍は印刷または輸入されてはならず、没収処分の上、現行法違反者として告訴され、および輸入、製本または販売される書籍の一冊、または一部ごとに六シリング八ペンスを徴収される。徴収金は、王と権利保有者[10]（the owner）とで折半される。

この条項によって、書籍業組合は全面的な独占を得、古典関連の著者や研究者は、法外な値段でなければ、こうした書籍の公正かつ正確な版、そして海外で印刷された古典の註釈書を入手できなくなる。[11]というのも、書籍業組合はすべての書籍の、または少なくとも、古典の著作の大部分を印刷する特許を、王から得ていたからである。このために、私が聞いたところによると、そうした書籍は、活字、用紙、校正のすべてにわたって、言語道断にも、彼らによって粗悪に印刷され、そのどれをとっても、まともな版はほとんど一部も作られていないのに、良く、かつ忠実に印刷されたことになっている。[12]こうした書籍のより優秀な版が海外から輸入されるときにはいつでも、組合はそれらを押収し、輸入業者にそうした輸入書籍一冊あたり六シリング八ペンスを科し、そうでなければ、没収してしまう。組合がたいそう気前がよくて、より低い価格で輸入業者と示談にするのでなければ。こういう事例は日常的にある。被害者自身の口から私が聞いた例に言及しておこう。サム・スミス氏は二・三年来、オランダからタリー［キケロ］の著作集を輸入していた。それは非常に善い版で、グロノヴィウスによる新たな訂正が付されている。かつて最良の版とされていたものを、彼は苦労していくつかの古来の手稿と比較し、手稿に基づいて訂正したのだ。[13] 書籍業組合は、キケロの作品やその一部を印刷する特許を彼らだけがもつという口実によって、またはこの法のこの条項を根拠にして、こうしたキケロの著作を押収し、かなり長い間手元に留めて、一冊あたり六シリング八ペンスを要求した。スミス氏がどうやって彼らとの示談についにもちこんだのか、私には分からない。しかし、この法によれば、許可を得るために一冊に六シリング八ペンス払わない限り、古代の最良の著者のいかなる真の、または良質の版があっても、ラテン語を理解さえしないこれら薄のろ悪党どもの権力に、研究者は服従することになっている。

目につくもう一つの事例は次のことである。この条項によって彼らが当該物件に課した金は、罰金としてか示談金としてか何であろうと、かつてその一ファージングたりとも、王のものとされたことはなく、または財務府にもたらされたことはないと信じてよい。この条項は王との折半を定めているにもかかわらず、そしておそらく相当の金が課されてきたにもかかわらず。

古典の著者のこの事例に基づいて、私は次のことを尋ねたい。もし新たな印刷法が制定され、五〇年間公刊されてきた書物には、それがどんな書物でも、誰も何の特権をもたず、誰もがそれを印刷する自由をもってよいとするなら、それは理にかなっているのではないか。というのも、他の者を無権利状態にし、かつ妨害するこうした権限によって、多くの善い本がどんどん失われてしまうからである。[14] 現在書物を書いて書籍商に販売する著者を考慮するなら、あのように定められてもいい。しかし、誰かが、またはどこかの組合が、キケロやカエサルやリヴィウスの著作の印刷権を現在もつとしたら、ちょっと考えても、このことは大変馬鹿げたことであるのは確かである。彼らは何年も前に生きた人々で、他の人々とは別格であり、もし私がそれを適正だと思うなら、書籍業組合と同様私がそれらを印刷していけない理由は、もともとありえない。[15] こうした著作を誰もが印刷するというこの自由は、確実に、それらを安価にかつ良質のものにする方途である。多くの適正かつ優秀なこうした書物をオランダが作り出すのは、このせいである。印刷者[16]は皆、互いにしのぎを削り、このことがまた、オランダの通商を豊かにしうるおした。その一方、われらの書籍業組合は、この法によってここで独占し、特許を得て、できるだけ安っぽく書物の印刷をやっつけ[17]（slubber）、そのため粗悪であり高価であるという両方の原因で、一冊たりとも海外で販売されることはない。また、海外の研究者は、今ロンドンで印刷される書物の一冊たりとも重視しないだろう。それらはあまりに粗悪かつ誤りが多いからである。加えて、古典的著作への印刷規制が、この法の目的や口実である扇動的かつ反逆的な冊子の印刷を、どれほど抑制することにつながるのか、を見出すのは困難であろう。

第九条　英語本は海外で印刷されてはならず、または輸入されてもならない。ロンドンの書籍商でない限り、外国人その他は何人も、いかなる言語の書籍も輸入、または販売してはならない。

この条文は書籍商の独占を確実にし、かつ拡大するのに役立つのみである。

第一〇条　この条文には、書籍商による印刷独占を確保するための、他の非常に多くの条項がある。それは臣民にとって大変苛酷なことであり、他のすべてにまさって書籍商の利益が断然優先される。自分の借家人が印刷機を持っていることを大家が知っていて、かつ書籍業組合の長や委員に通告しない場合は、この大家は五ポンドを没収されるほどである。指物師、大工、鍛冶屋等々も、同様の罰則下に置かれ、同様の通告をすることなく印刷機にかかわる仕事をしてはならない。

造幣にかんしては想像以上の厳重な注意が払われ、人々を贋造紙幣から保護する。

第一一条によって、親方印刷者の数は、多数から二〇に、親方活字鋳造者の数は、四人に減少した。そして欠員が出れば、カンタベリー大主教とロンドン主教によって補充され、無許可書籍を印刷せぬよう保証する。この措置は年期を終えた者[18]が自分の事業を起こす便宜を妨害する。このことが共通のエクイティに反すると同時に、臣民の権利を侵害していないかどうかは、考察に値する。

第一二条　二〇の親方印刷者がそれぞれ有することができる印刷機の数は二台に減らされた。組合の親方や上級役職者であった者のみが三台持つことができ、カンタベリー大主教またはロンドン主教が許可する場合は、それ以上持てる。

第一三条　組合の親方や上級役職者であった者は、それぞれ三台持てる。組合員各自は二台持て、さらに組合の親方印刷者は一時に一人の徒弟しかもてない。

印刷機と徒弟のこの制限、そしてイングランド人やフリーマン以外の渡り職人の使用と採用を一切禁止する第一四条は、イングランドにおけるわれわれの出版物が、これほどまでに粗悪、かつこれほどまでに高価であることの原因である。これで特権が与えられた人々は、他の者たちが好きなように働いて価格を設定することを排除し、それによって〔他の者たちが働いて価格を設定することで〕この事業から王国にもたらされるかもしれない利益は、イングランドでは完全に失われ、われわれの近隣国の手におちる。印刷業だけでも、低地地方に毎年巨利を持ちこんでいる。[19]しかし、われわれの教会法は通商保護などめったに考えず、この法令を注意深く読む者は、それが「高度に[20]（upse）」教会中心的だということを見出すだろう。この法によって国家は損をする。というのも、われわれの書籍は非常に高価に、かつ粗悪に印刷されているので、ときおり交換される以外には、外国人の間ではほとんど流通しないからだ。このことは、この国で印刷された本を買う人々が、どれほど課金を徴収されているかを示すものである。ロンドンで印刷される書籍は、セント・ポールのチャーチヤードでよりも、輸送の費用と危険にもかかわらず、アムステルダムで安く買うことができるかもしれない。というのも、彼らの印刷は自由であり制約がないから、わが国の書籍商がわが国の書籍を売るよりも大変安価に、彼らは彼らの書籍を販売するからである。物々交換で彼らの書籍とつりあうようにわれわれの書籍を評価すると、または同じことだが、われわれの書籍と同等に彼らの書籍を評価すると、そうした交換では、わが国の書籍商がイングランドで販売するよりも、オランダにおける方がより安く、ロンドンから書籍を受けとることができる。この法によってイングランドは総じて損をしている。とくに研究者は虐げられ[21]、控えめに言っても怠惰で無知な書籍業組合以外、誰も［何も］得られない。しかし、現行の出版に勇敢に疑問を抱く者が出れば、規制母体の教会を、その見解や課金において妨害する以上の何かが生じるだろう[22]。

第一五条　陛下の直筆署名、または陛下の主席国務長官の手になる署名を伴う令状によって、一人またはそれ以上の公文書送達吏、もしくは書籍商の親方および役職者は、彼らが必要と考える警吏や補佐を伴って、疑惑の対象と考えられるあらゆる家屋を捜査し、およびあらゆる書籍を押収する無制約の権限をもつ。

イングランドのジェントルマンたちは、ましてや貴族たちは、書籍を捜索するという口実に基づく何者かの、いわんや送達吏の臨検や捜査のために、どうやって彼らの家を蹂躙しえたのか、私には想像もつかない。実際、貴族や他の者の家は、この法で言及される取引にはかかわりがなく、こうした捜査からは免除されて当然である。第一八条において、王の直筆か、国務長官の一人の手になる署名をもつ特別令状によらない限り、彼らの家は捜査されてはならないとされている。しかし、この条文は実態の伴わない免除であって、彼らの家は依然、捜査の対象となり、家内のあらゆる隅や箱が、不許可書籍の捜索という口実で対象となる。それは隷従の一つの印であり、彼らの先祖ならけっして許さなかったものだと私は考える。彼らの城である家をこうして明け渡すのは、不法行為を宣告された、または宣誓に基づき訴追された犯人にたいする法の執行のためではなく、不許可書籍を所持する疑いのためである。そのことは、彼の家宅を捜査して中に何があるのかを調べるのが適当だと考えられれば、いつでも生じる。

第一六条　この法をどんな方法であれ侵害した印刷者はすべて三年間業務執行を停止される。かつ再犯の場合は永久停止となり、生命や身体に及ばない他の罰を伴う。

そしてこのようにして、人はないがしろにされ、印刷不許可となったベリー博士の議論や、親指トムの物語[23]の印刷を渇望することになった。

第一七条　各印刷本の三冊が保存される。そのうち二冊は、書籍業組合親方により、二つの大学へ送られる。

この条項は調べてみれば、本法における善い条項のすべてと同様、完全にではなくとも、大変に無視されてきた条項だと私は思う。書籍業組合がこの条項に気をとめるとしても、彼らの独占に資する以外のものではなかった。私が思うに、もし両大学の公共図書館が捜索されるなら、（そうする好機をこの[24]条項は与えるだろう）この法以来印刷された書籍の半分も、多分一〇分の一さえも、そこでは見つけられないだろう。チャールズ二世第一七年法律第四号［一六六五年］を見よ。[25]

最後に。この法は、教会のご機嫌を誰もがすすんでとる気になっていたときに、そして求められたことは何でも与える気になっていたときに作られたのだが、しかし、臣民の通商、自由と財産にたいするあまりにも明白な侵害であるので、たった二年間だけ効力をもつように制定された。チャールズ二世一四年以来、この法は、教会と宮廷の共同努力によって、時から時へと復活され、今日まで続いてきた。

扇動的な、または法に反することが何か書いてある書籍を出版、印刷、または販売する者が、各自、出版物に責任を負うことになれば、印刷規制のためのあれこれの法は、あの部分〔事前検閲〕においてはまことに不要となり、その結果、チャールズ二世一四年時以前と同様に、あの部分〔事前検閲〕においては自由に任されてもよいであろう。古代の著者について単独の印刷権を、誰かが、またはどこかの組合だけがもつということは、大変不当であり、かつ学識を毀損する。そして現在生存していてそれを書いている著者から書物を購入する人々にとって、著者の死後、または初版以降一定の年数、たとえば五〇年か七〇年の間、その版権を制限することは理にかなっている。次のことを私は確信している。印刷術がヨーロッパで知られ、かつ用いられる以前に生きていた著者の原稿や書きつけにたいして、今生きている誰かが版権をもつ、またはその版権を処分する権利をもつと主張するのは、大変不合理かつ馬鹿げている、と。

「B.『印刷のよりよい規制のための法案』梗概」

それは次で始まる。「印刷にかんする適正な規制の欠如ゆえに教会、または国家に起こりうる障害を防止するために」。その条項は以下である。

［1］印刷機は、ロンドンでは、大法官、首席裁判官または国務長官に、ケンブリッジとオクスフォードでは、学長または副学長に、そして他の都市や自治都市では、市長に、登録がなされること。そうでない機械は許可されない。

［2］書籍、冊子、「肖像」、または新聞は、それぞれ一部が、(神学にかんする書籍の場合は)主教または大学副学長に、(法律書の場合は)大法官または判事に、(国事や王国の歴史にかんする書籍の場合

は）国務長官に寄贈されるべきこと。

［3］何ごとも、法に反して「または法によって制定されたものとしてのキリスト教に反して」印刷されてはならず、違反すれば営業を停止し、および設備を押収する。

［4］印刷された書籍、冊子等のすべては、印刷者と出版社の名前と住所を記載する。違反すれば、同様の罰を受ける。書面で認可されていない者の名前は、記載してはならない。

［5］各書籍は、一部ずつが、陛下の図書館と二大学の図書館に置かれる。

［6］官吏、および権力行使者は、[26]印刷者の家屋を捜査させることができ、「私的な印刷機があるとの確かな情報を得た家屋において、反逆的、扇動的、無神論的、または異端的書物、冊子、または新聞の原稿、または印刷物は、すべて、またはどれも、押収、および撤去する」。

［7］申し立てられた侵害の後、一定期間［特記せず］[27]を越えて、訴追されることはない。

［8］一定年数［特記せず］後、この法は失効する。


「C．法案草稿にたいするロックの修正」

そして以下のようにさらに規定されるべきである。いかなる書籍、冊子、肖像、または文書の著者、[28]または出版者として、いかなる人物名も、書面上の許可なくして印刷者は印刷してはならない。違反した場合は、［空白］の額を、著者または印刷者としてその名前が印刷されている当事者から没収する、等々。

自己の出版物にたいする著者の権利を確保するために、または、著者がそれを譲渡した者の権利を確保するために、この［以下のような］条項が上記の条項に追加されるべきだと私は考える。

そして以下のように規定されるべきである。著者、または印刷者の名前が印刷されたどんな書籍、冊子、肖像、または文書も、その初版後［空白］年内は、著者の名前があろうとなかろうと、著者による、または著者によって権限を与えられた者による書面上の許可なしに、再版されてはならない。それに違反した場合は、再版されたすべての文書を、著者、その代理人、管理者、または委託人に没収させる。または次。法案におけるこれらの語「当該大学の公共図書館の利用のために」［第5条］の後に、次が付加される。

そしてその一層の奨励のために、さらに次のように規定されるべきである。当該三図書館の利用のために上記のように三部が寄贈されるさい、寄贈される国王図書館、および各大学の副学長の手による収受のさいに、彼らは当該書籍にたいしてその受領証を提出するよう求められる。それは、初版以降［空白］年間、当該書籍の著者、代理人、管理者、および委託人に、当該書籍を唯一再版、および出版する特権を授与し、彼ら以外の者によって再版された当該書籍のすべてを押収する権限を与える。押収された書籍は、この法に基づき、当該書籍の著者、代理人、管理者、および委託人に没収される。[29]

注

1 〔訳注〕クラークやフリークのような、ロックの政治的親友にたいするあだ名。編者解説を参照。

2 〔訳注〕この件にかんして、次の研究があり、そこでクラークあてのロックの書簡（書簡1586）の一部も翻訳されている。白田秀彰「コピーライトの史的展開（4）――検閲制度からのコピーライトの分離」一橋研究、第二〇巻、第四号、一九九六年。

3 チャールズ二世の治世は、一六四九年の父王の処刑に始まり、一六六〇年の復古では開始しないことに注意せよ。

4 法の条文を説明することからロックは始め、その後注解へと続く。後に、ロックは条文を消去し、注解だけ残した。

5 ロックが念頭においているのは、とくにガリレオの事例においてカトリック教会が加えた、コペルニクス的宇宙観を異端的とする扱いである。

6 ロックの主張はこうである。出版前検閲はあってはならないが、誹謗法や扇動法のような他法によって、印刷された言葉が裁かれるべきである。

7 「人物」(person)とは「著者」(author)のこと。

8 書籍は、国家出版検閲官、または教会や当局から免許をもらう必要があった。さらに、印刷親方組合、書籍業組合への登録も求められ、それによって版権が設定されたと考えられた。

9 オーンシャム・チャーチル(一七二八年死去)は、ロックの出版者だった。

10 〔訳注〕印刷権、版権の所有者で、通常は、書籍業組合員を意味する。

11 この節は、書簡 1586(一六九三年一月二日)のロックの議論を要約する。書籍業組合は特定の古典文献を独占した。ロック自身、ラテン語・英語入門書として『イソップの寓話』の新版を出版する計画をめぐって、組合と衝突した。この出版計画にロックは一六九一年に従事したが、一七〇三年まで出版されなかった。出版許可を組合が拒んでいたのである。書簡 1431, 1586, 3383 を見よ。

12 書簡 3356 でロックは、イングランドの印刷業者のずさんさを憤った。さらに彼は『統治二論』のぶざまな印刷についても不満をもっていた。

13 サミュエル・スミスは、セント・ポール、チャーチヤードの書籍商である。キケロのヤコブ・グロノヴィウスによる版は、一六九二年にライデンで出版された。ロックはおそらく個人的な体験をもとに語っている。ジャン・ル・クレルクは、この版についてロックに語っている(書簡 1541)。スミスは一六八九年にロックの『寛容書簡』を輸入した。このことから、ロックはおそらくスミスに、キケロの著作を輸入するよう頼んだのだろう。さらに書簡 951, 955 を見よ。

14 一七〇九年の版権法は、最初に著者の版権を設定した。

15 「もともと」（in nature）は行間挿入である。

16 ロックは最初「出版者」（the publishers）と書いた。

17 急いでぞんざいに仕上げること。

18 つまり、徒弟。

19 〔訳注〕主語部分が宙に浮き、分詞構文が続く、不完全な文章である。

20 「高度に」を意味するオランダ語。

21 ground {down}

22 〔訳注〕この文は不完全である。ゴルディと相談した上で、意訳した。

23 オクスフォード、エクセターカレッジの牧師アーサー・ベリー博士は『裸の福音』（一六九〇年）を出版したが、それが異端と非難され、大学によって譴責され、焼却された。ロックの友人ル・クレルクは、『裸の福音の歴史的擁護』（一六九〇年）を出版した。『親指トム』は、無筆の人用に木版挿画があり、人気ある「1ペニー娯楽」であった。この愛好された昔話は、特定出版契約を伴う版権として登録された。Watt 1991 を見よ。

24 「この［法］を更新する努力」が削除されている。

25 〔訳注〕この法律では、ロックがここで非難している一六六二年免許法を、次に招集される議会の最初の会期まで延長することを認めた。この直後の本文にあるように、免許法は二年間の時限立法だったからである。次の議会は一六七九年三月に招集されたが、この議会は延長を決めず、編者解題にあるように、その時点で一時的に免許法は失効した。

26 〔訳注〕Bはゴルディによる要約であり、Bの文章そのままではない。「官吏、および権力行使者」は、原書では law officers and magistrates だが、De Beer 1976-89, v, 785-96 に収録されている原文では、次の官職が登場する。the Secretary of State, Chief Justices of the Courts of Kings Bench and Common Pleas, Chief Baron

of the Exchequer, Chancellor or Vice-Chancellor of either University, Chief Magistrate of any City or Town.

27 〔訳注〕同様にBの文章そのままではない。「一定期間［特記せず］」(an［unspecified］period) 等、と原書に従って訳出したが、De Beer 1976-89, v, 785-96 に収録されている原文は原書とは異なり、とくに「　」内に相応する箇所はまったくの空白になっている。［8］においても同様。例えば、この部分に相応する原文は以下のとおり。'unless such prosecution shall be commenced within〔空白〕after the offence comitted'（綴りは原文のまま）。

28 この条項は、法案第四条第二項の繰り返しであるが、ロックは「出版者」に「著者」を付け加えた。

29 この文書は不完全であるか、または一六九五年三月一八日の添え状で補充されるものだった。その添え状は現存していない。書簡 1862, フリークとクラークからロックあての三月二一日の書簡は次のように始まる。「一八日付けの貴殿のお心遣いにたいし同志はあなたに感謝し、そして『異端的』［第六条］と『法によって制定された』［第三条］の用語について、貴殿にご休心願わなければなりません。同志は次のことを貴殿にご理解いただきたく切にお願いします。エリザベス女王時代の制定法［エリザベス一世第一年法律第一号］において次のように定められています。聖書によってそう断言され、または聖書の明白な言葉に基づいて、最初の四つの総会議や他の総会議によってそう断言されているもの以外には、何も異端と宣告されてはならない。したがって、『異端的』という言葉について、その意味にかんしては制定法によってこのように規定されていますので、印刷法案には何も障害を加え得ないとわれわれは考えます。そして他の用語については、いかに『キリスト教』の用語がそれに影響を与えているか、［貴殿が］ご自身で理解されるものと考えます。しかし、貴殿にあえて申し上げれば、こうした用語にかんする訴追者の義務は、彼が訴追する対象がキリスト教に反するものであることを明示するだけでなく、彼がそう判断するさいに、法により何がそのように規定されているかを明示することにあります。したがってこれらの用語にかんしては、法案における最良の用語の一部であるとわれわれは考えます。」

66　刑罰上の正義　Punitive Justice

一六九五年。'Justitia'. Adversaria 1661, p. 24. Dunn 1968, n. 84 に収録。

刑罰上の正義は、過度に及ばず、寛解的なこと[1]に存し、かつ不足がないことに存する。両者とも同じ理由からくる。つまり、これらの方法のどちら［において］も、われわれは他者の権利を侵害しえず、罰は、［たとえば］金銭、賞賛等のように、他者からある財産を剥奪すること、他者に財産を譲渡し、または善行を施して支払うことに存するからである。誰にでも、こうしたけじめの中で接する者は、不正とはならないであろう。JL

注

1　くつろがせる、ゆるめる、自由にする、慈悲ある。

67　売　買　Venditio

一六九五年。'Venditio'. Adversaria 1661, pp. 268-9. Dunn 1968, pp. 84-7; Kelly 1991, II, 496-500; Wootton 1993, pp. 440-6 に収録。ロックが使用するギリシア文字は、ここでP、Q、Rに置き換えた。Venditio は売買、または取引。ロックがここで議論するのは、市場価格と価値、正義と慈悲、必需品と生活の糧、そして正当な商品販売の基準である。正当価格、高利貸しと利息について、ロックはそれとなく、長たらしいスコラ的議論を続ける。この文書は『利子率低下の帰結にかんする考察』(一六九二年)に関連する。

販売される物の価格を、公平と正義の枠内で、それを保つように規制すべき手段は何かと問われて、とっさに私は次のように考える。市場価格とは、販売される場所でのそれであり、何を売ろうと商品に誤り[欠陥、毀損]がなければ、それを守る者には、販売物においてごまかし、搾取、圧迫、または何らかの罪はないと私は考える。

このことについて少し説明する。

昨年一ブッシェルあたり五シリングで売ったのと同じ小麦が、今年は一〇シリング以下では販売されない。これが今年の市場価格ならば、このことは、上記の掟に相当する搾取ではない。そしてもし人がその価格以下で売ろうとするなら、それは消費者に得をさせたことにはならないだろう。なぜならば、そうなると、その低価格で他の者が彼の穀物を買い上げて、市場価格で別の者に売り、その結果、彼の弱みにつけこんで彼の金を横取りするからである。これを防止するために、貧民だけに彼がこの低価格で小麦を売るならば、これは、実際に施しとなるが、厳格な正義が求めるものではない。というのも、厳格な正義は、あらゆる購入者にたいし市場価格で販売することを求めるだけだからである。一ブッシェル一〇シリングで貧民に小麦を売ることが不当なら、金持ちに一ブッシェル一〇シリングでそれを売ることもまた不当である。正義は万人にとって同一の措置を伴うものだからである。仲買人や相場師にではなく、消費者である金持ちにも小麦を市場価格で販売せねばならぬのか、とあなたが考えるなら、これについて、私は次のように答える。金持ちの買い手がそれを転売して、損した分を取り戻すことがないとは言えない、と。しかし、今年の小麦は昨年の小麦と同じで、よくなったと言えるような新しい質を伴っていないから、昨年または昨週に五シリングで売ったものを今週一〇シリングで売るのは不当だと言うなら、私は次のように答える。昨年よりも多くの人々の口に入るわけでも、おいしくなるわけでもないから、その本来の価値において変化がないというのは本当だが、そう呼んでよければ、その政治的、または商業的価値においてより多くの価値をもったのである。政治的、または商業的価値は、当該の場所、および小麦と金の必要をふまえた、貨幣の割合にたいする小麦の量の割合に存する。この種の市場相場は店頭や各人の家で売られる物をも支配し、このことから、一方の人に別の人よりも高く売るものではないということが分かる。人の無知、好みや必要につけこんで、リボンや布などを同じ時に他の人よりも高くその人に売る者は、その人をだましている。だが、この市場価格で販売するようになっていない物は、次期の市場価格でも規制されず、所有者が自分でつけた価値で売られる。

たとえば、Pは気に入った馬を飼っていて、それは自分の役に立っている［目的にかなっている］。この馬をQがPから買いたがっている。Pは売る気はないとQに言う。Qは値段をつけるようにPに迫り、そこでPは馬の代金として四〇ポンドを請求し受けとる。その馬は市場や市では二〇ポンドを越えないであろう。しかし、Qが四〇ポンドの支払いを拒否すると、Rが翌日やってきてこの馬を買いたがった。Rにはその馬を持つ相当の必要があって、馬を買い損ねると、より大きな実入りのある取引で損をすることになる。この必要性をPは知っていた。ここで、Qには四〇ポンドで売ったであろうその馬にたいし、Rには五〇ポンドをPが払わせたなら、PはRの足元を見て強奪の罪を犯すことになる。別の人にたいするのと同じように、自身の市場価格四〇ポンドでPはRに馬を売らず、Rの必要につけこみ、自分の計算における正当価格を越えて、彼から一〇ポンドを強奪するからである。Rの金もQの金と同様の価値をもつ。しかし次期の市場で二〇ポンドを越えない馬にQから四〇ポンドを取ったとしても、Qに損害を加えたのではない。なぜなら、その馬が売られる場所、つまり自分の家での市場価格でそれを売ったからである。自分の家ではPは、Qよりも安い値段では誰にも馬を売りはしないであろう。だが、何かの策略でPがその馬にたいするQの欲求を駆り立てたとしたら、またはPの大きな気まぐれから他人にたいするよりも高くQに馬を売ったとしたら、PはQもだましたことになる。しかし、自分がもっている物を自分の好きな価格で評価していいし、買い手に区別をつけず誰にたいしても同価格でそれを譲渡するなら、どんな価格で売ろうと、正義を侵害することはない。私は正義を侵害していないと言うのであって、慈悲に反して何をしうるのかは別問題である。

この点についてもっとよく検討するために、ダンチヒの商人のことを考えてみよう。彼は穀物を積んだ二隻の船を送った。一方はダンケルク行きで、当地では穀物不足のためほとんど飢饉状態だった。そこで彼は、一ブッシェル二〇シリングで小麦を売る。他方の小麦はオステンドでほんの五シリング程度で売られた。ここで次のように尋ねられるだろう。二〇マイルしか離れていない場所で四分の一の価格で売った当のものを、ダンケルクの人々の必要性につけこんで二〇シリングで売って利益を上げるのは、抑圧かつ不正ではないか？　私は否と答える。なぜならば、彼は自分がいる場所での市場価格で売り、リチャードよりもトマスに高く売ったのではないからである。そして、もし彼の穀物がもたらしてくれるであろうよりも安く彼が売るならば、彼は他人の手に収益を投じただけということになる。その者は市場価値を下回って彼から購入し、それを別の人間に、その穀物が本来売られる正価で売るであろう。加えて、彼が赴いたところでは、市場価格だけが商人の利得にたいして設けられた唯一の基準だからである。正当至極な利得として、もし五または一〇パーセントといった別の基準が設定されていたとしたら、この世に通商はなくなり、人類は生活必需品をお互いに海外から入手できなくなる。というのも、商人が購入し運搬するさいに、当該商品にどれだけの費用がかかるか買い手は分からないので、買い手には五ないし一〇パーセントの利得を商人に与える義務はありえず、できるだけ安く買うこと以外に他に掟はないからである。不振な市場に商人が行ったさいに、繁盛した市場へ行った時と同様に、できるだけ高く売る自由が彼の方になければ、そうした基準の設定はしばしばその商人の徹底的な損失をもたらす。損失覚悟のこうした設定は、補償の確実性が何もないまま、しばしば商取引をすみやかに停止させてしまう。買い手と売り手にとって共通の基準は、ただ次のことである。買い手が市場でできるだけ安く買おうとするなら、売り手はできるだけ高く売ろうとし、誰もが自分を賭けチャンスを握ろうとする。それが、金と商品にたいする買い手と売り手の相互の、かつ絶えまなく変化する欲求を媒介にして、相当の平等かつ公正な取引に落ち着くのである。

飢饉に見舞われた町で、できるだけの最高額で穀物を売る者は、交易の普遍的掟に反する不正を何も犯していない。だが、町の人々がもはやこれ以上彼に支払えなければ、彼が穀物を持ち去ってしまうとか、または人々の当面の必要に彼がつけこんであまりに多くのものを搾り出し、今後の生計の手段を残さないほどであれば、人間として彼は慈悲の普遍的掟に違反する。もし彼の収奪が原因で町の人々の誰かが死ぬなら、疑いもなく彼は殺人の罪を犯している。あらゆる商人の利得は、買い手の欲求を利用してのみ得られるものであるとしても、そして買い手の欲求は、必要に迫られたものであろうと、好みからくるものであろうと、所詮みな同じであるとしても、しかし、商人は人の破滅の必然性を利用してはならず、他人を死なせてまで自分を富ませてはならない。それほどまでにして得をすることは商人には許されていないから、他人を死から救うために、彼は幾分かの損失を覚悟して、自分のものを分けてやらなければならない。

ダンケルクはイギリス商人が穀物を運んでいる市場であって、彼らの必要ゆえにそれはよい市場であり、商人はそこでの市場価値、一ブッシェル二〇シリングで穀物を売ってもよい。しかし、もしダンケルクの人が同じ時に穀物を買いにイングランドへやってきたとして、イングランドでの市場価格で彼に穀物を売らず、他人には一ブッシェル五シリングで売ったのに、彼の国の必要につけこんで一〇シリング支払わせるなら、それは搾取となるだろう。

余分の錨をもっている海上の船が、錨をすべて失ってしまった別の船に会ったとしよう。この難儀中の船に自分の錨を売るなら、いくらが正当価格となるか？　これにたいし私は次のように答える。難儀に遭っていない船に同じ錨を売るのと同価格だ、と。というのも、難儀中にない、そしてそれを絶対必要としていない誰かに何かを手放すさいの正当価格は、ここでも市場価格だからである。そしてこの場合、錨をもつ船の船長は、航海の期間、船を出す季節や海に基づいて判断をしなければならず、自分の錨を分けることで自分をどんな危険にさらすかも判断しなければならない。これらのことすべてを考慮して、どんな価格であっても船長は錨を分けないかもしれない。しかし、もし錨を分けてやるとしても、そのさい、他の船から取る以上の値を、その難儀中の船から錨代として取ってはならない。ここで考えてみると、その錨に彼が払った価格は、別の場所の市場価格であり、海上で正当に売ろうとする価格の基準とは無関係である。それゆえに、「物が売られる場所」に私は基準を置こう。つまり売却のさいの何かの評価基準は、その物が売られる場所での市場価格だということだ。これによって以下のことは明白である。ある物は、ある場所で合法的に、そこからあまり遠くない別の場所の市場価格の一〇、二〇、否一〇〇%[1]で、および一〇倍で売ってもよい。これらがこの問題にかんするさしあたっての私の考えである。JL

注

1 cent per cent [100%]

68　聖職者　Sacerdos

一六九八年。表題なし。Adversaria 1661, p. 93. King 1829, pp. 285-6; 1830, II, 82-92 に収録。Fox Bourne 1876, I, 156-60 に抜粋がある。フォクス・ボーン他は、誤って、これを一六六〇年代のものとしている。キングはこの文章を、他のところで登場する別の二文書（1829, pp. 289-91; Adversaria 1661, pp. 125, 270-1）と接合する。「寛容 A」（一六七五年頃）を見よ。ロックはキケロに依拠して古代宗教の説明を始め、それをもとに、キリスト教の本質は儀式にではなく、清らかな生活を送ることにある、と強調するに至る。この文章はピエール・ベールの『〔一六八〇年一二月の彗星出現に際して、ソルボンヌの某博士に送った〕諸考察』（一六八二）、一二七節への注釈である。

古代人には二種類の教師がいて、和解と贖罪《しょくざい》の術を古代人に教えると主張する人々は、厳格には聖職者であった。聖職者の大部分は自分自身を神々と人間との仲介役とし、そのことが彼らの役割のすべて、または大半を占め、少なくとも聖職者なしには何ごともなされなかった。この役割遂行において、それが俗人の責務［負担］を求めるものでない限り、俗人はわずかな役割しかもたず、すべてが聖職者の役割である。儀式の主要な、少なくとも本質的な清めの役割はつねに聖職者のものであり、彼らがいなければ人々は何もできなかった。これとは別の教師を古代人はもっていて、彼らは哲学者と呼ばれる。これらの人々は彼らの学派の指導者となり、事物の知識や美徳の掟において、学派について学ぼうとする人々を導くと主張した。彼らは公的宗教、礼拝や儀式には介入せず、それらについてはまったく聖職者に委ね、同様に聖職者は、自然的、および道徳的知識における人々の指導を、全面的に哲学者に委ねた。二つの異なった種類の人々の指導下にこのように置かれた知識の二つの部分や領域は、二つの明白に異なった源泉、つまり啓示と理性という前提に基づいているように見える。というのも聖職者は、彼らの儀式や礼拝様式のどれにたいしても、理性を主張することはけっしてなく、神々の意志、故実、そして伝統を清らかに遵守することをつねに促す。これらのことは、彼らのおきまりの典礼すべてを、結局は啓示そのものに帰着させる。[1]他方、哲学者は、彼らが語るすべてのことにおいて、理性以外の何ものにも訴えない。そして理性から彼らのすべての教説を取ってこようとした［引き出すと主張した］。しかし、キケロが『トゥスクルム荘対談集』第二巻第四章で語るように、彼らの生活が彼ら自身の掟に従うことはほとんどなく、堅固な美徳よりもむしろ見栄や虚栄を学んだ。

イエス・キリストは、天の啓示によって人類に真の宗教をもたらし、宗教と道徳の二つのものを再統合し、神の礼拝の不可分の部分とした。これらのものはけっして分割されるべきではなかったものである。神の恩恵と赦しを獲得するために、聖なる生活を人が送りうる主要な部分はその二つのものに存在し、外的な儀式にはほとんど、またはまったく何も残されていない。したがって、この真の宗教からは外的儀式はほとんどすべて追い払われ、派手な礼典はみな廃止されて、たった二つの大変明白かつ簡素な礼典が導入され、外的な儀式遂行が要求するものは、公的な集会時の行動において求められる品位と秩序ぐらいのものでしかなかった。これが、神自身に直接由来する、この真の宗教の実情である。それに仕える者も、また自身を聖職者と呼ぶが、彼らは、異教徒の聖職者と哲学者の両方の役割を自身に負い、キリスト教のすべての外的行為を公然と遂行し、そこで用いられる儀式を統制する権利を主張するだけでなく、お互いの、そして彼ら自身にたいする道徳の義務を人々に教え、人生の振舞いを処方する権利をも主張する。

注

1 脚注でロックは、キケロの『神々の本性』第三編からのベールの引用を再現する。〔訳注〕原注が言う「脚注」について、原注は何も言及・引用していないが、King 1830, II, p.83 によると以下である（原文はラテン語）。「宗教にかんして議論されるさいに、T・コルンカニウス、P・スキピオ、P・スカエヴォラのような宗教的最高権威に私は従い、ゼノンやクレアンテスやクリュシプスには従いません。〔中略〕あなたのような哲学者から、宗教の道理を私は学ぶべきですが、しかし、われわれの内で卓越した者にさえ、一定の信条を信じるべきことを、誰も理性では教えられません」（中略は原文のまま）。ただし、この引用文は『神々の本性』第三編からの正確な引用ではない。

69 誤謬 Error

一六九八年。'Error'. Adversaria 1661, pp. 320-1. King 1829, pp. 281-4; 1830, II, 75-81; Fox Bourne 1876, I, 306-9 に収録。段落を加えた。ロックは、信仰の精巧な教義的告白、疑問をはさまぬ信仰、そして宗教的権威の専制を攻撃する。彼は、信仰における真摯さと振舞いにおける道徳の優先性を主張する。

キリスト教徒が大きく分裂するのは見解についてである。どのセクトも見解のそれぞれの組み合わせをもち、それが正統と呼ばれる。そしてそうした見解に同意を表明した者は、たとえ盲信、かつ検証のないものであっても、正統であり救いへの途上にある。しかし、もし彼がそれらの意見の何かを検証し、そのために疑問を抱くならば、即座に異端と疑われ、そして、もし彼がその意見に反対したり、または反対意見をとなえるならば、地獄行きの異端、および破滅への確実な道を歩んでいると即座に非難される。このことについて、これ以上に悪いことはなく、またあり得ない、と言っていいかもしれない。検証する者、しかも公平な検証の上で誤謬を真理として抱く者は、それが真理かどうか検証せずに真理の主張を擁する(その者は真理自体を擁するのではないから)者よりも、彼の義務を果たしており、そして彼の能力の最善に従って義務を果たした者は、何もしなかった者よりも、天国への途上をより確実に歩んでいる。というのも、真理を求めるのがわれわれの義務であるならば、真理を探究した者は、たとえいくつかの点で真理を見出さなかったとしても、まったく真理を探究しなかったがそれを見出したと主張して、実際には探究も発見もしなかった場合よりも、彼の創造主の意志にかなう服従を確実に行なったからである。どこかの教会の意見をひっくるめて検証もせずに採用した者は、真理を本当に探究も発見もせず、教会が言うことを盲信で受けとめ、欺かれることも欺くこともありえない神にのみ有効な崇敬を、教会に与える。

このようにして、いくつかの教会は（おそらく見て分かるように、そこでは意見が生活［振舞い］よりも優先され、正統こそ彼らが関心をもつものであって、道徳には関心がない）、われわれの救いの創造主がそこには置かなかったところへ救済の条件をすえる。一定の命題の集積は基本信条と呼ばれて大事にされ、それは人々を彼らの信仰告白に至らせることで集積者を喜ばせ、その集積を信じることが救済の条件とされる。しかしこの信仰は、本当には信仰ではなく、信じているという言明にすぎない。というのも、同じ言明をする人々に加わることで充分だからであり、そうした信条のいくつかにたいする無知や不信はよくあることで、検証を始めるまでは、人は充分に正統であり何の疑いも抱かない。人が盲信を捨てたと見なされ、教会によって当然見放されるや否や、彼の正統性は即座に疑問視され異端者と目される。各セクトの多くの信条は、それについて理解ある信仰がなくても人は救われるとするものである。この盲信の方法で神を全能なる父と信じ、イエス・キリストを神の一人子、われわれの主と信じる者が救われる、ということを私はまさに否定する。彼らの信者のそうした盲信で、数々の教会がどれほど自身を満足させられるのか、私には分からないと認めざるをえない。そうした教会は、彼らのいくつかの信念の知識と信仰にすぎないものに救済を置くのだ。本当のところ、われわれは次のことを遂行しなければ救われない。それは、理解をもって信じそれに真摯に従うことが救いのために絶対に必要である。

だ、と神が福音で定めたこと、そのことを理解をもって信じることである。イエス・キリストをこの世の救い主として神から送られたと信じる者にとって、正統への最初の歩みは、神の律法への真摯な服従である。

反論――しかし、読むことさえできない無知な日雇い労働者は、どうやって福音を学ぶのか、またそういうやり方で正統になれるのか？　回答――読むことができない農夫はそれほど無知ではなく良心をもっていて、自分自身の行動にかかわるいくつかの事例において、何が正しく何が悪いかを知っている。この自然の光に彼を真摯に従わせておこう。この自然の光は、福音における道徳的律法の写しである。そしてこの光は、たとえそこに誤りがあるとしても、彼が知る必要のある福音のあらゆる真理へと彼を導くであろう。というのも、イエス・キリストが神から送られ、彼の主であり指導者であると心の底から信じる者は、自分の義務を知る限り、真摯に、かつたゆむことなく善い人生を送る。そして自分にかかわりある何かについて疑念が起こった場合には、彼の神かつ主がこの場合に何を命じたかを言ってくれるよう、キリストの律法によく通じた人々に必ず尋ね、自分にかかわりがあると思うそうした義務について、自分自身の行動を規律するためのキリストの律法を、彼に読み聞かせてくれるよう望む。というのも、他人の行動の何が、その他人にとって正しく、または誤っているか、そんなことをその者は知りたくはないからだ。彼の務めは、自分がよく生きることであり、彼自身の義務であることを行なうことである。これが、彼にとって充分な知識であり正統な教えであって、たしかに彼を救済へと導き、善い人生を送ろうと心底決意した者の誰もが見逃すことのない、正統な教えとなる。したがって次のことを私はキリスト教の一原則にすえる。救いをもたらす正統な教えを目指して正しく、かつひたすら進むこと、それが善き人生の真摯かつ着実な目的となる。

われわれは皆、聖書に含まれる多くの事柄に無知だ。聖書に明らかにされた教説にかんしてすら、われわれのうちの少数どころか、皆が誤りを犯す。だから、こうした誤りは地獄行きにはならず、誰かは救われるかもしれない。もし誤謬が危険なら、無知かつ無筆の人がもっとも安全であることは確実である。というのも、彼らには誤謬がもっとも少なく、彼らの能力を越え、または彼らの関心をはずれた思索で自身を悩ますことはないからである。彼らの主キリストの律法に服従して善い人生を送ることは、彼らの不可欠の務めである。彼らのそれぞれの義務が彼らに求めさせ、知るように迫る限りで、このことについて彼らがわきまえていれば、彼らは充分正統であり、彼らが知る余地［能力］、機会や余暇のないあんな思索において、無知だと責められることはない。ここで、キリスト教によって求められる正統と、もろもろのセクト、またはキリスト教徒の教会と呼ばれるものによって求められる正統との違いを見てみよう。一方は、救いのために絶対に必要なものとして信じることが不可欠に求められるものを理解して信じ、神の言葉に示された他の信仰の教えについては、機会、援助と能力をもつに応じて、それを知りかつ信じることとである。しかし、自分自身の義務としての掟や尺度は、自分の行動がかかわる限りでわきまえ、それに真摯に服従すればよい。しかし、他方は、つまり、もろもろのセクトによって求められる正統は、各人固有の義務の掟を知らないままに、またはそれへの真摯な、もしくは厳格な服従を求めないままに、各教会の組織において設定されたそれぞれの信条を丸ごと信じていると言明することである。それらは思弁上の意見であり、もろもろの団体で主張される信仰箇条であって、支持されていることである。それらは服従されなければならないが、道徳の教えや掟、そしてそれらへの服従について、そこでよく留意されているのかどうか、また、教会団体を構成する何かの条件として、教えや掟の集成や遵守について何か大きな論議がなされたのかどうか、私には記憶がない。しかし、次のことも見て取れる。多分、人が読むことすらできない意見の一定の集積を、そしてその意見の一部は、かりに読んで勉強したとしても多分理解できないものであろうが、それを信じていると言明することは、教会員を得、確保するには適していて、その目的のためにはずいぶんと好都合なことである。同様に、彼の行動が関与する福音の掟に真摯に服従して善き人生の義務を実践することよりも、そうした言明の方がはるかに容易である（というのも、意見のどれにたいしても、疑問を出さず反論せずに黙従を明らかにし、それらを信じていると表明すること以外には、何も求められないから）。福音の教えは、それに従う意志があり、その用意がある者によっては、知られるに難くない。JL

70　ジェントルマン向けの読書と勉強にかんする考察
Some Thoughts Concerning Reading and Study for a Gentleman

一七〇三年。BL, MS Sloane 4290, ff. 11-14.「ロック氏の即興的助言等」がサミュエル・ボウルドがつけたタイトル。彼にたいしてこの文が口述された。通常「ジェントルマン向けの読書と勉強にかんする考察」として知られるこの表題は、ピエール・デメゾーのもので、彼がこの文を最初に印刷したが、不完全な印刷である。Locke 1720, pp. 236-9; Works 1801, III, 269-76; Axtell 1968, pp.397-404; Yolton and Yoloton 1989, pp. 319-27 に収録。ラスレット編『統治二論』第二論文 §239 に引用。教育関係のロックの文書の方針については、Tarcov 1984; Anderson 1992 を見よ。ロックが引用している書物の確認は、本書の「ロックの読書リスト」を見よ。この文書が重要なのは、とくにロックがすすめる政治と倫理にかんする書物のためである。書簡 844, 1921, 2320, 3326, 3328, 3339 と比較せよ。また『教育論』(Yolton and Yolton 1989, pp. 239-40) における以下の文章とも比較せよ。

「§185. 美徳の知識はすべて最初から、あらゆる場合において、掟よりも実践によって教えられることで彼に可能となる。そして自分の欲求を満たすかわりに、評判を愛することが彼の習慣となれば、聖書において見出す以外の何か他の道徳論議を彼が読むべきかどうか、または倫理の何かの体系書をたずさえておくべきかどうか、私には分からない。キケロの『義務について』を、ラテン語を学ぶ生徒としてではなく、美徳の原則や掟を熟知しようと望む者として、自分の生活規律のために読めるようになるまでは。」

「§186. キケロの『義務について』をかなりよく理解できるようになって、それにプーフェンドルフの『人間と社会の義務について』を加えるようになったとき、その者は、グロティウスの『戦争と平和の法について』に向かうにふさわしいだろう。または、多分その二つよりもよいものとして、プーフェンドルフの『自然と人類の法について』がある。これによって、その者は、人間の自然権、そして社会の源泉と基礎について、そしてそこから帰結する義務についてよく知るであろう。社会の法と歴史についての、この一般的な部分は、ジェントルマンがめったにふれることがないが、つねにそこに留まるべき、けっして終了することのない勉強となる。」

「§187. イングランドのジェントルマンが自分の国の法に無知であるとしたら奇妙であろう。……そしてそのために、われわれの法をジェントルマンが学ぶための正しい方法を、私は考えている。それは彼の職務としてもくろむものではなく、コモンローの古い書物において、われわれイングランドの政体と統治にかんする見識を形成することである。そして何人かのより現代的な著者たちは、こうした古い書物をもとに、現代の統治を説明してきた。そして法について真の観念を得たら、次に歴史を読み、法が当時制定された各君主の統治を歴史に結びつける。このことは、われわれの制定法の存在理由に洞察を与え、法が制定されるようになった本当の根拠と、法がもつべき重要性を示してくれるだろう。」

読書は知性を改善するためのものである。知性の改善は二つの目的をもつ。一つは、われわれの知識を増大するためであり、もう一つは、そうした知識を他人に与え、かつ明らかにすることをわれわれに可能にするためである。このうち、後者は、ジェントルマンにおける勉強の主要な目的ではないにせよ、しかし、少なくとも前者に匹敵する。というのも、この世におけるジェントルマンの仕事と有用性の最大部分は、彼が他人に語り、または書くもののもつ影響力によるからである。

われわれの知識の範囲は、われわれの観念の範囲を越えることができない。したがって、普遍的に知ろうとする者は、あらゆる学問対象になじまなければならない。しかし、このことはジェントルマンには不要である。ジェントルマンの固有の職務は彼の国への奉仕である。だから、道徳や政治的知識にかかわるのがもっともふさわしい。したがって、より直接的に彼の職務に属する勉強は、美徳と悪徳、世俗社会、および統治の術を扱うものであり、それはまた法と歴史を理解することである。

彼の職務に属する観念で装備されることで充分であり、そうした観念を上にあげた種類の書物に見出すであろう。しかし、知性を改善するための次の段階は、そうした書物が提供し、真理として教えようとする命題における、こうした観念の連結を見て取ることでなければならない。そうした命題が真理であるかどうか判断できるようになるまでは、彼の知性はほとんど改善されず、彼が読んだ書物から何の知識も得ないまま、その書物にならって考え、話すにすぎない。このようにして大量に読書した人は多くを学ぶが、しかし、ほとんど知らない。

したがって、知性を改善する第三の、かつ最後の段階は、何らかの命題がどんな基礎の上に基づいているのかを見出し、その命題が立つその基礎にその命題が結びつけられる介在的観念の連携、または命題がそこから導出される原理を見て取ることである。これは、手短に言えば正しい推理をすることであり、この方法によってのみ、真の知識が読書と勉強によって得られる。彼が読んでいるのは何か、そしてそれが教えようとしていることを、どのようにして明らかにしているかを推理し統合するという、観察と判断のこの能力を習慣によって会得したとき、そのときになってはじめて、彼は彼の知性を改善し、読書によって知識を拡大する正しい方法に立つことになる。

しかし、このことは（私がすでに言ったように）読書によってジェントルマンがねらうべきすべてではない。彼は話術においても自身を改善し、それで知っていることを最大限利用することができるように、一層の注意を傾けねばならない。話術は主に二つのこと、つまり明瞭性と正しい推理から成り立つ。明瞭性は、自分の心から他人の心へと移したい観念や思考にたいして、適切な用語を用いることに存する。つまり、観念や思考に容易な入口を与えることであり、容易に理解できる者に人は喜んで耳を傾ける。一方、ぼんやりと語られることは、話されると同時に死に、たんに失われるだけでなく、あたかも話している者は言ったことを分かっていない、またはそう判断されるのを恐れている、という偏見を聞き手にもたせる。

話術を獲得する方法は、次のような書物を読むことである。それは、人間が用いる言語において最大の明瞭性と適宜性を伴って書かれたと認められる書物である。この能力に秀でた著者は、他にも何人かいるが、かつてカンタベリー大主教だったティロットソン博士であり、彼によって出版されたものはすべて良い。明瞭な話術を獲得するためには、それについての教則を書いた人々よりも、むしろ彼をお手本として提供することを私は選んだ。というのも、指図によってよりもお手本によってわれわれは学ぶ傾向をもつからだ。しかし、話術と書く術において達人の見解を求めようと思う者は、タリー［キケロ］の『弁論家について』と、もう一つ『弁論家』と題された論考、クィンティリアンの『要綱』、そしてボワローの論考『崇高について』において、これにかんする指導と、うまく話すことについての他の事項を見出せるかもしれない。

明瞭性の他に正しい推理も不可欠である。それなくして、明瞭性は、話し手をさらし者にするに役立つにすぎない。そしてこれを会得するために、チリングワースのものをいつも読むことを私はすすめたい。私が知るどんな書物よりも、彼は明瞭性と正しい推理の両方を例示してよく教えてくれる。したがって、彼の議論は言うまでもなく、そうした例示は、何度も繰り返し読まれるに値するであろう。これらの英語本に加えて、キケロ（キケロの最良の版は、一六一八年にハンブルクで印刷されたグリエルムスとグルーターによるものである。十二折判九巻本のエルゼヴィア版もまたすばらしくよいものである）、テレンティウス（ケンブリッジでの最新刊）、ウェルギリウス（同最近刊）、リヴィウス（エルゼヴィア版）、そしてカエサルの『注解』（スティーヴン版）は、話しかつ書くことの正しい方法を味わうべく、人の心を育むために読まれてよい。このように私が言及してきた書物は、うまく書きかつ話すために役立つものであるが、他の点でも読まれるに値するだろう。

私が先に言及した道徳の研究は、ジェントルマンになるためのそうしたものであって、たんに人間としてではなく、ジェントルマンとして自己の業務につくためのものである。このことについて、古来と現代の哲学者の両方によって書かれた書物は充分にある。しかし、福音の道徳はそうしたものすべてを凌駕するので、真の道徳の十全な知識を人に与えるためには、新約聖書以外の他の書物を私はすすめない。しかし、異教徒の世界がどこまでこの学識をすすめ、どこに彼らの倫理を基礎づけたか、ということを知ろうとするなら、キケロの論考『義務について』が愉快かつ有益に読まれるであろう。

政治は互いに異なる二つの分野を含む。一つは社会の源泉、および政治権力の起源と範囲にかかわり、もう一つは社会における人間統治の術にかかわる。第一のものは、ふりかえるとこの六〇年間、われわれの間でたいそう議論されてきたので、この種の本を見逃すことはほとんどありえない。英語本でもっともよく論述されたものと私が考えるのは、フッカー氏の『教会政治論』第一篇、そしてアルジャノン・シドニー氏の統治論である。後者についてはまだ読んだことがない[1]。（ここで、一六九〇年に印刷された『統治二論』、そして今年印刷された『世俗政治』の論考を加えておこう[2]。）これらに、さらに、プーフェンドルフの『人間と社会の義務について』そして『自然と人類の法について』を加えよう。最後のものは、この種の最良の本である。

政治のもう一つの分野、統治の術にかかわる分野については、私は経験と歴史、とくに自分の国のそれから学ぶことが最良だと考える。したがって、イングランドのジェントルマンはイングランド史に精通すべきだと私は思う。何らかの記録が存在する限りまでさかのぼって、国の起源を知り、それに加えて、その歴史をたどれる限り、いろいろな時代に制定された法を学んで、そこから国家のさまざまな転変と、どのようにしてそれが生じたかを観察する。現代を扱ったさまざまな著者とともに、ティレル氏の『イングランド史』においてジェントルマンはすべてを学べるし、また自分の好奇心や判断が探究に導く事柄について、その本に依拠することができる。

歴史とともに、ジェントルマンはさらに昔の法律家のものを読むといい。（たとえば、ブラクトン、フリータ、ヘニンガム、『正義の鏡』、われらのクック卿の『法学綱要』第二と『議会擁護論』、その他である。彼らについては、ペティット氏、ティレル氏、アトウッド氏らとブレイディ博士との間で起こった先の論争において引用されているのを、見出すであろう[3]。また、サドラーの論考『王国の権利と、われわれの先祖の習慣』もよい。その初版が最良である。）そうした書物において、イングランド政府の昔の体制を知ることができるだろう。名誉革命以来『国家文書』二巻が印刷されたが、そこにはイングランドの統治にかんする多くの事項が載っている。

歴史概論については、ウォルター・ローリー卿とハウエル博士の本が欠かせない。その大海にのりだそうと思うジェントルマンは、ウェアの『歴史叙述の方法』の最終版を読むといい。それは、読むべき著者と、読むさいの方法へと彼を導いてくれるだろう。

歴史、年代記と地理の読書は絶対に必要である。地理について英語本では、ヘイリンとモルの二つの一般的なものがある。どちらがいいか、そのどちらにもあまり詳しくないので、私には分からない。しかし、毎日なされる新しい発見ゆえに、その学問の完全を目指す上では、後者は大変役に立つと思う。ヘイリンが言及する国々は、彼の時代以降どんな新しい発見があったのかを除けば、彼だからこそ適切に扱われたと私は確信する。これらの二冊は地理一般を含んでいる。これらに時間を使って多くの労苦を投入する価値があると、イングランドのジェントルマンが考えるかどうかは問題としても、しかし、これがなくては定期刊行物をよく理解できないことは確かであるし、またキャムデンの『ブリタニア』なしでもすませられない。『ブリタニア』は最終版でずいぶん拡充された。地図をよく集めておくのも、また大変必要なことである。

地理に旅行の本が加えられる。この種のことでは、われらの国の人々、ハクルートとパーチェイスが出した集成が大変よい。さらに、フランス語で二折本でテヴノーによって出された、そしてイタリアではラムシオによって出された、大変よい集成がある。これらが英訳されたかどうか私は知らない。さらにイングランド人の旅行記でいくつかよいものが出版されている。たとえば、サンディ、ロウ、ブラウン、ゲイジとダンピアである。また、ピラール、ベルジュロン、サガール、ベルニエらのフランス語による大変良い航海記もいくつかある。これらすべてが英訳されたかどうか、私は知らない。現在、英語ではかつてない、大変良い『旅行記集成』がある。絶版同然だったが、今はチャーチル氏によって印刷されている。これらに加えて、他の旅行記が大層たくさんあり、楽しみと実用が大変よく混合された種類の本である。これらすべてを紹介すると、大変な時間と紙幅を取るので、すでに言及したことでまずは充分である。

年代記について、常用するに最適なのはエルヴィクスだと思う。それは、読むのではなく、座右に置いて、おりにふれて調べるために使う本である。年代記についてもっとよく知りたい人は、タレントの『年表』やストロキウスの『時代概略』を入手するとよく、もしこの学問についてもっと深く究めたいなら、さらに、スカリガーの『時代の改善について』やペタヴィウスを加えるとよい。

われらのイングランド史の特定の部分についてもっとも良く書いたと思われる人々は、ヘンリー七世についてはベイコンであり、ヘンリー八世についてはハーバートである。ダニエルも推奨できるし、バーネットの『宗教改革の歴史』、マリアナの『スペインの歴史』、トゥアヌスの『同時代史』、そしてフィリップ・ド・コミーンはすばらしく、評判に値する。さらに、ロシュフコー、メルヴィル、ラシュワースといった、いくつかのフランス語や英語の回顧録や集成がある。これらは、近年ヨーロッパで何が起こったかを探究したいと思う人々に、大きな光を与える。

私人としてであれ、国の統治にかかわる者としてであれ、ジェントルマンらしく自身が振舞うためには、人間にかんする知識以外の何ものも必要ではない。それは主として経験から、それに次いで、分別をもって歴史を学ぶことから得られるものであろうが、しかし、こうした目的をもって人間性を扱った書物があって、それらは人間性に洞察を与えるのに役立つ。そうした書物は、情念を、そしてそれがどう動くのかを扱うものであり、それについて、アリストテレスの『修辞学』第二編が見事に、しかも簡潔に処理している。この『修辞学』は英訳されていると思うが、そうでなければ、ギリシア語やラテン語でも入手できるだろう。ラ・ブリュイエールの『人さまざま』もまた見事な叙述であり、フランス語から英訳されていると思う。ユウェナリウスやペルシウス、そしてとりわけホレースのような風刺作品もまた人間の欠陥を描写し、しかし、それによって、われわれがそうした欠陥を知るよう教える。

読書には別の効用があり、それは気晴らしや快楽のためになる。そうしたものは、韻文的なもの、とくに戯曲であるが、瀆神、わいせつ、風紀紊乱的ではないものであって、そうした目的で取り扱われてはならない。小説本の中では、その有用性、楽しさ、そして日常的礼節の点で、セルヴァンテスの『ドン・キホーテの物語』に匹敵するものを私は何も知らない。実際、その根底に自然をもたない、そして自然にならって描かれたのではない書物は、何一つ愉快ではない。

さらに、私はほとんど忘れかけていたが、別の種類の書物があって、ジェントルマンの勉強に備えておかなくてはならないものである。つまりあらゆる種類の辞書である。ラテン語には、コウル〔ズ〕、クーパー、カルピーノとロバート・スティーヴンの『ラテン語宝典』、そしてフォシウスの『ラテン語語源』がある。この種の中で、英語を用いる人間にとっては、スキナーの『語源辞書』が優れている。カウエルの『解釈』は法律用語に役立つ。スペルマンの『用語解』は大変有用かつ学識あふれた本である。そして、ジェントルマンにはセルデンの『爵位』が不可欠である。ボードランは非常に優れた地理辞典である。有用な歴史辞典としては、ロイド、ホフマン、モレリ、そしてベールの『〔歴史批評〕辞典』が同種のうちで重要である。ローマ帝国崩壊以降のラテン語の書物や、正格ラテン語を探究する機会のある人は、デュ・カンジュの『用語解』を欠かせない。上記の書物の中で、ヨハネス・ゲラルドゥス・フォシウスの『ラテン語語源』に私は言及したが、彼の著作のすべてが最近オランダで六巻本で印刷された。これらはジェントルマンの蔵書には大変ふさわしいものであり、あらゆる分野にかんして大変学識ある論文を含んでいる。

注

1 〔訳注〕シドニーはライハウス陰謀に加担したかどで、一六八三年末に処刑された。ライハウス陰謀とは、チャールズ二世とヨーク公（後のジェイムズ二世）の暗殺計画であり、シドニーを含むホイッグ排斥派の六名が関与したとされた。「読んだことがない」というロックの言について、日本語文献での反論の一つとして、福鎌忠恕「シドニーとロック」、アジア・アフリカ文化研究所研究年報（東洋大学）、一五号、一九八〇年参照。Harrison and Laslett 1965, p. 233, No. 2666 でシドニーの本書が登場する。

2 〔訳注〕他人事のように言及しているが、『統治二論』はロックの作品である。『世俗政治』Civil Polity は、Peter Paxton により一七〇三年に匿名で出版された。パクストンは一六八七年にケンブリッジ、ペンブロウクカレッジで勅状により医学博士となり、一七一一年に死去するまで、医学、政治論文をいくつか発表した。

3 〔訳注〕一六八〇年代前半の「ブレイディ論争」のこと。ただし、この直後に登場するサドラーも含めた論者の関係著作の初版出版年は一六四〇年代から一七〇〇年にまでわたる。ブレイディは君主制を神授権で擁護するが、ペティット、ティレルやサドラーは、契約と選挙に基づく君主と議会の権力均衡に立つ政体を、イングランド古来のものと考えた。

第3部　補　遺

1 『人間知性論』の「草稿 B」 Draft B of *Human Understanding*（抜粋）

一六七一年。MS Locke, f. 26. 見出しは ʻIntellectus', ʻDe Intellectu Humano' そして ʻAn Essay concerning the Understanding, Knowledge, Opinion & Assent'。『人間知性論』の「草稿 B」として、現在知られているもの。権威ある版は、Nidditch and Rogers 1990。以下の抜粋は §157 を含む。§§151, 155-62 は道徳にかんするもの。ロックは、われわれは道徳観念を二つの方法、すなわち文化的な道徳慣習から（§157）、あるいは法律制定者の意志から（§160）引き出す、と説明している。§160 は、ほとんど逐語的に、本書収録の「倫理一般」に出現する。*ECHU*, bk II, ch. 28 と比較せよ。以下の部分は、二つの方法のうち、「一方の」文化的な道徳慣習の議論で始まり、§160 は「他方の」法律制定者の意志の議論を含む。〔草稿とはいえ、一九行に及ぶ中心部分の文章は、英語で可能な悪文の、ある種の極致と言えそうである。その文章は極度に trailing であるのみならず、関係代名詞を含めて代名詞の氾濫がある。論理ユニットごとに整理して訳すが、ロックの一面を知る資料として、興味深くもある。吉村「ロックの文章について」参照。〕

〔道徳観念が生じる〕一つの方法は、国、およびその言語を話している人々が、それに一般的合意を与え、かつそれを用いることによってである。というのは、法律、罰、また人間や神による強制がなくとも、人間のもろもろの社会には、美徳と悪徳、正義、節制、そして不屈などの観念が存在せねばならず、かつ存在するであろうから。それらは単純観念の一定の集合から成るが、それらの概念がなければ、道徳的事項を表現する言葉はすべて、完全に不可解かつ無意味になってしまうだろう。しかし、このようにして人間が獲得する特定の美徳や悪徳の知識のすべては、言語が何であれ、それらの言葉の定義や意味づけを、その言語に熟達した者やその言語を日常使用する国から取り出してきて、その国ではそれら〔言葉〕をどう適用して、特定の行為を正しい名称で呼んでいるかを知る以上には出ないだろう。そうなると、実際的には、適切に話す術を知る以上ではないだろうし、せいぜいのところ、当人が暮らす国において立派だと思われている行為、つまり美徳や悪徳と呼ばれる行為を知るにすぎないだろう。私が見出しうるその〔美徳と悪徳の〕一般原則、およびもっとも不変な要素は、次のようなことである。すなわち、美徳と見なされる行為は社会の保全に絶対的に寄与する傾向があり、社会の紐帯を解体してしまうそれら〔行為〕は、どこにおいても、誤っており悪徳と見なされる、ということである。そのこと〔社会の紐帯を解く行為が悪徳と見なされること〕は、社会それ自体の法以外に、強制や優越した法がなくても、必然的にそのように〔悪徳と見なされるように〕なったであろう。というのは、人々が集まり結合して一つの社会を作るとき、同時に、それ〔社会の紐帯を解く行為〕を賞賛すべきものと認める、つまり美徳に数えるということ、のみならず、彼らが結合している当の社会を解体する傾向をもつ行為を、やるなと説きもせず、非難すべきものとしない、つまり悪徳と数えないなどということは、考えられないからである。しかし、そのような直接の影響を社会に及ぼさない、その他のあらゆる行為については、私は（私が歴史で心得ている限りでは）ただ次のように思うだけである。ある国々つまり社会では、それが美徳となり、別のところでは悪徳となり、そして他のところではどちらでもなくなるということである。そうした国々や社会では、人々の傾向や流儀が完全に美徳や悪徳を定めてしまうのである。こういうわけだから、このように取り上げたもろもろの美徳の観念は、われわれが暮らす国の流儀に従って適切に話す以上のことを、われわれに教えてくれるわけではなく、われわれの知識を、それらの言葉によって人々が意味しているところを越えて、大いに改善してくれるわけでもない。そして、これが、スコラ学の一般倫理学に含まれる知識なのである。

2　貴顕の士からの手紙　A Letter from a Person of Quality（抜粋）

一六七五年。*A Letter from a Person of Quality, to his Friend in the Country.* 出版地や出版者名はない。現存する手稿もない。この文書は、ピエール・デメゾーの『ジョン・ロック氏の作品集成』（一七二〇年）、そして後のロック『全集』の諸版に収録された。デメゾーは次のように書いている。シャフツベリ伯が「ロックにこの文書を書くように望み、これをロックは主人の検分下で書いた。シャフツベリ伯が一種の口述筆記をさせて、ロックはひたすら書いたのである」。これが、ロックの作とされる証拠のすべてである。アシュクラフトはロックが作者であることを支持している（1986, pp. 120-3）。真相はどうあれ、この文書がロックの見解を反映したものであることには、ほとんど疑いはない。それは、絶対君主制の増長を非難し、復古期政治思想の転換点を標した。この文書は政府により譴責され、公に焚書された。

ポコクは、政体の「均衡」をとるために貴族層を強調する「新ハリントン主義」の表れだと、この文書をとらえた（1975, pp. 406-16）。しかし、四折判三四ページのこの文書の大半は、教会組織の政治的役割を非難し、最近の政治的事件を叙述するものである。文書を書かせた直接の契機は、財務府長官ダンビーが議員にたいし、次のことを誓えと求めて宣誓を強制したことである。「教会においても国家においても、その統治にたいして、いかなる時にもいかなる変更も私は企てません。」議会での長引いた議論の後、「ダンビー宣誓」は敗北した。以下の抜粋は、文書の最初と終わりの部分から成る（pp. 1-3, 32-4）。

最初の節は復古初期に通過したいくつかの法令に言及する。それらは以下である。大赦法（一六六〇年）は、内戦中と空位期になされた行動の訴追に全般的特赦を与えた。自治体法（一六六一年）は、選挙区からピューリタンの官職保有者を追放するものであるが、支配者に反抗して武器をとる権利を否定し、一六四三年の議会の契約を拒否するという、信念にかかわる新たな宣誓を求めた。民兵法（一六六一年）。統一法（一六六二年）は主教制と旧来の祈祷書に基づくイングランド教会を再建し、国教会から二〇〇〇人のピューリタン牧師を放逐する結果となった。これらの牧師は、同法が施行された日を「暗黒のバーソロミュー日」と嘆いた。五マイル法（一六六五年）は、ピューリタン聖職者を教区や都市から追い出し、「無変更」宣誓を導入した。この宣誓を議員にまで求めるよう、一六七五年にダンビー伯は提案した。

この会期が終わりつつあり、宣誓法案は全議会委員会でほぼ敗北しましたので、この国家的迷作[1]（this state masterpiece）について、今やあなたに十全な説明が可能となりました。宣誓法案はまず（この世のほとんどすべての悪事が従来そうだったように）偉い教会人から孵化し、数年継続する企てとなりましたが、それを完遂するほど勇敢な聖職者を見出せませんでした。人事が一新されてようやく[2]、新しい人たちは彼らを支持するよき基盤を求めて、この件に全面的に打ちこみました。その企てを全体的な広がりにおいて考えるなら、けっして小さな問題ではありません。

まず、国家の他の部分とは質が異なる党派を、高位監督と旧王党派から形成しました。彼らは王国の権力と官職のすべてを享受する期待にかぶりつこうとし、さらに、大赦法を廃することで得られそうな利益に誘われました。昔の争いをまたぞろ繰り返して何か得られるのであれば、彼らは大いに喜んで、自分の勇敢さを証明してやろうと考えるのです。今や彼らは武器、要塞と国家の軍需物資を手中にしました。

次に、教会統治は変更されないという宣誓を彼らはもくろみます。そして暗黙のうちに、神授権説を支持します。それは至上宣誓と矛盾しますが、[3]しかし教会人はこうした地位を獲得するために、何であれすべての義務を簡単に無視します。その利益を、ローマの高僧たちが充分に世に教えてきました。

さらに、君主にたいする報酬として、政府は絶対かつ専制的であると彼らは言明し、監督制と同様、君主制も神授権に基づき、人定法によって制約または制限されないと認めます。

これらすべてのことを確保するために、教会や国家に何らかの変更を加える議会の権力や権限を彼らは取り去り、議会は金を集める道具、かつ宮廷や教会が意図するような法律を通過させる道具にしておこうと決意します。それ以外のことを議会が企てれば、それがいかに必要であっても、偽誓同然の犯罪になるにちがいありません。

これらすべての企みの極めつきとして、常備軍を増大し維持するという主張がなされます。それは、彼ら自身がかきたてた警戒心と、彼らの党派が小さいゆえの真の必要性から出たことです。こうしていつしか、王党派と教会人はどんどん愚かになっていき、国家の残余の人々と同様、正真正銘の奴隷になっていくのです。

このための最初の歩みが自治体規制法でした。賢明にも、彼らはより小規模の統治を手始めにし、後にそうした措置を国家の統治に導入するつもりでした。そして、いくつかの箇条について言明を行い所信を誓うよう自治体に強いましたが、それらは、後の議論において彼ら自身が変更を余儀なくされ、正当性を明らかにできなかったものです。その結果、もっとも富裕、有徳、かつ真摯な多くの人々が、今なお自治体の統治から排除されています。

次の歩みは民兵法です。これはもっとも主要な貴族とジェントリの大半に適用され、代官や副官等として、「こうした軍務の遂行において」という言葉を付加して、先と同様の言明を行ない所信を誓わなければなりません。それは事態を良くするよりも悪くします。しかし、当世流の宣誓、忠誠の証として、このことは円滑に受け容れられました。だれも自由にこのことを議論しようとはせず、時代の雰囲気が激しい潮流のように、賢明かつ善良な人々をその前に引きずり落としました。この法は仕上げです。それは、法によって常備軍を設立し、われわれを軍事政権へと宣誓させるからです。

この直後、統一法が続き、それによって、イングランドの全聖職者は、自治体、貴族やジェントリが先に宣誓したことに署名し、言明せねばならなくなりました。しかし、民兵法で付加された文句は省かれています。聖職者はすすんでこれに応じました。というのも、あなたもご承知のように、この種の連中は理解するよりも服従することを教えられ、当該学識を用いるにあたって、彼らの上位者が命令することを検証するのではなく、正当化しなければならないからです。しかし、あのバーソロミュー日は、われわれの教会と宗教にとって致命的でした。有能で学識があり、敬虔でまっとうな神学者の非常な多数を投げ出してしまったからです。彼らは、こうした措置やこの法の他の事項についていけませんでした……

しかし、事態は、五マイル法までは完全ではありませんでした。五マイル法はオクスフォードで通過しました。そこで彼らは機会を得て、彼らが入れたいと願う条項を宣誓に導入しました。この法は、財務府長官サザンプトン、ワートン卿、アシュリー卿[4]や他の人々の強力な反対に遭いました。それは、哀れにもかくも手ひどく扱われたあの聖職者たちにかかわっていただけでなく、それ自体において大変不当かつ不正な宣誓だったからです。しかし、あらゆる非信従に反対する当時の熱狂が、この法を簡単に通過させてしまいました……

このようにしてわれわれの教会は勝利し、何年も続いてきました。非国教徒プロテスタントはひたすら敵であり、したがってひたすら迫害されましたが、他方、教皇主義者は妨害もなく留まり、宮廷から忠実だと見なされました。また、われらの偉大な主教たちにとって彼らは危険なものではなく、教義や信仰箇条の点でのみ異なっていて、教会統治にかんしては、教皇教においてその最高の高みに上ると考えられました……

＊　＊　＊

さて、こうして見ますと、新しい党派の旗印[5]はまだ立っておりませんが、次の会期の仕事になるに違いないことが、お分かりになるでしょう。そうした愚鈍な廷臣に依拠して国事を危険にさらし、しかもかくも致命的な結果をもたらすようなことへと、どうやって王が導かれえたのか、私には驚きであります。というのも、こんなことは前代未聞のことだと私は確信するからです。どんな国にもかつてないほどの最高の平和、平穏と服従が一五年続いた後で、とりわけ、大赦法と並ぶかくも多くの約束や宣誓、そして対抗党派が王の幸福なご帰還の道具になるという、そのかくも大なる功績の後で[6]、ある見地、つまり、昔の過ちの復活が当を得たことと考えられたのですから。さらに、対抗党派の人々の罪を忘れてもらうことについて、王の臣民のかくも多数はまったくの絶望へと突き落されました。このことは廷臣の大きな誤りに違いなく、また貴族院を卑しめ貶める労力が、これほどにまで宮廷によって費やされたことは、たとえそのすべてが軍事政権を意図していなかったとしても、なお一層悪いことです。というのも、貴族の権力と常備軍は二つの手桶に似て、一方が下がれば、他方は確実に上がるというつりあいを保っているからです。われわれの歴史すべて、または近隣の北方君主のどなたかの歴史を見てもらえば、貴族が減退するのと歩調をそろえて、常備軍や恣意的政府が入りこんでくるのが明白なこと、そして軍が権力を持ち盛大になると、彼らは貴族の誰一人たりとも、そのわずかな影さえも許容しなかったことが分かるでしょう。われわれ自身の国がその明白な事例を呈しています。というのも、白バラ党と赤バラ党[7]は、相手の重要人物を破滅させ、殺戮し、首をはねて、しばしばツキを変えたからです。とはいえ、常備軍によって強いて自身を守ろうとすることはありませんでした。私には、王自身がそうしたことを今後何か意図するとは、考えられません。というのも、そうした類いの人間を相手にし、もしあるとしたら、その種の統治の利益をぶんどるほどに、頑強かつ勤勉な気質を王はおもちにならないからです。そして、オクスフォードとニューアークの両方で、彼の父君が軍隊の将校から受けた扱いを、王が忘れたはずはなかろうと私は思います。それは、議会の囚人となるか、軍隊の奴隷になるか、苛酷な、だが、どちらにしてもほとんど同等の選択でした。[8]私が確信するに、王の軍隊の最大の成功さえ王にもたらしたはずの幸福な状態とは、王が望めばいつでも御前に、彼の子である現王がいる、というだけのことにすぎませんでした……

これらすべてのことをもとに、あなたの考察にもっともふさわしい結論を出しましょう。あの企みは、忠誠宣誓や過去の法が知るよりも、一層絶対的、かつ恣意的な新たな政府への忠誠を、まず、われわれに言明させることにあり、次に、そうした政府が確立されたものとして、それへの忠誠を強いることにあります。主教たちは、王がその至上性を手放したことへの見返りとして、こんなことしか提供できず、しかも王自身に匹敵するものだと主教たちは宣誓させられます。大主教ロードがこうした策を最初に打ち出しました。一六四〇年の彼の教会法規においてこれと大変よく似た宣誓が、そして君主制は神授権によるという明確な布告が見出されます。[9]このことは、現在の主教たちの議論においても確認されたことで、書物においては、誰あろうアッシャー大主教やサンダーソン主教のような人物によって主張され、[10]権威ある聖職者の大部分によって、公然と認められた見解だと私は恐れています。そうであれば、彼らは、われわれイングランドの政府にとっては、現存するもっとも危険な種類の人々であり、全体を腐らせる酵母、議会によって調査かつ厳格に検証されるべき第一の課題、と私は確信しています。というのも、もし神授権説が真実なら、君主制は人定法によって拘束されえなくなるからです。サミュエル記上第八章は（現代の神学者の多くがそうしたいように）次のことを明らかにするでしょう。[11]「王はわれわれの畑、ブドウ園、穀物、および羊を取り上げてはならない」と国王大権にかんして規定する大憲章、われらのマグナカルタは、神授権に反するゆえに効力をもたず無効となるということです。そして、聖職者がこうした種類の宣誓を、なぜあんなにやすやすと採用し他に強制したがっているのか、あなたはその謎を解くでしょう。彼らは、マグナカルタよりも（彼らが考えるように）確かな基礎に、彼ら自身と彼らの所有物をすえたので、マグナ・カルタはもはや不要であり、それに関心はありません。いやもっと悪いことには、この国で、そして機会があれば他のどこの国であろうと、彼らはマグナ・カルタにおける人民の権利と自由を売りとばし、それは「神授権ニヨル（*jure divino*）」王のものとなって、王が絶対的な権力と暴力をふるう中で維持されるものになります。［それを］〔そうした絶対的権力と暴力を〕王の手に置くよう、聖職者はたいそう貢献してきました。そして聖職者と王はともに、カストルとポルクスのように、[12]同じ神殿で神のように、われら哀れな世俗の臣民によって礼拝されるでしょう。そして感覚および理性、法律、財産、権利および自由は、これら神々しい人々のご託宣が解釈し、または意味を付与するものと理解され、聖職者か王か、そのどちらかの絶対的かつ自由な意志に対抗するために、この世で用いられるものでは決してないことになってしまうのです。

注

1 〔訳注〕宣誓法案（ダンビー宣誓）のこと。本当に masterpiece と思っているわけではないから、迷作とした。

2 一六七三年から一六七五年の間に、シャフツベリは公職から追われ、ダンビーが「旧王党派」およびアングリカン高位者と連携して権力を強化した。

3 つまり、宗教改革で確立された、教会にたいする王の優位性と矛盾するということ。

4 一六七二年にシャフツベリ伯となった人。

5 つまりダンビー宣誓のこと。

6 長老派は一六六〇年のチャールズ二世の復古の道具となり、しかしその後は策略で負かされてしまった、と一般に考えられていた。こう考えるのは無理なことではなかった。

7 一五世紀のバラ戦争におけるヨーク党とランカスター党のこと。

8 内戦敗北後、チャールズ一世は、議会と軍隊の捕虜に、代わる代わるなった。議会と軍隊の間に分裂があったからである。

9 一六四〇年の大主教区会議教会法規第一条は、「至高至誠なる君主の秩序は神授権による」と宣言し、全聖職者に「無変更」宣誓を規定した。これらの法規は承認されなかった。

10 ジェイムズ・アッシャー『神によって君主に授けれられた権力』は、一六四〇年頃書かれ、ロバート・サンダーソンの序文つきで、ジェイムズ・ティレルによって一六六一年に出版された。一六六〇年代の著作においてロックは、サンダーソンの作品にずいぶん依拠している。

11 イスラエルの民は王を求め、神は彼らに王を与えた。続く章では、サウルが油を塗られて王となる。

12 古典的神話の二人の英雄であり、初期ローマにおいてあがめられた。普通、馬の背にのった双子の兄弟として描かれる。

3 研　究　Study（抜粋）

一六七七年（三月二六日から五月初めまで）。MS Locke, f. 2, pp. 87-140. King 1829, pp. 92-109; 1830, I, pp. 171-202; Axtell 1968, pp. 405-22 に収録。Fox Bourne 1876, I, pp. 360-4 も部分的に収録。ロックは、真実を獲得する道筋にあるワナと、勉強の適切な方法を論じている。彼は、これらの考えのいくつかを、『知性の正しい導き方』に組みこんでいる。全体の長さは七千語に及ぶ。ここにあげる抜粋は、その論考全体から抜き出したものであり、歴史や古代の実例の価値についての議論と、ホッブズについての見解を含んでいる。他のところにある歴史研究についての見解と比較してみるとよい。たとえば、『教育論』§§82, 184 には、それぞれ、「歴史、それは慎慮とこの世にかんする知識の偉大なる女主人だ」、「歴史以上に教えてくれるものは何もなければ、歴史以上に喜びを与えてくれるものも何もない」とある。さらに *ECHU*, bk IV, ch. 16, §11; 書簡 2320;「知識　B」（一六八一年）〔本書収録〕を参照。〔文章として整わないところが多く、急いで書いたことが歴然としている。また、「日々は短く行くべき道のりは長い」と珍しく陳腐な文句を入れているところを見ると、妙に高揚した気分だったようにも感じられる。〕

研究の目的は知識であり、知識の目的は実践、または伝達である。たしかに、喜びはあらゆる知識の改善につきものだが、われわれが研究自体を目的として研究するときは、それは仕事よりもむしろ道楽と考えられるべきであり、したがって娯楽に含めるべきだろう。

知りうる事象についての知識の範囲は実に広大であるのに、ここ〔この世〕にわれわれが居つづけるのは実に短期間で、また事物についての知識がわれわれの理解力に入る入口は実に狭隘だから、われわれの全生涯はあまりに短いと思われよう。〔知識の獲得に使える時間から〕どうしても控除せざるをえないものとして、子供時代と老年時代（これには大きく進歩する力がない）、肉体の回復や不可避の休養、さらにほとんどの条件下では、それをおろそかにしたのでは、食べることも生活することもできない、日常の職業勤めといったものが、かりにないとしても。言っておきたいが、こういう避けがたい控除[1]がなくても、これら全事物を熟知するには、われわれの全生涯では不足なのだ。私が言おうとしているのは、〔これらの事物の〕どれを知る力がわれわれにあるかではなく、どれを知ることがもっとも便宜かつ有益至極か、である。長い間勤勉に研究してこの上なく物識りな人々の心にさえ、いかに多くの疑問難問が残されているか、また、彼らが調べたもろもろの知識の領域でさえ、彼らはいかに多くを見さえせずに残しているか、それどころか、彼らが一度として触れさえしなかった領域であって、私なら「可知ノ世界」[2]とでも呼びたいものの領域が、他にもいかに多く残っているかに思いをいたす者ならば、われわれの時間と力など、このように全き広がりにおいて見られる知識〔の獲得〕という業の巨大さと比べて、いかに不釣合いか、すぐさま同意してくれるだろう。かりにそれ〔知識の獲得〕がここでのわれわれの主たる関心対象ではなかったとしても、それ〔知識の獲得〕はそれ〔研究〕には非常に必要であるし、しっかりとそれ〔研究〕と組み合わさってもいるので[3]、われわれは〔研究〕してみたところで、知ることにおいて進んだより先には、ほとんど進めないだろう――または少なくとも、ほとんど無意味であるだろう。理解なくしての行動は、せいぜいのところ、無駄な骨折りなのである。

それゆえ、時間と能力をこの面でできるだけ有効にするのが、われわれにはふさわしいのであって、なにしろ日々は短く行くべき道のりは長いのだから、できるだけまっすぐで直接的な道をとるのがよい。この目的のためには、われわれを惑わせたり、あるいは少なくとも進むのを邪魔するようなものを避けておいても、的外れというわけではなかろう。それは、次のようなものである。

⑴論争の技で人々を指導し楽しませるためだけに、発明され用いられていて、しかもおそらく調べてみれば、ほとんど、またはまったく無意味な、例の迷路じみた言葉や語句の一切合切、およびこの類とともに、論理学、自然学、倫理学、形而上学やスコラ神学も、人によってはあまりに……満ちていると考えられる[4]。

⑵他の人々の意見であったものを知ろうという目的や欲望。真実は推挙を必要としないし、誤りがそれ〔推挙〕で正されることもない。そして、われわれの知識の探求には、他の人々が考えてきたことなど、それと同程度に無関係である……。利害はある人を盲目にしたり、別の人に謬見を抱かせてきたりしたが、しかもその人々は、自信に満ちた歩みを続けてきたのだ。どれほど道を外れていようと、彼らは、自分たちこそがもっとも正しいと考えてきた。私は、他の人々から頂戴する光を過小評価しようというのではないし、われわれの知識探求の努力を強力に支援してくれる人々がいないと言いたいのでもない。書物がなければ、おそらくわれわれは、インディアンたちと同程度に無知であるだろう。彼らの心は、その体と同様、まともな装いを得ていないのだ。しかし、私が思うに、理性のみが判定者であるべき事項において、他の人々の感じ方を、それを身につけてあらゆる機会に唱えてみせる目的で研究するのを、自分の業にするのは、無用かつ無益である。それがいかに学識の重要部分と目されていようとも、いかに自分の持ち時間が少ないか、いかになすべき仕事が多いか、いかに多くを学ばねばならないか、宗教においていかに多くの疑問を解かねばならないか、道徳ではいかに多くの掟を自らに確立せね

ばならないか、自分の放埒な欲望と情念を制御するにはどれほどの苦痛に耐えねばならないか、生起するであろう何千もの事例や偶然にはいかに備えるべきか、さらに一般的だったり、特定的だったりする職務上の無限に多くの事項にいかに備えるべきか、まさに、これらのことをよく考える者にとっては、たとえ重要な主題であっても、書物に見出される類のさまざまな奇想にわざわざ親しむことなど、自分のなすべきこととはあまり思えまい。これらの意見のすべてを、その多様性、矛盾、そして極端さごと知りつくせば、人間の虚栄と無知について教わるところがあるだろうし、それはわれわれを謙虚にするばかりか、このような考えについての警告ともなることを、否定する気は私にはない。しかし、それが、この種の研究にたずさわるための充分な理由になるとは、私には思えない。しかも、われわれがもっと実質的なもろもろの点を探求してゆけば、この種の事項に続々と出くわして、人間の知性の弱さを思い知ることになるだろう……

(3)［第三のワナは、表現の洗練が真実と美徳に仕えていないときである。］

(4)古代と歴史、といっても、それがただわれわれに物語とおしゃべりの材料を提供してくれるにすぎないなら、ということだが。というのは、アレクサンドロスやカエサルについての話は、生き方をわれわれに指導し、叡智と慎慮の例を教えることにかけて、ロビン・フッドや七賢人の話[5]よりも好ましいものはほとんどないからである。私は、物語がとても有用であること、それが人間生活の善い教えになることを、否定するものではない。しかし、たんに歴史家という評判を求めてそれが研究されるなら、それは実に無内容である。ヘロドトスやプルタルコス、クルティウスやリヴィウス[6]を細部まで残らず心得ていても、それらを何にも役立てられなければ、たんに記憶力に優れた無知な者だろうし、大いに骨折って頭を奇譚で満たしたにすぎなかろう。なお悪いことに、歴史のほとんどは戦争と征服からできているし、その〔叙述〕様式は、ことにローマ人たちのそれが武勲を、それのみとまでは言わないが、ほぼ唯一の美徳として語るものだから、歴史のそうした一般的傾向と内容のために、われわれが誤解へと誘われる危険がある。アレクサンドロスやカエサルやその種の英雄を、それぞれが何十万人もの人間を殺し、それよりはるかに多くの人間を破滅させ、地球上の広大な部分を蹂躙し、その住民を殺して国を奪ったというので、あたかも人間の偉大さの至高例のごとくみなすものだから、われわれはつい、殺戮と略奪が人間の偉大さの、まさに精髄だと考えがちなのである……

(5)〔第五のワナは、「重箱の隅を楊枝でほじくるような設問や迂遠で無益な思弁」である。〕

しかし、もし私が知識のもろもろの領域を好きなように整頓し、それぞれにふさわしい場と優先度を定めてよろしいのであれば、以下のような順にそれらを配置するのが自然だと言いたいところである。

(1)天界こそ、われわれには最大の優先事で、われわれが最大の関心をはらうべき事項だから、そこへとわれわれを導いてくれそうな知識もまた、たしかにそうなのである。だから必然的にこれこそが、第一にして主たる場をわれわれの思索中に占めるべき研究だ。しかし、その本質がどこにあるか、それを構成する部分は、方法論は、適用は、となれば、別に一章が必要となる。

(2)別の世での幸福に次ぐのは、この世を静かにかつ豊かにすごすことであるが、これに必要となるのは、人生のさまざまな場面で賢明に行動し、身を処することである。だから慎慮の研究は、私には、われわれの思索と研究において二番目の位置を占めるに値すると思われる。おそらく人間は（真実のうちに、また神にたいして誠実に生きる人であれば）、慎慮の持ち分が少しあれば善い人間になれるだろうが、本人が幸福になることはけっしてあるまい。といっても、それがなければ他の人々には役に立たない。この二つは、誰であれ、やらねばならないことなのだが。

(3)豊かな遺産を得て、この世で生きるためなら特定の職業につく要はない人々でも、神の法によって、何かをなす義務を負うのはたしかである。その何かは、有能な書き手がすでに正しく論じたわけだから、[7]私は手を出さず、文筆を仕事にした者たちに任せるとしよう。これらの人々について私が考えるのは、彼らの固有の職務内容を、彼らの研究の第三位に置くべきだということである……

〔この後に、健全な肉体に健全な精神を宿すべしという勧奨が続く。〕

われわれの第一にして最大の義務は、われわれのもろもろの研究と知識の探求へと、真理にこがれる心を向けることである。この心は他の何ごとをも求めず、ただそれ〔真理〕をば、いかにみすぼらしく見えようが、卑しく見えようが、流行から外れて見えようが、偏見にとらわれずに、求め抱きしめるのである。これは、勤勉な者なら誰もがそう告白するところだが、また私が思うには、きわめて多くの者が過つところでもある。記憶にもない過去に、教育によってもろもろの意見を植えつけられてしまわなかった者など、ほとんどいないのである。[8]それは、そのようにしてあたかも国の法律のごときものとなり、疑いえざるものとなって、正誤真偽の基準として奉られるのである。おそらく、これらのかくも神聖な見解は、幼児期の神託、またはわれわれの子供時代を整形するると称するあの伝統的な重々しい話に過ぎまいが、彼らはそれらを、確かめもせずに受けわたしてきたのではないだろうか？　これは、われわれが柔軟な時期には宿命だが、このように早期に色づけられしまうため、時間の経過とともに成長するにつれて、あたかも心の基本的な出来方そのものになってしまい、後からでは、違った色合いはきわめて受けつけにくくなる。成人すると、われわれは世界がもろもろの集団に分かれているのを見出し、〔人々は〕あれやこれやの政治や統治の下に集合するばかりでなく、たんなる意見のゆえにも一体となり、ことに宗教の事項では、一人が別の一人とその点で厳格に結びついたり、また他の者たちを峻拒したりする。もし人が、生まれや機会のせいで、若年のうちにこれらのどれかに巻きこまれてしまわないとしても（これが起こらないことは、めったにないのだが）、成人すれば自ら選んで、あれかこれかに入りこむことになる。その集団が正しいという意見に立ってそうすることもしばしばだが、また、一人でいるのは安全ではないから、どこかで群れておくのがよかろう、と考えてのこともある。

さて、こうした党派のどれにも独自の立場があるが、彼らの仲間全員は、それらを当該集団の教義や信条として、自らを空しくして告白し実行しなければならないのである。さもなければ、その集団の一員であるとはほとんどみなされず、少なくとも不熱心な同胞と見られるし、背教変節の危険さえある。これらのさまざまな党派集団の間には、非常な意見の相違や対立があり、そのほとんどに随分な誤りや多くの誤解があるのは明白だ。最初は狡猾な者や無知な者が彼らにそれらを維持させているにしても、盲信や、仲間の信用を失う恐れや利害といったもの（これらすべてが交互に働きかける）があるために、自分の党派の信条に疑問を抱きうる者はめったにいない。彼らはすべてを一緒くたに受け容れ、擁し、そして疑いもせずにそれらを信じると公言して執着し、他の意見はすべて、それらを尺度にして測るのである。世俗的利害もまた、さまざまな人間たちの心に、多様な意見を吹きこみ、それらは、当面彼らに有利なために好意的に受け容れられるのだが、時を経るうちには固着してしまい、取り外すことが容易でなくなる。

これらの、そしておそらくは他のもろもろの契機にもよって、人の心にはもろもろの意見が根づくのであるが、それらは、真実であると誤りであるとを問わず、実質的で実際的な真実だという評判を維持し続け、それゆえそれを信奉する者たちは、めったにそれを疑ったり調べたりすることがない。たまたま間違いだった場合でも、ほとんどの人において大部分が必然的にそうであるように、それらは人の方を、その研究の全行程から逸れさせてしまうのだ。そして、その人自身は読書や考究において自分を買いかぶり、真実の本当の知識で自分の知性を整えるつもりだとしても、実際にはそれが向く方向も、たどり着くところも、彼がすでに受け容れている意見の追認になる。すなわち、彼が他の人々の書き物や議論で出会う事物は、彼の心をすでに占めている期待に合致する程度に応じて、受け容れられたり拒絶されたりしている。一つ二つ例を見れば、このことは単純明瞭に現れるだろう。

ローマ派（the Roman party）の主たる教義は、彼らの教会は無謬だと信じることである。これは、善きカトリック教徒である印と受けとられており、盲信か不安か利害が、すべての人をして、それを疑わせないでいるのである。これが疑いえざる原則として抱かれているために、一体何たる仕打ちを、それが聖書と理性にたいしてしているか、見るがいい。そのどちらも、彼女の〔ローマカトリック教会の〕教義や慣行と合わない場合には——これ以上ないほど明瞭かつ具体的に話しても——聞いてもらえないのである。そして、いけしゃあしゃあと聖書を否定するほど傲慢でないとはいえ、明瞭な意味、および人々が一般に抱く理解に、明らかに反する解釈や区別を用いて意味をごまかし、教会が無謬であるという彼らのこの原則の権威を、全きままに保つのである。その反対に、内なる光（the light within）をわれわれの導き手とすれば、理性と聖書にどういう結果が出るかも、見るがいい。ホッブズ主義者なら、自己保存の原則に立ち、しかもそれによる判定者は自分だから、非常に多くの明快な道徳的義務を、容易には認めまい。同じことが、もろもろの原則を、それらの真実性を検討もせずに取りこんでしまった人々のすべてに、間違いなく見出される。

だから、自分で気づかないうちに人々が真実にたいする偏見を受け容れてしまうのは、ここ〔自分で検証ができない部分〕なのであり、そうなってしまうと、堕落した食欲をもつ人々のように、自らを養っているつもりで、気ままに好みのものだけを食べて、悪い体液を増加させてしまうことになる――こういう点が、しっかりと管理されなくてはならないのである。こういった、われわれの心の古くからの思いこみ、重んじられてほとんど神聖となった立場は、もしわれわれが真実に向かって進もうとし、また心をそれが本来備えており必要ともしているあの自由の状態に心を置こうというのなら、検証されるべきである。誤解は、長く信じていれば小さくなるというものでもなければ、いつか真実へと成長するというものでもなく、それどころかおそらくは、よけい離れがたくなっていくのである。過ちにしても、いずれかの党派のためにそれを喚いたり重んじて支持していれば、危険が減るとか、真実との対立が弱まるといったものではない。それどころか、おそらくありそうなのは、私たちがそれ〔誤解や過ち〕をそんなふうにはますます考えられなくなっていく、ということである。それゆえ、ここにおいてこそ私たちは、もてる限りの力と真摯さを必要とするのであり、ここにおいてこそ、真摯で真面目な友の助力を用いるべきなのだ。この友ならば、われわれが受け容れてきた愛しいもろもろの立場を、われわれが沈着冷静に検証するのを助けてくれるだろう。というのは、それら〔もろもろの立場〕は、心が自ら囚われているものだから、それらを疑ったり、眺めたり、反論を加えたりするのは、容易なことではないからだ。それらは心にとって愛しいものであり、その過ちを見つける困難は、ちょうど、恋する男がその相手を嫌いになれないのと同じなのである。それゆえ、他の人の助力が必要となる。少なくとも、われわれにそれらの欠点を公平に示し、それらを理性か宗教の明快かつ明白な原則に照らして試す上で助けとなってくれることは、大いに有用である……

〔残余のほとんどは、研究の技法にかかわっている。〕

この長い、育ちすぎた議論を終わらせる時がきた。一言だけ付け加えてから結論としよう。それは、最初のところで、私は歴史を無用の部分として、われわれの研究から切り離したが、それがたんなる物語として読まれる限りでは、たしかにそうなのだ。だが、ここで私は、その対極においてなら、つまり、道徳原則がしっかりと心に根づいており、人々の行為をどう判断すればよいかを知る人にたいしてならば、手がけうる最有用の研究の一つとして、それを推奨するものである。そこでは世界像や人間の本性との出会いがあり、それゆえに、人間をそのありのままに考えることが身につくのである。また、もろもろの立場が有力になってゆくのを見るばかりか、それらの一部は、実に些細でときには恥ずべき機会から有力になりながら、後には非常な権威を得て、ほとんど神聖なものとして世に罷り通り、すべてがその前にひれ伏すといった例をも見出すだろう。また、非常に偉大で有用な慎慮の教えを学ぶことができ、この世の虚偽と悪に用心することもできるだろう。他にも多くの利点があるが、それを逐一数え上げはすまい。

研究にかんしては、これだけである。JL

注

1 defalcations [deductions]
2 *mundus intelligibilis* [intelligible world]
3 〔訳注〕この部分の冒頭には which が入っているが、それを主語あるいは目的語とする部分はついに現れない。そのかわりに which 節の主語として it が現れ、しかも「it is so necessary to it」といった具合に多用される。ロックは主格に which を用いたことを失念し、念頭に置いたものすべてを it で表現したものと思われる。
4 〔訳注〕句点を付したが、原文は「満ちている（filled）」以下は「. . .」と終っている。

5 チャップマン（行商人）が売っていた、人気のある昔噺。

6 ギリシアとローマの歴史家。クルティウス・ルフス（AD一世紀頃）については、ほとんど知られていないが、アレクサンドロス大王の歴史家である。

7 おそらくリチャード・アルストリー『ジェントルマンの職務』（一六五九年）だろう。

8 〔訳注〕文章の出だしが Who is there almost と不正則。本来 There is almost nobody とあるべきところ。

4　スティリングフリートにかんする批判的ノート　Critical Notes on Stillingfleet（抜粋）

一六八一年。表題なし。一般に、エドワード・スティリングフリートの『分離の誤り』（一六八〇年）と『分離の不当性』（一六八一年）への 'Critical Notes' として言及される。MS Locke c. 34. King 1829, pp. 346-58; 1830, II, 195-218; Fox Bourne 1876, I, 457-60（'A Defence of Nonconformity' と題される）は抜粋を収録。ロックとジェイムズ・ティレルの共同執筆として、主たる執筆者が問題とされてきたが、今ではロックが著者だとされている（Marshall 1994, pp. 96-110）。手稿は一六七頁あり、アングリカンへの信従を法制的に強制することへのスティリングフリートの支持を、逐一否定する。出版されていないロックの著作のうちで、もっとも重要なものである。以下の抜粋の他に、私は次の二つの引用を付加しておく。「われわれに敵意と戦争を宣言した君主の臣民であるという以外の何かの理由で教皇教徒が罰せられるなら、彼らは苛酷な待遇を受けているると私は思う」（二六頁）。そして、「世俗事項にかんして議会でなされることは、国民の合意であると真に言えるだろう。なぜならば、そうした目的のために力を授けられた代表者によってなされることだからである」（一一八頁）。以下の抜粋はこれまで公刊されてこなかった。一〇一―三頁に該当し、宗教的な改革と抵抗にかんする議論である。テキストは読みづらい。おそらくティレルがロックの口述を書き取ったのだろう。

世俗の権威が教会管轄と混交され、人々をキリスト教徒にするために、または、人々の希望が何であれ、あれこれの教会員にするために、事物の本性に反して権力が用いられるとき、宗教は国家の業務となり、教会統治は世俗の腕力に依存して、キリストの真の規律を無視する。キリストの真の規律とは、人を真のキリスト教徒にするのは説教と説得であること、キリスト教徒にならなければ、教会の交わりから彼らを閉め出して排除し、彼らが同じ宗教をもつことを否認することだった。教会の権力行使者だった人々は、真の宗教と彼らが呼びたがるものへと人々を力ずくで強制したがるが、そんなことは福音にはまったく見出されない。しかし、こうした見解は宮廷で実際にしばしば好まれ、世俗支配の意図や利益によくかない、かくして、職務柄恥ずかしいことに、福音の聖職者は宗教にとって最大の迫害者となる。そしてこれらのことはすべて、権力行使者の権力は聖職者の権威に与して、それを支えるべきであり、聖職者の命令を執行すべきである、という偽りの根拠に基づいている。これによって教会はその真の基礎からはずれ、人々の心に信仰と宗教の真実を伝えるにふさわしいその規律、つまり教導、議論と説得は、人々の騒擾、流血と混乱の場となってしまった。そのかたわら、人々は、自分自身の救済に配慮するという自然的かつ福音的権利を守ろうとして、そして彼らが信じていない、または信じることができないものを拒否しようとして、しばしばあの暴力に抵抗した。その暴力は不当にも、かつ福音の方法に反して、人々をあの宗教や教義の告白へと強制しようとする。人々はそれを信じていないし、同意もできないのだ。またその暴力は、人々が仕えるあの神を不愉快にし、かつ怒らせると思われたあの礼拝様式に、彼らを加えてやろうと強制する。[1] もしキリスト教が、それが始まった当初のまま、人々の心の真の確信と、彼らが正しいと判断する教えや規律への、暴力や強制を伴わない自由な服従に委ねられているなら、世俗国家の統治をかくもゆさぶるような改革という危険な問題が入りこむ余地はなかっただろう。というのは、「その危険な問題とは」権力行使者がそうしなければ、人民が改革しうるのが正当なのは、いつなのか？　ということであり、そのことをつきつめれば、次のことを意味するからである。権力行使者が暴力で打ちたて、または維持してきた教会の教えや規律を変更させようと、権力行使者にたいして人民が暴力を用いてもよいのだろうか、ということである。実際のところ、権力行使者の権力がそれ自体、教会の規律や統治に利害をもち関与している以上、教会の改革は国家の無秩序と騒擾なくしてはなされえない。また通常、そうした改革は教会の問題を大きく修正せず、教会の平穏と清浄に大きな助けともならず、その間、改革者たちは、普通同じ土俵でことをすすめ、（教会に属していると彼らが考える）世俗の腕力を自分たちの側にのみ持ちたいとひたすら願う。そして、腐敗していると改革者たちが考え、良心に反してその一員になるよう権力行使者の権力が彼らに強いた教会から、武力で（そうした事態になるとそれは不可避だが）撤退するばかりでなく、その同じ武力を他の人々に向け、その人々が属し構成していた教会から去るよう強制するのだ。そのさい剣によるこうした改宗者は、多分この変化の善さを納得しておらず、それ以前に支持していたやり方の方により満足していた。霊に属する事項に肉の武器が介入すれば、改革があろうとなかろうとどちらにせよ、こうした過ちを、世俗権力と宗教事項の混同、そして肉の武器が生む。しかし、われらの救い主が（彼はこの世の王国をもたなかった）教会に置いたあの権力の執行のみに教会が委ねられるなら、改革は（それが必要なさいには）福音が求める静穏と平和を世にもたらすことになろう。どの人も（これが唯一本当の改革である）静かに自分を改革できる。それは良心からの悔い改めに基づき、誤りを捨て、自分の過ちを改めて、公的礼拝の方法に従うことであり、その礼拝方法は、宗教の目的にとってもっとも清浄かつ適したものと見出され、また彼と一緒に他の者もそれに加わらせることが可能なものであれば、彼が望むところのものである。そして、これらのすべてにたいしては、何の騒動も起こらないだろう。彼をそこに留めておくような者がだれもいない、そんな腐敗した教会から人が抜け出るのに、暴力の必要はないからである。そして宗教の事項において暴力を使うという、この偉大かつ根本的な教皇主義的教条が除去されるまでは、この世に平和と真理の希望はほとんどない。その教皇主義的教条からは、必然的に次のことが生じるからだ。スペインの王がルター派を焼き、フランスの王がユグノーをつぶし、同様に、イングランドでわれわれは狂信者を罰し、長老派が権力をもったときには彼らが監督派を迫害し、独立派やクエイカーは、彼らの教会に人々を強いて留め置くために、統治権力を用い、または何らかの世俗的な絆をもつべきだと考える。ドイツでの再洗礼派のように、彼らが危険な改革者ではないのかどうか、私には分からない。一方で改革が欠如していること、他方で、改革の主張や欲求がキリスト教界で騒擾や混乱を起こしてきたこと、これらの過ちはすべて、世俗権力と教会権力との混交に、かつあの暴力に由来し、それは、キリスト教のいくつかの王国やコモンウェルスにおいて、国家的に認証維持される宗教に人々を留めるために、またはそこから追い出すために用いられてきたのである。

注

1 〔訳注〕手稿上コンマやピリオドが明瞭ではなく、ここまでが一文のように見えるが、論理ユニットごとに切り分けて訳した。

第4部　文献情報

1　ロックの読書リスト

このリストは「ジェントルマン向けの読書と勉強にかんする考察」（一七〇三年）でロックが推薦した書物を掲載する。古典については、ロックが作品を特記していなければ、著者名だけ記した。十全な書誌情報については、Yolton and Yolton 1989, pp. 319-27 を見られたい。ロックの蔵書は、Harrison and Laslett 1695（HL）のカタログ番号で示した。書物の一部についての解説として、シドニーについては Scott 1991，パクストンについては Gunn 1968 と書簡 3326，ティレルについては Gough 1976，古来の政体については Pocock 1957, Resnick 1984, Greenberg 1989, Weston 1991，コウェルについては Chrimes 1949，旅行文献については Bonno 1955, Batz 1974 をご覧いただきたい。

話術：明快性と正しい推論

Nicolas Boileau-Despréaux, *Traité du sublime* (1675) (HL 371, 1806)

Caesar, *Commentaries* (HL 561)

William Chillingworth, *The Religion of Protestants* (1638) (HL 685-6)

Cicero ('Tully'), *Works* (HL 711)

Cicero, *De Oratore* (HL 721)

Cicero, *Orator*

Livy (HL 1770-2a)

Quintilian, *Institutiones Oratoriae* (HL 2424-5)

Terence (HL 2852-6b)

John Tillotson, *Works* (1696) (HL 2902-20a)

Virgil (HL 3089-95)

道　徳

Cicero, *De Officiis* (*On duties*) (HL 714-17, 721h-i)

The New Testament (HL 302-30c)

政治：社会の起源と政治権力の範囲

Richard Hooker, *Of the Laws of Ecclesiastical Polity* (1593-7) (HL 1490-2)

John Locke, *Two Treatises of Government* (1689) (HL 1293)

Peter Paxton, *Civil Polity* (1703) (HL 725)

Samuel Pufendorf, *De Officio Hominis et Civis* (1673) (HL 2403)

Samuel Pufendorf, *De Jure Naturae et Gentium* (1672) (HL 2401, 2407)

Algernon Sidney, *Discourses concerning Government* (1698; written *c.* 1681-3) (HL 2666)

政治：統治の術

Anonymous, *Fleta, seu Commentarius juris Anglicani* (*c.* 1290; printed 1647) (A summary of Bracton)

William Atwood, *Jus Anglorum ab Antiquo* (1681) (HL 145)

Henry de Bracton (d. 1268), *De Legibus et Consuetudinibus Angliae* (printed 1569)

Robert Brady, *A Full and Clear Answer* (1681)

Robert Brady, *An Introduction to the Old English History* (1684)

Robert Brady, *Complete History of England* (1685, 1700)

Sir Edward Coke, *The Second Part of the Institutes of the Laws of England* (1642)

William Hakewill, *Modus Tenendi Parliamentum, or the Old Manner of Holding Parliaments* (1641, 1659)

Ralph Hengham (Henningham) (d. 1311), *Registrum Cancellarie* (printed 1531)

Andrew Horne, *The Mirror of Justices* (1646)

William Petyt, *The Ancient Right of the Commons of England Asserted* (1680)

John Sadler, *The Rights of the Kingdom* (1649) (HL 2525)

State Tracts (1689) (HL 2759) (another edn, 2 parts, 1692-3)

James Tyrrell, *Patriarcha non Monarcha* (1681)

James Tyrrell, *Bibliotheca Politica* (1694)

James Tyrrell, *General History of England* (1697-1700) (HL 3002)

歴　史

Francis Bacon, *The Historie of the Raigne of King Henry VII* (1622) (HL162)

Gilbert Burnet, *The History of the Reformation of the Church of England* (1679)

Phillipe de Comines (Commynes), *Mémoires* (1524)

Samuel Daniel, *The Historie of England* (1612)

Edward Herbert (Lord Herbert of Cherbury), *The Life and Reigne of King Henry VIII* (1649)

William Howell, *Elementae Historiae* (1671)

Juan de Mariana, *Historiae de Rebus Hispaniae* (1592) (HL 1905)

Sir James Melville, *Memoirs* (1683)

Sir Walter Raleigh, *History of the World* (1614) (HL 2435)

François de La Rochefoucauld, *Mémoires* (1662) (HL 2492-3)

John Rushworth, *Historical Collections of Private Passages of State* (1659-1701) (HL 2514)

Jacques Auguste de Thou (Thuanus), *Historiae sui Temporis* (1604-6)

Diggory Whear, *De Ratione et Methodo Legendi Historias Dissertatio* (1623)

年　表

Helvicus, *Chronology*

Dionysius Petavius (Denys Petau), *Rationarum temporum* (1662)

Joseph Scaliger, *De Emendatione Temporum* (1593) (HL 2558)

Aegidius Strauchius, *Breviarum Chronologicum* (HL 2793-a) (English edn., 1699)

Francis Tallents, *A View of Universal History* (1685) (HL 2829)

地　理

William Camden, *Britannia* (1586) (HL 574-5)

Peter Heylyn, *Cosmographie* (1652)

Hermann Moll, *A System of Geographie* (1701) (HL 2009)

旅　行

Pierre Bergeron, *Relation des voyages en Tartarie* (1634) (HL 280)

François Bernier, *The History of the Late Revolution of the Empire of the Great Mogul* (1671); *A Cotinuation of the Memoirs (1672);* and other travel writings (HL 284-9)

Edward Browne, *A Brief Account of Some Travels in Hungary, Servia, Bulgaria* (1673) (HL 498)

A Collection of Voyages and Travels (1704) (HL 3118)

William Dampier, *A New Voyage Round the World* (1697) (HL 910)

Thomas Gage, *A New Survey of the West Indies* (1648) (HL 1205)

Richard Hakluyt, The *Principal Navigations . . . of the English Nation* (1589) (HL 1374)

Samuel Purchas, *Purchas his Pilgrimage* (1613) (HL 2409)

François Pyrard, *Discours du voyage des françois aux Indes orientales* (1611) (HL 2411)

Giovanni Battista Ramusio, *Navigationi e viaggi* (1595-1665) (HL 2438)

Sir Thomas Roe, *Mémoires de T. Rhoe* (1663) (HL 3118)

Gabriel Sagard, *Hiotoire du Canada* (1636) (HL 2526)

Gabriel Sagard, *Les Grand voyage du pays des Hurons* (1632) (HL 2527)

George Sandys, *A Relation of a Journey* (1615) (HL 2553)

Melchisédech Thévenot, *Recueil de voyages* (1681) (HL 2890)

人間性の理解

Aristotle, *Rhetoric* (HL 118)

Jean de La Bruyère, *Les Caractères de Théophraste* (1688) (HL 505)

Horace (HL 1494-1512a)

Juvenal (HL 1604-8b)

Persius (HL 2263-4)

気晴らしと娯楽

Miguel de Cervantes, *Don Quixote* (1605) (HL 651, 2428)

参考図書

Michel Baudrand, *Geographia Ordine Literarum Disposita* (1671) (HL 224)

Pierre Bayle, *Dictionnaire historique et critique* (1697) (HL 237)

Ambrosio Calepino, *Dictionarium Septem Linguarum* (1516) (HL 569-a)

Elisha Coles, *A Dictionary English-Latin and Latin-English* (1677) (HL 808-a)

Thomas Cooper, *Thesaurus Linguae Romanae et Britannicae* (1565) (HL 842)

John Cowell, *The Interpreter* (1607) (HL 868)

Robert Estienne (Stephens), *Thesaurus Linguae Latinae* (1573)

Charles du Fresne, sieur du Cange, *Glossarium ad Scriptores Mediae et Infimae Latinitatis* (1678) (HL 579)

Johann Jacob Hofmann, *Lexicon Universale Historicum* (1677) (HL1468-9)

Nicholas Lloyd, *Dictionarium Historicum Poeticum* (1671) (HL 1773)

Louis Moreri, *Le Grand Dictionnaire historique* (1674) (HL 2051)

John Selden, *Titles of Honour* (1614) (HL 2608)

Stephen Skinner, *Etymologicon Linguae Anglicanae* (1669) (HL 2689)

Sir Henry Spelman, *Glossarium Archailogicum* (1626) (HL 2739)

Johannes Gerardus Vossius, *Etymologicon Linguae Latinae* (1662) (HL 3107-8)

2　活字化されたロック手稿

このリストは、ロック手稿のうち、本書や他のものに印刷された文書への手引きである。配列は、それらの手稿の保存場所でのそれに従った。こうすれば、表題よりも手稿番号によってロック研究者がテキストに言及するさいに、その注の解読に役立つことになろう。星印のついた文献は本書に登場するものである（本書よりも早い活字化については編者解題で示した）〔「訳者あとがき」で断ったように、長編論考の一部は本訳書には入れていない〕。本書ではじめて活字化されたものは二つの星印をつけた。このリストは完璧なものではなく、十全なものとしてはLong 1959, Attig 1985, Schankula 1973を見られたい。とりわけロックの医学論考は入れなかった（Dewhurst 1963 and 1966; Long 1959, pp. 36-8; Romanell 1984を見られたい）。さらにKing 1829と1830に印刷されたロックの備忘録には簡単な記載が多く付されている。フランス滞在時期のロックの備忘録はLough 1953に印刷されている。ロックの蔵書リストはHarrison and Laslett 1965にある。〔［　］を付した手稿は、原書に収録されたものと同タイトルではあるが、原書のテキストとしては使用しなかったものを指す。〕

Bodleian Library : MSS Locke

b. 3, p. 48	Guineas, *c.* 1695 (Kelly 1991, II, 363-4)
b. 3, p. 64	Paper for Sir William Trumbull, 1695 (Kelly 1991, II, 365-73)
b. 3, p. 68	Proposals to the Lords Justices, 1695 (Kelly 1991, II, 374-80)
b. 3, p. 70	Answers to the Lord Keeper's Queries, 1695 (Kelly 1991, II, 381-97)
b. 4, pp. 75-8	*Liberty of the Press, 1694-5
b. 4, pp. 109-14	Memoir of Shaftesbury (*Works*, IX, 266-81)
b. 5, item 14	Locke's Will (De Beer 1989, VIII, 419-27)
c. 25, fos. 56-7	Rules of the Dry Club, *c.* 1692 (*Works*, X, 312-14)
c. 27, fo. 29	*Civil and Ecclesiastical Power, 1674
c. 27, fo. 30	**The Particular Test for Priests, *c.* 1674
c. 27, fo. 30	*Philanthropy, 1675
c. 27, fos. 32-3	*Catholic Infallibility, 1675
c. 27, fos. 69-71	De S. Scripturae Authoritate, 1685 (Sina 1972, pp. 64-8)
c. 27, fos. 73-4	An Inward Inspiration or Revelation, 1687 (Sina 1972, pp. 68-73)
c. 27, fo. 80	*Pacific Christians, 1688
c. 27, fo. 112	Redemption, Death, *c.* 1697 (Sina 1972, pp. 400-1)
c. 27, fos. 131-7	Spirit, Soul and Body, 1690s (Sina 1972, pp. 403-8; Wainright 1987, II, 675-8)
c. 27, fo. 143	Who Righteous Man, 1696 (Sina 1972, pp. 408-9)

c. 27, fo. 143	Critique of Richard Bentley, *c.* 1696 (Sina 1972, pp.409-12)
c. 27, fos. 147-50	Observations on Mr Bold's Papers, 1698 (Sina 1972, pp. 412-16)
c. 27, fos. 162-75	The Resurrection (Wainright 1987, II, 679-84)
c. 27, fos. 213-14	Christianae Religionis Synopsis, 1702 (Sina 1972, pp. 416-18; Wainright 1987, II, 686-8)
c. 27, fos. 217-19	An Essay for the Understanding of St Paul's Epistles, *c.* 1703 (Sina 1972, pp. 418-24; Wainright 1987, II, 672-4)
c. 27, fos. 221-3	Synopsis of St Paul's Epistles (1703-4) (Wainright 1987, II, 689-90)
c. 27, fos. 238-9	Volkelii Hypothesis Lib. de Vera Religione, n.d. (Sina 1972, pp. 424-7)
c. 28, fos. 1-2	*Preface, First Tract on Government, 1661
c. 28, fos. 3-20	*Second Tract on Government, *c.* 1662
c. 28, fos. 21-32	*Essay on Toleration, 1667
c. 28, fos. 33-40	Draft B of *ECHU*, 1671, Contents List (Nidditch and Rogers 1990)
c. 28, fos. 42-4	On Pierre Nicole (Von Leyden 1954, pp. 252-4)
c. 28, fos. 83-96	**On William Sherlock, 1690-1
c. 28, fos. 107-11	Answer to John Norris, 1692 (Acworth 1971)
c. 28, fo. 113	*Ethica B, 1693
c. 28, fo. 113	**Homo ante et post Lapsum, 1693
c. 28, fo. 114	*Voluntas, 1693
c. 28, fos. 115-16	Method (Farr 1987, pp. 70-2)

c. 28, fos. 121-37	The Conduct of the Understanding (*Works*, III, 185-265, and various edns)
c. 28, fos. 139-40	*Morality, *c.* 1677-8
c. 28, fo. 141	*Law, *c.* 1693
c. 28, fos. 143-4	*Thus I Think, *c.* 1686-8?
c. 28, fos. 146-52	*Of Ethic in General, 1686-8?
c. 28, fo. 157-8	**Adversaria C, *c.* 1681
c. 30, fo. 18	*Trade, 1674
c. 30, fos. 87-8, 94-5	*Draft of Essay on the Poor Law, 1697
c. 33, fo. 10	**Pietas, 25 March 1679
c. 33, fo. 11	**Justitia, 25 March 1679
c. 33, fo. 11	**Politia, 25 March 1679
c. 34	[*extract only] Critical Notes on Stillingfleet, 1681
c. 39, pp. 7-9	*On Samuel Parker, 1669-70
c. 42B, p. 36	**Atlantis, 1679
c. 42B, p. 224	*Ethica A, 1692
d. 1, p. 5	Conformitas, 1679 (Harris 1994, p. 365)
d. 1, pp. 53, 57	*Love of Country, 1679
d. 1, p. 57	**Love, 1679
d. 1, pp. 125-6	*Toleration D, 1679

d. 2	Some Considerations of the Consequences of the Lowering of Interest (draft), 1691 (Kelly 1991, II, 503-612)
d. 3, pp. 1-88	An Examination of Malebranche (*Works*, X, 211-55)
d. 3, pp. 89-112	Remarks on Mr Norris's Book (*Works*, X, 247-59)
d. 10, pp. 43-4	*Ecclesia, *c.* 1682
d. 10, p. 161	*Superstition, *c.* 1682
d. 10, p. 163	*Tradition, *c.* 1682
e. 6, fos. 63-90	[*] Essays on the Law of Nature, 1663-4
e. 6, fos. 91-69	[*] Second Tract on Government, 1660-1 〔69のページ番号は誤植ではない。正確には、fos. 91-69 (retro) とすべきところで、ロックは、ノートの後方ページから書き出し、前方ページの空白部分へと書き継いだ。〕
e. 7	*First Tract on Government, 1660
e. 8, pp. 3-37	Some of the Consequences ... upon Lessening of Interest (Essay on Money and Interest, 1668) (Kelly 1991, I, 167-202; Letwin 1963, pp. 295-323)
e. 9, pp. 1-38	The Grievances of Virginia, 1697 (Kammen 1966, pp. 153-69)
e. 18	*On Allegiance and the Revolution, 1690
f. 1, pp. 123-6	*Obligation of Penal Laws, 25 February 1676
f. 1, pp. 173-4	Spacium, 27 March 1676 (Aaron and Gibb 1936, p. 77)
f. 1, p. 280	**Atlantis, 12 June 1676

f. 1, pp. 289-95	Extension, 20 June 1676 (Aaron and Gibb 1936, pp. 77-80)
f. 1, pp. 313-14	Extension, 9 July 1676 (Von Leyden 1954, pp. 258-9)
f. 1, pp. 317-19	Simple Ideas, 13 July 1676 (Aaron and Gibb 1936, pp. 80-1)
f. 1, p. 319	**Atlantis, 14 July 1676
f. 1, pp. 320-5, 354-5	Idolatry, 15 and 20 July 1676 (Von Leyden 1954, pp. 259-63)
f. 1, pp. 325-47	*Pleasure, Pain, the Passions, 16 July 1676
f. 1, pp. 367-70	*Atheism, 29 July 1676
f. 1, p. 392	Simple Ideas, 3 August 1676 (Aaron and Gibb 1936, p. 83)
f. 1. pp. 402-6	Spelling, 15 August 1676 (Von Leyden 1954, pp. 256-7)
f. 1, pp. 412-15	*Toleration B, 23 August 1676
f. 1, pp. 415-21	*Faith and Reason, 24-6 August 1676
f. 1, pp. 421-9	Transubstantiation, 26-8 August 1676 (Von Leyden 1954, pp. 277-81)
f. 1, pp. 430-2	*Knowledge A, 1 September 1676
f. 1, pp. 442-3	Species, 19 September 1676 (Aaron and Gibb 1936, p. 83)
f. 1, pp. 445-7	*Happiness A, 26 September 1676
f. 1, p. 469	**Politica, 14 October 1676
f. 2, pp. 42-55	*Understanding, 8 February 1677
f. 2, pp. 57-9	Arguments Positive and Negative, 12 February 1677 (Aaron and Gibb 1936, pp. 90-1)
f. 2, pp. 87-101, 114-40	［*extracts only］ Study, March-May 1677

f. 2, pp. 226-7	Cartesii Opera, 8 August 1677 (Aaron and Gibb 1936, p. 91)
f. 2, pp. 247-52	*Adversaria B, 4 September 1677
f. 2, pp. 265-9	Space, 16 September 1677 (Aaron and Gibb 1936, pp. 94-6)
f. 2, pp. 280-2	Sensation, Delight, 1 October 1677 (Aaron and Gibb 1936, pp. 96-7)
f. 2, p. 289	**Atlantis, 4 October 1677
f. 2, pp. 296-8	**Atlantis, 14 October 1677
f. 2, pp. 319-20	Madness, 5 November 1677 (King 1829, p. 328)
f. 2, pp. 347-8	Error, 11 November 1677 (Aaron and Gibb 1936, pp. 97-8)
f. 2, pp. 356-8	Species, 19 November 1677 (Aaron and Gibb 1936, pp. 98-9)
f. 3, pp. 5-16	Relation, Space, 20 January 1678 (Aaron and Gibb 1936, pp. 99-103)
f. 3, pp. 16-21	Memory, Madness, 22 January 1678 (Aaron and Gibb 1936, pp. 103-5)
f. 3, pp. 21-2	Discourse, 23 January 1678 (Cox 1960, p. 32)
f. 3. pp. 24-5	Space, 24 January 1678 (Aaron and Gibb 1936, p. 105)
f. 3, pp. 49-60	Descartes, 7 March 1678 (Aaron and Gibb 1936, pp. 105-11)
f. 3, pp. 69-79	Scrupulosity, 20 March 1678 (King 1829, pp. 109-13; De Beer 1976, I, 555-60: Letter 374)
f. 3, p. 107	**Toleration C, 19 April 1678
f. 3, pp. 111-12	*Law, 21 April 1678
f. 3, pp. 142-3	*Atlantis, 26 May 1678
f. 3, pp. 198-201	**Atlantis, 15 July 1678

f. 3, pp. 201-2	*Law of Nature, 15 July 1678
f 3, pp. 205-6	Infinitum, 16 July 1678 (Aaron and Gibb 1936, pp. 111-12)
f. 3, p. 263	Modes Complex, 25 August (Aaron and Gibb 1936, p. 112)
f. 3, pp. 266-7	**Virtue A, 26 August 1678
f. 3, pp. 304-5	*Happiness B, 1 October 1678
f. 3, pp. 351-7	Recreation, 2 December 1678 (King 1829, pp. 323-5, Fox Bourne 1876, I, 388-90; De Beer 1976, I, 473-5: Letter 328)
f. 3, pp. 358-78	Scrupulosity, 2 December 1678 (part in King 1829, pp. 113-15; part in De Beer 1976, I, 646-50: Letter 426)
f. 3, pp. 381-2	*Reputation, 12 December 1678
f. 4, pp. 145-51	*Of God's Justice, 1 August 1680
f. 5, pp. 33-8	*Religion, 3 April 1681
f. 5, p. 59	*Reason, Passion, Superstition, 16 May 1681
f. 5, pp. 77-83	*Knowledge B, 26 June 1681
f. 5, pp. 86-7	*Laws, 28 June 1681
f. 5, pp. 113-14	Perfect Ideas, 19 August 1681 (Aaron and Gibb 1936, p. 118)
f. 6, pp. 19-20	Cudworth, 18 February 1682 (Aaron and Gibb 1936, p. 118)
f. 6, pp. 20-5	*Enthusiasm, 19 February 1682
f. 6, pp. 25-33	Proof, 20 February 1682 (Aaron and Gibb 1936, pp. 121-3)

f. 6, pp. 33-8	Enthusiasm, 21 February 1682 (Aaron and Gibb 1936, pp. 123-5; De Beer 1976, II, 488: Letter 687)
f. 8, pp. 114-21	**The Labadists, 22 August 1684
f. 26	[*extract only] Draft B of *ECHU*, 1671 (Nidditch and Rogers 1990)
f. 30, pp. 122-84	[*] Essays on the Law of Nature, *c.* 1663-4
f. 31	*Essays on the Law of Nature, *c.* 1663-4
f. 31, pp. 120-38	Valedictory Speech, 1664 (Von Leyden 1954, pp. 220-43)

British Library : Sloane 4290

fos. 11-14	*Some Thoughts Concerning Reading, 1703

British Library : Add. MS 15,642

（ボードリアンライブラリーでは MS Film 424 で閲覧可能）

pp. 13-14	*Atlantis, 14 February 1679
p. 18	**Carolina, 20 February 1679
pp. 18-22	*Atlantis, 20-1 February 1679
p. 22	**Marriage, 22 February 1679
p. 101	*Opinion, 17 June 1679
pp. 108-11	Unity, 3 July 1679 (Aaron and Gibb 1936, pp. 112-13)

British Library : Add. MS 38,771

	Draft of 'Some Thoughts Concerning Education' (1684) (Kenyon 1933)

Public Record Office : Shaftesbury Papers

30/24/30/30	[*] Liberty of the Press, 1694-5
30/24/42/62	Memoir of the Life of the Earl of Shaftesbury (*Works*, IX, 266-81)
30/24/47/1	[*] Essay on Toleration, 1667
30/24/47/2	De Arte Medica (1669) (Dewhurst 1966, pp. 79-84)
30/24/47/3	*Fundamental Constitutions of Carolina, 1669
30/24/47/7	Draft A of *ECHU*, copy
30/24/47/30	*Selecting the Grand Jury, 1681
30/24/47/33	*Infallibility, 1661-2
30/24/47/34-5	Observations upon the Growth and Culture of Vines and Olives (*Works*, X, 323 -56)

Public Record Office : Colonial Office Papers

CO/388/5/86-95	*Essay on the Poor Law, 1697
CO/5/286/266-303	The Grievances of Virginia (Ashcraft 1969)

Adversaria 1661 (1661 Commonplace Book)

(ボードリアンライブラリーでは MS Film 77 で見ることができる。冒頭紙葉には頁番号がない。)

fos. 1-3	*Adversaria A, *c.* 1670?
pp.10-11	*Virtue B, 1681
p. 20	Religio, 1699 (King 1829, p. 285; 1830, II, 81)
p. 24	*Punitive Justice, 1695
pp. 56-89, 94-5	Draft A of *ECHU*, 1671 (Aaron and Gibb 1936; Nidditch and Rogers 1990)
p. 93	*Sacerdos, 1698
pp. 106-25	[*] Essay on Toleration, 1667
p. 125	*Toleration A, *c.* 1675
pp. 268-9	*Venditio, 1695
pp. 270-1	*Toleration A, *c.*1675
pp. 310-11	*Labour, 1693
pp. 320-1	*Error, 1698

Huntington Library, California : MS HM 584

(ボードリアンライブラリーでは MS Film 151 で閲覧可能)

[*] Essay on Toleration, 1667

Houghton Library, Harvard University : MS Eng. 818

pp. 1-5	*General Naturalisation, 1693

3 参照文献一覧

Aaron, R. I. (1937). *John Locke* (Oxford; 3rd edn, 1971).

Aaron, R. I. and Gibb, J., ed. (1936). *An Early Draft of Locke's Essay, together with Excerpts from his Journals* (Oxford).

Abrams, P., ed. (1967). *John Locke: Two Tracts on Government* (Cambridge).

Acworth, R. (1971). 'Locke's first reply to John Norris', *The Locke Newsletter*, 2:7-11.

Anderson, C. (1992). ' "Safe enough in honesty and prudence": the ordinary conduct of government in the thought of John Locke', *History of Political Thought*, 13:587-630.

Appleby, J. O. (1978). *Economic Thought and Ideology in Seventeenth-Century England* (Princeton, 1978).

Ashcraft, R. (1969). 'Political theory and political reform: John Locke's essay on Virginia', *Western Political Quarterly*, 22:742-58.

(1986). *Revolutionary Politics and Locke's 'Two Treatises of Government'* (Princeton).

(1987). *Locke's 'Two Treatises of Government'* (London).

(ed.) (1991). *John Locke: Critical Assessments*, 4 vols. (London).

Astbury, R. (1978). 'The renewal of the licensing act in 1693 and its lapse in 1695', *The Library*, 33:296-322.

Attig, J. C. (1985). *The Works of John Locke: A Comprehensive Bibliography* (Westport, Conn.).

Axtell, J. L., ed. (1968). *The Educational Writings of John Locke* (Cambridge).

Bastide, C. (1907). *John Locke, ses théories politiques et leur influence en Angleterre* (Paris; repr. Geneva, 1970).

Batz, W. G. (1974). 'The historical anthropology of John Locke', *Journal of the History of Ideas*, 35:663-70.

Beier, A. L. (1988). ' "Utter strangers to industry, morality and religion": John Locke on the poor', *Eighteenth-Century Life*, 12:28-41.

Biddle, J. C. (1977). 'John Locke's Essay on Infallibility: introduction, text and translation', *Journal of Church and State*, 19:301-27.

Blaug, M., ed. (1991). *The Later Mercantilists* (Aldershot, Hants.)

Bonno, G. (1955). *Les Relations intellectuelles de Locke avec la France* (Berkeley, Calif.).

Brandt, R., ed. (1981). *John Locke Symposium* (Berlin).

Brennan, J. (1957). 'A Gallican interlude in Ireland: The Irish Remonstrance of 1661', *Irish Theological Quarterly*, 24:217-37, 283-309.

Burns, J. H. and Goldie, M., eds. (1991). *The Cambridge History of Political Thought, 1450-1700* (Cambridge).

Chappell, V., ed. (1994). *The Cambridge Companion to Locke* (Cambridge).

Chrimes, S. B. (1949). 'The constitutional ideas of Dr John Cowell', *English Historical Review*, 64:461-87.

Christophersen, H. O. (1930). *A Bibliographical Introduction to the Study of John Locke* (Oslo).

Clarke, G., ed. (1987). *John Bellers: His Life, Times, and Writings* (London).

Colman, J. (1983). *John Locke's Moral Philosophy* (Edinburgh).

Cox, R. H. (1960). *Locke on War and Peace* (Oxford).

Cranston, M. (1957). *John Locke: A Biography* (Oxford; repr. 1985).

Daly, J. (1979). *Sir Robert Filmer and English Political Thought* (Toronto).

De Beer, E. S., ed. (1976-89). *The Correspondence of John Locke*, 8 vols. (Oxford).

De Marchi, E. (1955). 'Locke's Atlantis', *Political Studies*, 3:164-5.

Dewhurst, K. (1963). *John Locke (1632-1704), Physician and Philosopher* (London).

(1966). *Dr Thomas Sydenham (1624-1689)* (London).

Driscoll, E. A. (1972). 'The influence of Gassendi on Locke's hedonism', *International Philosophical Quarterly*, 12:87-110.

Dunn, J. (1967). 'Consent in the political theory of John Locke', *Historical Journal*, 10:153-82.

(1968). 'Justice and the interpretation of Locke's political theory', *Political Studies*, 16:68-87.

(1969). *The Political Thought of John Locke* (Cambridge).

(1980). *Political Obligation in its Historical Context* (Cambridge).

(1984). *Locke* (Oxford).

Dworetz, S. M. (1990). *The Unvarnished Doctrine: Locke, Liberalism and the American Revolution* (Durham, N.C.).

Farr, J. (1986). ' "So vile and miserable an estate": the problem of slavery in Locke's political thought', *Political Theory*, 14:263-90.

(1987). 'The way of hypotheses: Locke on method', *Journal of the History of Ideas*, 48:51-72.

Farr, J. and Roberts, C. (1985). 'John Locke on the Glorious Revolution: a rediscovered document', *Historical Journal*, 28:385-98.

Fox Bourne, H. R. (1876). *The Life of John Locke*, 2 vols. (London).

Franklin, J. H. (1978). *John Locke and the Theory of Sovereignty* (Cambridge).

Glausser, W. (1990). 'Three approaches to Locke and the slave trade', *Journal of the History of Ideas*, 51:199-216.

Goldie, M. (1980). 'The Revolution of 1689 and the structure of political argument', *Bulletin of Research in the Humanities*, 83:473-564.

(1983). 'John Locke and Anglican Royalism', *Political Studies*, 31:61-85.

(1991). 'The theory of religious intolerance in Restoration England', in *From Persecution to Toleration*, eds. O. P. Grell, J. I. Israel and N. Tyacke (Oxford).

(ed.) (1993). *John Locke: Two Treatises of Government* (London).

Gough, J. W. (1950). *John Locke's Political Philosophy* (Oxford; repr. 1973).

(1976). 'James Tyrrell, Whig historian and friend of John Locke', *Historical Journal*, 19:581-610.

Grant, R. (1987). *John Locke's Liberalism* (Chicago).

Greenberg, J. (1989). 'The Confessor's laws and the radical face of the ancient constitution', *English Historical Review*, 104:611-37.

Gunn, J. A. W. (1968). 'The *Civil Polity* of Peter Paxton', *Past and Present*, 40:42-57.

Haley, K. H. D. (1968). *The First Earl of Shaftesbury* (Oxford).

Hall, R., and Woolhouse, R. (1983). *Eighty Years of Locke Scholarship* (Edinburgh).

Harris, I. (1994). *The Mind of John Locke* (Cambridge).

Harrison, J. and Laslett, P. (1965). *The Library of John Locke* (Oxford Bibliographical Society; repr. 1971).

Hartogh, G. A. den (1990). 'Express consent and full membership in Locke', *Political Studies*, 38:105-15.

Hooker, R. (1989). *Of the Laws of Ecclesiastical Polity*, ed. A. S. McGrade (Cambridge).

Horne, T. A. (1990). *Property Rights and Poverty: Political Argument in Britain, 1605-1834* (Chapel Hill, N.C.).

Horton, J. and Mendus, S., eds. (1991). *John Locke: 'A Letter Concerning Toleration' in Focus* (London).

Horwirz, R., Clay, J. S. and Clay, D., eds. (1990). *John Locke: Questions Concerning the Law of Nature* (Ithaca, N.Y.).

Hundert, E. J. (1972). 'The making of homo faber: John Locke between ideology and history', *Journal of the History of Ideas*, 33:3-22.

Inoue, K., ed. (1974). *John Locke: An Essay Concerning Toleration, and Toleratio* (Nara, Japan).

Jolley, N. (1975). 'Leibniz on Hobbes, Locke's *Two Treatises* and Sherlock's *Case of Allegiance*', *Historical Journal*, 18:21-35.

Kammen, M. G. (1966). 'Virginia at the close of the seventeenth century: an appraisal by James Blair and John Locke', *Virginia Magazine of History and Biography*, 74:141-69.

Kearney, H. F. (1959). 'The political background to English mercantilism, 1695-1700', *Economic History Review*, 11:484-96.

Kelly, P. (1988). ' "All things richly to enjoy": economics and politics in Locke's *Two Treatises of Government*', *Political Studies*, 36:273-93.

(ed.) (1991). *Locke on Money*, 2 vols. (Oxford).

Kenyon, F. G., ed. (1933). *John Locke: Directions Concerning Education* (Oxford).

Kenyon, J. P. (1977). *Revolution Principles: The Politics of Party, 1689-1720* (Cambridge).

King, P. (1829, 1830). *The Life and Letters of John Locke* (London). New edition, with additions, 1830, in 2 vols.

Klibansky, R. and Gough, J. W., eds. (1968). *John Locke: Epistola de Tolerantia: A Letter on Toleration* (Oxford).

Knights, M. (1993). 'Petitioning and the political theorists: John Locke, Algernon Sidney and London's "monster" petition of 1680', *Past and Present*, 138:94-111.

Laslett, P., ed. (1960). *John Locke: Two Treatises of Government* (Cambridge; repr. 1967, 1988).

Letwin, W. (1963). *The Origins of Scientific Economics* (London).

Locke, J. (1720). *A Collection of Several Pieces of Mr John Locke* (London).

(1801). *Works*, 10th edn, 10 vols. (London).

Long, P. (1959). *A Summary Catalogue of the Lovelace Collection of the Papers of John Locke in the Bodleian Library* (Oxford Bibliographical Society).

(1964). 'The Mellon donation of additional MSS of John Locke from the Lovelace Collection', *Bodleian Library Record*, 7:185-93.

Lough, J., ed. (1953). *Locke's Travels in France, 1675-1679, as related in his Journals* (Cambridge).

Macfarlane, S. M. (1982). 'Studies in poverty and poor relief in London at the end of the seventeenth century' (Oxford D.Phil.thesis).

McGuinness, C. (1990). 'The Fundamental Constitutions of Carolina as a tool for Lockean scholarship', *Interpretation*, 17:127-43.

McNally, D. (1988). *Political Economy and the Rise of Capitalism* (Berkeley).

Macpherson, C. B. (1962). *The Political Theory of Possessive Individualism* (Oxford).

Marshall, J. (1992). 'John Locke and latitudinarianism', in *Philosophy, Science and Religion in England 1640-1700*, ed. R. Kroll, R. Ashcraft, and P. Zagorin (Cambridge).

(1994). *John Locke: Resistance, Religion, and Responsibility* (Cambridge).

Mason, M. G. (1962). 'John Locke's proposals for work-house schools', *Durham Research Review*, 4:8-16.

Mehta, U. D. (1992). *The Anxiety of Freedom: Imagination and Individuality in Locke's Political Thought* (Ithaca, N.Y.).

Milton, J. R. (1990). 'John Locke and the Fundamental Constitutions of Carolina', *The Locke Newsletter*, 21:111-33.

(1993). 'Locke's *Essay on Toleration*: text and context', *British Journal of the History of Philosophy*, 1:45-66.

(1996a). 'Lockean political apocrypha', *British Journal of the History of Philosophy*, 4:248-67.

(1996b). 'Locke manuscripts among the Shaftesbury papers in the Public Record Office', *The Locke Newsletter*, 27: 109-30.

Milton, J. R. and Milton, P. (1997). 'The selection of juries: a tract by John Locke', *Historical Journal*, 40:185-94.

Montuori, M., ed. (1963). *John Locke: A Letter Concerning Toleration* (The Hague).

Nidditch, P. H., ed. (1975). *John Locke: An Essay Concerning Human Understanding* (Oxford).

Nidditch, P. H. and Rogers, G. A. J., eds. (1990). *John Locke: Drafts for the 'Essay Concerning Human Understanding', and Other Philosophical Writings* (Oxford).

Parker, M. E. E., ed. (1963). *North Carolina Charters and Constitutions, 1578-1698* (Raleigh, N.C.).

Parry, G. (1978). *John Locke* (London).

Pateman, C. (1988). *The Sexual Contract* (Cambridge).

Phillipson, N. and Skinner, Q, eds. (1993). *Political Discourse in Early Modern Britain* (Cambridge).

Pocock, J. G. A. (1957). *The Ancient Constitution and the Feudal Law* (Cambridge, 1957; repr. 1987).

(1975). *The Machiavellian Moment* (Princeton).

(1985). *Virtue, Commerce, and History* (Cambridge).

Rand, B., ed. (1931). *An Essay Concerning the Understanding* (Cambridge, Mass.).

Raphael, D. D., ed. (1969). *British Moralists, 1650-1800*, 2 vols. (Oxford).

Resnick, D. (1984). 'Locke and the rejection of the Ancient Constitution', *Political Theory*, 12:97-114.

(1987). 'John Locke and the problem of naturalization', *Review of Politics*, 49:368-88.

Riley, P. ed. (1988). *Leibniz: Political Writings* (Cambridge).

Robbins, C., ed. (1969). *Two English Republican Tracts* (Cambridge).

Rogers, G. A. J., ed. (1994). *Locke's Philosophy: Content and Context* (Oxford).

Romanell, P. (1984). *John Locke and Medicine*, Buffalo, N.Y.

Sainsbury, W. N. (1872). *Annual Report of the Deputy Keeper of the Public Records*, 33:211-69.

Sargentich, T. (1974). 'Locke and ethical theory: two MS pieces', *The Locke Newsletter*, 5:24-31.

Saxby, T. J. (1987). *The Quest for the New Jerusalem: Jean Labadie and the Labadists, 1610-1744* (Dordrecht).

Schankula, H. A. S. (1973). 'A summary catalogue of the philosophical manuscript papers of John Locke', *Bodleian Library Record*, 9:24-35, 81-2.

Schochet, G. J. (1975). *Patriarchalism in Political Thought* (Oxford).

Schouls, A. J. (1992). *The Lockean Theory of Rights* (Princeton).

Scott, J. (1991). *Algernon Sidney and the Restoration Crisis, 1677-1683* (Cambridge).

Seliger, M. (1963). 'Locke's natural law and the foundation of politics', *Journal of the History of Ideas*, 24:337-54.

(1968). *The Liberal Politics of John Locke* (London).

Sheasgreen, W. J. (1986). 'John Locke and the charity school movement', *History of Education*, 15:63-79.

Simmons, A. J. (1992). *The Lockean Theory of Rights* (Princeton).

(1993). *On the Edge of Anarchy: Locke, Consent and the Limits of Society* (Princeton).

Sina, M. (1972). 'Testi teologico-filosofici Lockiani dal MS Locke c. 27 della Lovelace Collection', *Rivista di filosofia neo-scholastica*, 64:54-75, 400-27.

Singh, R. (1961). 'John Locke and the theory of natural law', *Political Studies*, 9:105-18.

Skinner, Q. (1978). *The Foundations of Modern Political Thought*, 2 vols. (Cambridge).

Slaughter, T. P. (1981). ' "Abdicate" and "contract" in the Glorious Revolution', *Historical Journal*, 24:323-37.

Snyder, D. C. (1986). 'Faith and reason in Locke's *Essay*', *Journal of the History of Ideas*, 47:197-214.

Spellman, W. M. (1988). *John Locke and the Problem of Depravity* (Oxford).

Spurr, J. (1988). ' "Latitudinarianism" and the Restoration Church', *The Historical Journal*, 31:61-82.

Statt, D. (1995). *Foreigners and English Nationalism: The Controversy over Immigration and Population, 1660-1760* (Newark, N.J.).

Stewart, M. A. (1992). Review of R. Horwitz *et al.*, 1990, *The Locke Newsletter*, 23:145-65.

Tarcov, N. (1984). *Locke's Education for Liberty* (Chicago).

Thirsk, J. and Cooper, J. P., eds. (1972). *Seventeenth-Century Economic Documents* (Oxford).

Tuck, R. (1979). *Natural Rights Theories: Their Origin and Development* (Cambridge).

Tully, J. (1980). *A Discourse on Property: John Locke and his Adversaries* (Cambridge).

(ed.) (1983). *John Locke: A Letter Concerning Toleration* (Indianapolis).

(1993). *An Approach to Political Philosophy: John Locke in Contexts* (Cambridge).

(1994). 'The *Two Treatises* and aboriginal rights', in Rogers 1994.

Viano, C. A., ed. (1961). *John Locke: scritti editi e inediti sulla tolleranza* (Turin).

Von Leyden, W., ed. (1954). *John Locke: Essays on the Law of Nature* (Oxford).

(1956). 'John Locke and natural law', *Philosophy*, 21:23-35.

(1981). *Hobbes and Locke: The Politics of Freedom and Obligation* (London).

Wainright, A. W., ed. (1987). *John Locke: A Paraphrase and Notes on the Epistles of St Paul*, 2 vols. (Oxford).

Waldron, J. (1988). *The Right to Private Property* (Oxford).

Watt, T. (1991). *Cheap Print and Popular Piety, 1550-1640* (Cambridge).

Western, J. R. (1972). *Monarchy and Revolution: The English State in the 1680s* (London).

Weston, C. C. (1991). 'England: ancient constitution and common law', in Burns and Goldie 1991.

Wood, N. (1983). *The Politics of Locke's Philosophy* (Berkeley).

(1984). *John Locke and Agrarian Capitalism* (Berkeley).

Wootton, D., ed. (1993). *John Locke: Political Writings* (London).

Yolton, J., ed. (1956). *John Locke and the Way of Ideas* (Oxford).

(ed.) (1969). *John Locke: Problems and Perspectives* (Cambridge).

(ed.) (1976). *John Locke: An Essay Concerning Human Understanding* (London).

(1993). *A Locke Dictionary* (Oxford).

Yolton, J. and J. W. (1985). *John Locke: A Reference Guide* (Boston, Mass.).

(eds.) (1989). *John Locke: Some Thoughts Concerning Education* (Oxford)

編者解説

マーク・ゴルディ

1　解　説

I

現代以前のどの哲学者のそれと比べても、ジョン・ロックの思想の展開については、分かっていることが多い。一七〇四年に亡くなって、ロックは大量の未公刊文書を残した。その多くは第二次大戦までは、彼自身の棚付机の中にあり、大戦の頃にはラヴレース伯の所有となった。これらの文書は一九四二年に、ターンブリッジ・ウェルズの家具店からオクスフォードのボードリアンライブラリーに移った。その結果、ロックの公刊著作だけでなく、それは一九世紀には一〇巻本をなすに至るが、さらに一〇〇巻以上もの手稿をわれわれは手にすることになった。ラヴレースコレクションに加えて、パブリックレコードオフィスのシャフツベリ文書やその他のところにも重要な文書がある。ロックの文書は、論考の草稿、覚書、備忘録、日誌、会計簿、図書目録や医薬処方箋を含む。これらとともに、ロックによって、また彼あてに書かれた約三五〇〇通の手紙が残っている。これらの文書は、倫理、認識論、政治、経済、神学、教会論や医学といった、ロックの主たる知的関心のすべてに及んでいる。

一八二九年にキング卿によって活字化され、一八七六年にH・R・フォクス・ボーンによって転写されたいくつかの文書を除けば、一九四七年に正式にボードリアンライブラリーの所蔵になるまでは、ラヴレースコレクションは知られていなかったも同然であった。以来半世紀、理論的に重要性をもつ多くの（全部ではないが）文書が公刊されてきた。しかしそれらは、往々にして入手不可能な雑誌の山の間に散在し、あるいは長い間絶版となっている書物の中におさめられていた。本書の目的は、政治と社会にかんする、彼の生存中に公刊された正典的文書とは別の作品を、はじめてまとめて収録し、できるだけ使い勝手のよい選集本として一巻におさめることにある。

ロック全集の一八世紀と一九世紀の版は、本書に登場する文書のほんの断片を含むにすぎないが、このことは、現代におけるロック研究の変容を測る尺度となる。それはまた、ロックが出版を決めた文書と、親友たちにのみ回覧される私的な原稿との間にある懸隔を測る尺度ともなる。ロックの人生はたゆまぬ知的活動のそれであるが、五七歳になるまでは、実際には何も出版しなかった。一六八八—九年の「名誉革命」の直後に、三作品が次々と出版され、主にそれらによって彼は知られることになった。彼の政治哲学は『統治二論』において、知識の根拠の探究は『人間知性論』において、宗教的自由の希求は『寛容書簡』において知られるようになる。さらに、それから数年内に、ロックは『教育論』と『キリスト教の合理性』を公刊し、それとともに、『人間知性論』や『寛容書簡』にかんする論争での答弁や、経済と神学にかんする一連の論考も公刊した。これらの著作の大半は長々とした前史をかかえ、それらの主題は、三〇年以上にわたって彼の考察の対象となっていた。本書の多くの作品はそれらを準備する、あるいはそれらと類似する考察だったのであり、ロックの思想的展開を裏書きする一つの指標をなす。

しかしながら、次のことを知って、読者は直ちに衝撃を受けることになる。残存する彼のさまざまな文書において、公刊作品の優れた内容が、等しく充分に示されているわけではない、ということである。『人間知性論』はロックが彼の名前を付した書物であり、それを彼は強烈に弁護したし、その作品は彼を有名にもしたが、その背後には哲学的な考究が横たわっていて、その種の考究は、他の何よりも頻繁に彼のさまざまな文書に登場する。哲学に迫る勢いで、彼の関心は、宗教的自由、そして世俗と教会権力の関係に寄せられた。だが、これと対照的に、『統治二論』に用意周到な基礎固めを求めるならば、研究者は落胆するだろう。土着のアメリカ人の間での統治にかんする人類学的な覚書や、名誉革命の余波の中で書かれた忠誠論のような箇所では、たしかに適当な素材が見出される。しかし、残存する文書を根拠にすれば、『統治二論』は突発的な作品、彼独特の関心から突如逸脱した作品のように見え、そうでなければ、著者がいかなる自分の痕跡をも残すまいとした書物のように見える。彼は、死期に至るまで、その著者であることを明らかにしなかったのである。

だからといって、本書がその内容において「政治的」なものではない、と言おうとしているのではない。『統治二論』の読者は、ロック政治学の特質にたいする期待を修正し、道徳と社会性の哲学的根拠や、教会と国家の適切な領域にかんする問題が、ロックにおいて突出する点を考慮する必要がある。さらに本書は、『統治二論』の理論的抽象から導出されうるものにもまして、より現実的な感覚を政治的なものにたいしてもつ、そういうロックを明らかにする。というのも、彼は国制的、行政的、そして政策的問題に頻繁に取り組んだからである。「真の政治とは」、レディー・ピーターバラにロックが語るところによれば、「私のみなすところ、道徳哲学の一部であります。それは社会において人々を正しく導くための術にほかなりません」(書簡 2320)。

本書で印刷した文書のうち、最長かつ最重要のものは、ロックの初期論考、『世俗権力二論』（一六六〇―二年）と『自然法論』（一六六三―四年）である。前者は人々に一定の宗教を課する権力行使者の権力を論じ、後者は普遍的に拘束的な道徳法を語るさいの根拠を探究する。これらに、さらに三つの長文論考が加わる。宗教的自由にかんするロックの見解に決定的な変容を標す『寛容論』（一六六七年）、イングランド統治の貴族主義的、参加的、地方主義的特質を再現する丹念な北米構想『カロライナ憲法草案』（一六六九年）、そして『救貧法論』（一六九七年）である。『救貧法論』は、通商委員会用に準備された覚書であり、貧民の生産力の活用をねらった。これらの論考が第一部の「長編」に収められる。第二部の「短編」は七〇の小論、覚書や断片を収録する。このうち一五編はかつて活字化されたことがなかった。補遺の部は他の四作品からの抄録である。文書は部ごとに時系列的に整理したが、その理由は、話題ごとに整理すればロックの関心を不自然に特定、分割しかねないこと、そして彼の哲学を考察するさいの核心は、時を追って彼の思想の展開を理解することに、前々からあったことにある。

本書について注意しておかなければならないことが一つある。ロックはこれらの文書を半世紀にわたって書いたが、概して公刊の意図はなかったことである。内容は多岐にわたり、大学講義、論争上の論考、政府向け意見書、哲学的省察、読書ノート、風刺、友人との連絡、速記での日誌記入、そして不要となった草稿を含む。原手稿を閲覧された方々はご承知のように、削除や行間挿入によって、しばしば文書は不可解となっている。もっと短いロックの文書のいくつかは、一連の日記や、彼が読んでいた書物に喚起された注釈や引用の断片から、強引に抜き出された。こうした色とりどりの、かつ不完全な手稿を、一定の次第と規格化された印刷の体裁と様式でもって出版すれば、一貫性、完全性と合目的性にかんして信頼が置けぬ、との印象を本書全体に与えてもおかしくはない。読者には次のことにご留意いただきたい。本書の内容は、考古学の遺跡から出た土器破片の収集のようなものであって、ロック「大全」といった啓示書ではないということである。

II

ロックは一六三二年にサマセットで生まれた。一六六一年に彼は次のように回想している。「この世で物心つくや否や、私は嵐の中にいることが分かった。」チャールズ一世にたいしてロックの父とパトロンが戦ったのは、ロックが一〇歳のときだった。ロックが一五歳のとき、彼の叔父は地元教区のアングリカン牧師の排斥を手伝った。二二歳になると、ロックはイングランド共和国の支配者、オリヴァー・クロムウェルに歌で敬意をささげた。「御身は天界からすでにして完全なる英雄として降臨された。」ロックの家系は、議会制と神聖なる教会の名で内戦を戦ったピューリタンの間に、しっかり根を下ろしていた。一世代後、一六八〇年代初頭に彼は『統治二論』を書いた。そのときには、彼や彼の仲間のホイッグの見るところ、君主制絶対主義の横暴にたいして、もう一度イングランド人は抵抗すべきことになるかもしれなかった。

しかし、それまでの間は、ロックは内戦を鼓舞する主張の多くから身を引き、復古イングランドの特徴である、心底からの精神的な反動を共有していた。政治面での彼の進展については、議論としては、一六四二年の主張を徐々に再発見する過程としてよく描かれるが、それは途切れのない感性の変容を伴い、その変容をつうじて信心篤いピューリタニズムは啓蒙ホイッグ主義へと転変していった。ロックの晩年における広教主義的アングリカニズムは、その中に、一六四〇年代の穏健ピューリタンに固有の態度を含有していた。それは次のことである。理論的君主制論者であろうと共和主義者であろうと、監督主義者であろうと長老派であろうと、神授権説を拒否すること。信条的または儀式的なドグマよりも、徳ある行為を強調する「反形式主義」。セクトや「熱狂派」（寛容にたいする彼らの正当な要求が何であろうと）への嫌悪。神学的奇形、かつ文明社会への脅威とみなして、ローマカトリック教を恐怖すること。

成人としてのロックの人生は四段階に分けられる。最初の三段階は復古期にあたり、一六六〇年のステュアート朝の復古と一六八八年におけるその二度目の転覆との間である。まず、ロックはオクスフォードのテューターだった。彼はジェントルマンの子弟の面倒をみ、彼らにラテン語、ギリシア語と道徳哲学を教えた。普通なら牧師となるべきところを免れ、医学を研究して、後には非公式ではあるが開業した。クレーフェへの使節の秘書として、ロックは公的生活へ乗り出した。

一六六七年にロックはクライスト・チャーチでのアカデミックな隠遁生活を捨て、アシュリー卿の家に入った。アシュリー卿はチャールズ二世の大蔵大臣であり、後にシャフツベリ伯および大法官となった。ロックはアシュリーの政治的親友かつ秘書として、そして彼の孫には家庭教師として働いた。アシュリーは大富豪地主であり、その収入は労働者の数百倍だった。その絶頂期にロックは彼に仕え、カロライナの領主秘書および通商委員会主事として活躍する。一六七〇年代末に伯が「教皇主義と恣意的権力」の増強に攻撃を加え、ホイッグという名前を得た政治運動を開始すると、ロックは伯の反対運動を支えた。伯の反対運動が反逆とみなされ敗北するまで、ロックは助けていた。主人がついにオランダへ逃亡すると、ロックも後を追う。

一六八三年から一六八九年の初頭まで、ロックはオランダ共和国で生活し、イングランドとスコットランドのホイッグ亡命者や非国教徒の集団の中ですごした。イングランド政府の手先による誘拐を恐れて、ときおり姿をくらました。このときにもし彼が亡くなっていたら、落ちぶれた貴族廷臣に仕えるうさんくさい人物という以外に、史実にほとんど跡を残さなかっただろう。

最後の段階、つまり一六八九年二月にイングランドへ戻って以降、ロックの生活は一変した。彼は文壇の第一人者、国際的に著名な哲学者、政府への助言者、「あの偉大なロック氏」になったのである。彼はほとんどの時間を、愚鈍な夫をもつ才気ある一婦人、ダマリス・マッシャムのエセックスの家ですごした。彼はホイッグ政治家や廷臣の仲間と手紙をかわした。彼らは自分たちを「同志」と呼び、一六九五年の出版検閲の終了と一六九六年の全国貨幣改鋳に巻きこまれた。彼は通商委員会に出席し、アイルランド織物産業やヴァージニア問題といった事項を審議した。彼は聖書注解を書き、アイザック・ニュートンとともに聖書の年代順配列に頭を悩ませた。一七〇四年一〇月二八日にロックが死ぬさいには、ダマリス・マッシャムが詩篇を読み聴かせていた。

III

『世俗権力二論』の発見以降、急進的な政治観にロックが到達したのは後になってからのことで、初期の保守派が革命的ホイッグになったと見るのが、当たり前のことになった。実際、ロックは、彼の性分に反して新しい見解へと、いやいや引きずられていったような印象を与える。彼の気質は、用心深く、心配性で、社会秩序のもろさには痛ましいほど敏感だった。波乱の二〇年間の後、イングランドのジェントルマンの大半が感じた思想的な疲労困憊の雰囲気は、『世俗権力二論』の序文に見てとることができる。「戦争、残虐、略奪、混乱」は「あわれにもこの国を疲弊させ、荒廃させ」、世は専制と無政府の間を揺れ動き、情念にかられた大衆は自由と良心の叫びで武装する。

『世俗権力二論』は、復古過程がかかえる、重大で未決着の問題を明らかにした。君主制が復活したが、再建されたイングランド教会の性格については、いまだ決着がつかなかった。監督派と長老派は、キリストが自分の教会を主教によって統治するよう意図したかどうかをめぐって、争った。古い共通祈祷書に定められた儀式は教皇主義の迷信だと考える者もいた。クエイカーやバプテストのような新しいセクトは、良心の自由を求めた。クライスト・チャーチでロックと同学だったエドワード・バグショーは、儀式や儀式書の再強制に反対した。ロックは『世俗権力二論』でそれに応答した。

『世俗権力二論』でのロックの議論の手順は、後の『統治二論』のそれと似ていないこともない。第一部は、彼の論争相手の聖書解釈を喧嘩ごしに、かつ細心に論駁して地ならしをする。第二部は、より一般的に、あまり論争的な用語を使わずに彼自身の意見を提示する。ここでロックの主題は、秘匿されているかのように見えてもおかしくない。政治権力の性格にかんする移ろいゆく考察を、読者は追い求めることになった。ロックは不可知論者風に次のように言う。「権力行使者の王冠が天から彼の頭に直接降りてきたのか、彼の臣民の手によって頭上にすえられたのか、そんな問題にかかわりあう」必要はない。しかしながら、彼は次のようにも主張する。「各国の最高の権力行使者は……絶対的かつ意のままとなる権力を必然的にもたねばならぬ」。彼はここで君主制「絶対主義」を擁護しているのではなく、どの国においても究極の立法権力が存在せねばならぬ、という立法観を擁護していた。というのも、彼が続けて言うに、「純粋なコモンウェルス」(共和国)においても何ら異なることなく、「同様に意のままとなる権力が合議体において存する」からである。

これらは付随的な見解にすぎなかった。主要な問題は、宗教的礼拝形式を権力行使者が課することの正当性にある。キーワードは「非本質的事項」または「アディアフォラ」であり、それはイングランド宗教改革思想における激しい論争の主題であった。リチャード・フッカーの『教会政治論』に顕著に見られる権威主義的な伝統においては、次のように主張される。神は礼拝されねばならないが、どのように礼拝されるべきかについては、神は過度に指令を与えることはなかった。これを根拠に、儀式（そして道徳や教会統治）の一部の事項は神法に規定され、救いにとって「必要な事項」であるが、他方、規定がなく救いにとって「非本質的事項」である儀式の遂行には（そして行動や管轄には）幅広い余地があるとされた。この後者の領域において、品位と善き秩序のために、公的儀式と教会統治の外的な形式を課する裁量を権力行使者がもつ、と主張された。権力行使者は今なお、可視的なルター派的信心篤き王であり、その手には、世俗生活のそれと同様に、宗教的生活の外的な整備が託されていた。議論としては、アディアフォリズム（寛容主義）は、包括的国教会としてのイングランド教会を支える教理だと言うことができる。それは次の強烈な考えを含む。ある事項は *jure divino*（神授権）によるものであり、したがって人間の選択には服さないが、大半の事項は *jure humano*（人定法）によるものであって、実用にかないそうな人間の措置に従うのが正当である。

こうなると、人間の生活のあらゆる微細な点までも神の啓示によって支配される――すべての行動は神により命じられたか禁じられたかのどちらかである――と考える熱狂的信者は、危険な方向へと誤って導かれていることになる。彼らは、権力行使者をあらゆる点で不信心者として非難するようになり、特異な義務を要求するか、あるいは迷信的な人間的措置を免れるキリスト教徒としての自由を要求することになる。そうした者たちは狂信者であり、ロックが書くには、彼らはイングランドを「宗教的激情の専制」へともたらすのである。ロックの思想の基本線は、アングリカン（そして穏健な長老派）のアディアフォリズムという伝統的なものであった。このことは、口当たりがあまり良くはないが、ホッブズの見解でもあった。『リヴァイアサン』は、アディアフォリストの見解を熟慮した上での、一つの「帰結」だったからである。そこにおいて、「人定法」によるものは、「神授権」によるものを、ほぼ完全に閉塞させる。

ロックの『寛容論』（一六六七年）は、決定的な心の変化を明らかにした。ここで彼は、権力行使者の唯一の職務は「人々の平和、安全と保護」だ、と繰り返し主張した。この基準で運用されない法は何であれ「干渉的」だった。国家を危険に陥れるような儀式は何もないはずだから、儀式を強制するのは国家の職務ではなかった。こうなると、思弁的な神学的見解だけでなく、「礼拝の場所、時間や様式」も自由でなければならなくなる。ロックは、教会の領域と「世俗の職務」との間に、理論的な隔壁を立てようとの試みを開始した。ルター派的な信心篤き王は消え失せた。ロックは、宗教的な象徴が「党派と騒擾」を喚起する掛け声になりうることを認め、経験をもとにして脅威となるものを検証していけば、教皇主義者と一部のプロテスタント狂信者は危険だという結論に至る、との確信を崩さなかった。権力行使者は彼らを、コモンウェルスを害するものとして抑圧してよい。だが、不必要に迫害すれば、それは無実のセクトを扇動的反逆者に追いやる確実な方法になる、と権力行使者にロックは助言した。彼はさらに、政治経済学者の言語を採用し始め、寛容は国家の「人口と勤勉」そして「富と権力」を増大させるだろうと提言した。

ここで再び、政治権力の起源について付随的な見解が登場する。ロックは今や、「神授権的」君主制を説く人々は、「自分がどこの国に生まれたかを忘れている」と語った。しかし、良心に屈辱を加えられ、宗教的事項において誤って強制を加えられた人々でさえ、「法が科する罰には静かに従う」べきである、とクギを刺すことを忘れなかった。武装して抵抗する権利を明白に主張するロックを、『統治二論』以外には見出すことは不可能に思われる。

ロックの新しい見地は、サミュエル・パーカーのアディアフォリスト的ホッブズ的論考、『教会統治論』(一六六九年)への批判にも、見てとることができる。一六七〇年代と一六八〇年代における、「世俗の権力、教会の権力」、「教会」、「平和的キリスト教徒」、そしてタイトルが「寛容」で始まる論考、といった一連の手稿は、ロックの成熟した見解の特徴を明らかにする。とりわけ宗教の領域から世俗の支配権を、彼は断固として排除した。コモンウェルスの擁護と、魂の救済とは別個のものだった。救済にかかわる事項においてわれわれを強制する権力を、世俗社会にわれわれが与えたと考えられてはならない。教会の会員になることは自発的なことであるべきだった。彼らの規律の手段は破門だったが、それに世俗の罰が付加されてはならない。ロックはアディアフォリストの議論は不適切だと考えるようになった。「寛容D」において、個々の礼拝様式は「そのことを非本質的だと考えない人にとっては、非本質的なものにはなりえない」と書いた。どんなに面倒で頑迷な熱狂的信者がいたとしても、強制されれば彼らには深刻な害が加えられる。ロックは慣習の根深さや、文化的に定着した儀式を、人類学的に考察するようになった。ある国で野蛮とされることは、他の国では文明的であり、他の人々が愚かだと思うような慣習のゆえに死ぬ者がいるだろう。さらにロックは反聖職主義を強め、政治に介入して教義と実践を支配しようとする教会人に敵意を抱いた。

IV

『世俗権力二論』においてロックはこう書いた。「神は自分の意志を知らせるには、通常自然法と呼ばれる理性に基づく発見によるか、または神の言葉の啓示による。」『自然法論』では、ロックは後者から前者へと乗り換えた。彼を絶えず悩ませたのは、他ならぬ、道徳の合理的根拠、そしてそれと神の意志との関係の問題であった。ジェイムズ・ティレルが語るように、『人間知性論』は、一六七〇年代初頭の、道徳と啓示宗教にかんする会話に起源をもつ。これには、一六六〇年代から一六九〇年代に至るまでのテキスト上の連続性にかんして、複雑な歴史がある。『自然法論』が議論の口火を切り、いくつかの観点が『人間知性論』の草稿AとB（一六七一年）に現れ、「倫理一般」（一六八六—八年頃？）の一部は草稿Bからほぼ逐語的に抜き出された。ロックは『自然法論』を出版すべきだ、と一六九〇年にもなってからティレルは提案した。注目すべき一つの連続性は、南アフリカのソルデイニア湾の無神論的原住民にかんするロックの引証である。これは『自然法論』、草稿B、『人間知性論』、そして『統治二論』のある版に登場する。

『自然法論』では、ロックは新スコラ的な自然法論の遺産の中で議論し、それは主としてアクィナスとスアレスをつうじて、大学の研究者にはおなじみのものだった。『自然法論』は、より適切には「質疑集」とも言うべきものであり、討論質疑形式の講義である。自然法が存在すると主張してから、それについて信頼に足るどんな知識を得られるのか、という考察へとロックは向かう。衝撃的なことは、道徳哲学の伝統的な二つの土台を、ロックが断固拒否することである。一つは、内在的観念というプラトン主義的概念であり、もう一つは、キケロ的またはグロティウス的「共通感覚」、つまり人間が共通にもつ合意や伝統である。内在論への批判、そして道徳観念の文化的普遍性にたいする人類学的な懐疑主義には、すでに根拠が用意され、それが『人間知性論』の核心となる。『自然法論』では（そして『人間知性論』においても）ロックの有神論は、彼が提供する別種のアプローチにとって不可欠のものとなる。

神の本性をスコラ学的に論じることは、その意志が善を設定する全能の作動者として神を捉えることと、その理性が善を認識する全知の作動者として神を捉えることとの間に、緊張を生じた。これは主意主義と合理主義との間における緊張である。大半の同時代人と同様、ロックはスアレス的な中道を採用した。神は「有能であるばかりでなく賢明」だからである。「神の正義」（一六八〇年）においてロックは、神の「無限の力は、叡智と善によって統御されなければ、卓越したものではありえない」と書いた。しかし、彼の基本的立場は主意主義的であった。自然法は神の偶発的意志によって創造され、倫理は神法について適切な知識をもつことにかかわった。法の観念がなければ道徳概念は無意味であり、その法はその違犯に罰を科する力をもつ者の命令を伴う、とロックは繰り返し強調した。「美徳B_1」（一六八一年）では、美徳は神の意志から導出され、だから法としての効力をもつと解釈されねばならぬ、とロックは繰り返した。「倫理一般」では、もしわれわれが道徳を法的に解釈しなければ、「道徳」は各社会の風儀や習俗の叙述にすぎなくなる、と彼は力説した。

『自然法論』でのロックの見解はこれと類似しているが、もっと複雑である。神の意志は恣意的でも無意味でもなく、したがってそれは、われわれが推論することができるし、聖書にたまたま登場する記述に依拠せずともよい事項だ、と彼は強調する。自然法は「神の意志の指令」であるが、「自然の光によって認識可能」である。というのも、神は「この世を無益、かつ無目的には創造しなかった」からである。「何が正しいかということについて、合理的な認識」は可能である。それは、ケンブリッジ・プラトニストや内戦期の神秘主義者の方法による、内省的な観想だけでは得られない。そんなやり方は「熱狂主義」に、つまり間違っていてお手軽な理解に至るだけである。神の心にかんするわれわれの知識は、神の業、神が創造した自然秩序にたいする辛い骨の折れる検分を伴う。道徳的知識への唯一可能な道は、感覚経験に基づいて働く理性を通じるそれのみである。したがって理性は、自然法を（冒瀆的にも）「設定する」のではなく、われわれをとりまく世界の中でそれを「見出す」のである。世界にかんする神の意図を検分すれば、われわれは社会生活と、それを支える美徳へと促されていることが分かる。神の「足跡」は充分見てとることができる。「知性」（一六七七年）において、空疎な形而上学的探究をロックは嘲笑する。認識論におけるわれわれの目的は、われわれがどう振舞えばよいかを見出すことに、そしてこの世の幸福を増進するための「経験論的自然哲学」に存するのである。

ロックの主意主義と経験主義は、道徳的確実性の論証可能性にかんする、明らかに合理主義的かつ自信満々な彼の主張を、一層混乱させることになる。「知識B」（一六八一年）において、彼はまず次のように述べた。「数学と同様、道徳は論証可能である」。しかし、それと対照的に、「医術」や「政治」は論証可能ではなく、「ありのままの事実の歴史」の光に照らされた意見と慎重な判断に依拠すると言う。一六九二年にウィリアム・モリヌーは、『人間知性論』が表明した抱負をロックが実行し、道徳が「数学的方法にしたがって論証可能である」ことを説明するよう励ました（書簡1530）。ロックの主張のうち穏やかなものはこうである。「財産のないところに、不正義はない」とか「絶対的自由を認める政府はない」といった同義反復的な命題から成り立つ形式的な枠組みを、われわれは念入りにこしらえることはできる（『人間知性論』第四巻、三、一七章）。この意見が強烈に表明されると、実在する道徳命令は論証可能、ということになる。おそらく、この種の見解の何がしかが、彼の論稿「法律」（一六九三年頃）で意図され、法律はある作動者の他への依存を伴うので、われわれの義務の源泉を創造主に、そして他の義務の源泉を両親にたどることができるとされる。この意味での経験的道徳的知識は、偏頗かつ偶発的なものには違いないが、一種の論証可能性と、多分、矛盾はしない。

これと同様に混乱をきたすことは、ロックが内在論を否定するにもかかわらず、明らかに内在論的用語でもって、道徳的知識に言及し続ける傾向があることである。『統治二論』では、自然法は「全人類の心に書きこまれた」と彼は書き（第二章、一一節）、他所では、良心が何を直接教えるかについて語る。ロックは、自分の問題を解決することに失敗したか、あるいは、道徳的事項における妥当な推論は、内在的観念に似た力をもつ直感に相応するものと考えるようになった。この問題をさらにもつれさせるのは、論証可能性の企てに絶望して、『キリスト教の合理性』（一六九五年）において、啓示への依存を一層強める兆候を見せたことである。理性が提示しそこなったことを新約聖書が補わなくてはならない。

自然と理性が神の意図を教えうるというロックの主張の背後には、明らかに次の差し迫った事情がある。内在論と共通感覚をロックが拒否したことは、彼の信用を危うくしたのである。『人間知性論』を読んで、アイザック・ニュートンは「あなたはホッブズ主義者だ」と嘆じた（書簡 1659）。道徳が人間のこしらえものであり、したがって時間と場所の違いに応じるものであるとの結論を（それは、そもそもプラトンの『国家』中で、トラシュマコスによってもっとも強烈な形で主張された）、ロックは回避するのに苦労した。自然法は、彼が強調するに、永遠、普遍かつ可視のものである。ホッブズに同時代人が帰する見解、つまり自然法は表現不能かつ非実用的だから、結局は、実定法、つまり権力行使者の法に行き着くという見解に、自分が結びつけられることのないよう彼は願った。『統治二論』（第二章、一二節）において、自然法は実定法よりも平明だとさえ、ロックは指摘した。

さらに道徳的知識は、ロックにとって、君主や聖職者の権威に依拠せずとも、勤勉な探求者なら「だれにとっても」入手可能である。こうした認識上の努力にたいする個人の責任の重みは大だった。それは、われわれに代わって考えてやろうという人々によって強奪されても、また肩代わりされてもならない。にもかかわらず、明らかにだれもが、この理性による必要な探求と取り組むわけではなかった。農夫や酪農場で働く女性には、そうするゆとりが経済的になかった。彼らのためにこそ、と『キリスト教の合理性』でロックが主張するように、キリストによる新約聖書での自然法の「再公示」が、正しい振舞いの手ごろな掟を提供するのだった。

道徳的知識の問題は、論理としては扱いやすいとしても、実践上はそうではなく、そればかりか、もっと悪いことに、知識だけでは動機や服従の問題を解決できないだろう。「倫理B」（一六九三年）において、ロックは知識と動機との間に決定的な相違があることを繰り返している。われわれは何をすべきかを知ることはできても、それをする意志を欠き、ときには、知ることも意志することもない。無知は堕落と気脈を通じる。理性を用い、かつ自己規律するための通常人の能力にかんするロックの悲観は、道徳的な障害、つまり「強盗、殺人、強姦、そして罰と譴責から免れた人間の慰みごと」にかんして、熱病的なイメージを結んだ（『人間知性論』第一巻、第三章）。このことが、確立された統治のない自然状態をかくも不安定なものにした。社会規律を強制するという差し迫った必要性を、ロックはけっして過小評価しなかった。

一六七〇年代中ごろから、神は人間の心理を欲望と嫌悪の一体系として構築したということを、ロックは徐々に信じるようになった。ロックはエピクロス主義の復活や、ニコルの『道徳論集』の翻訳作業から影響を受けた。快楽主義の傾向は「快楽、苦痛、諸情念」（一六七六年）にはっきり見てとれるし、「道徳」（一六七七—八年頃）、そして「このように私は考える」（一六八六—八年頃）や「倫理一般」のような重要な論考において、一貫した主題となった。快楽と苦痛は人間行動の源泉である。人々は「ひたすら、そしてつねに」幸福を望み、不幸を避けることを望む。断固たる主観主義を伴って、ロックは

「善とは快楽を与え、増進するものである」と断定する。善悪は「相対的用語」であり、それは「事物の本性における何ごとかを意味するのではなく」、快楽と苦痛を生む「性質や傾向」だけを意味する（「倫理一般」）。このことは、移ろいやすい感覚的快楽や物質的利得に幸福が還元される、ということを言うのではない。健康、評判、知識、他を利すること、そして永遠を希求することを重んじるという、幸福の複合概念へとわれわれは導かれるのである。快楽を求めることで、だれも非難されるべきではないが、一時的なこの世の快楽を好むさいには非難される。ロックが確信するに、死後の生活、そして永遠の幸福と不幸が頑として存在するからこそ、神の意志に従って行動しようという善良かつ明白な動機を、われわれはもつのである。幸福を追求し不幸を避けるということは、賞罰体系内での感化の手段であり、それによって、神、権力行使者、そして広くは社会が、意見と評判をつうじて服従を確保する。同様に、子供の粗暴な情念をくじいて「習慣によって反対の快楽を定着させる」ことが教育者の課題であり、そうなれば、理性、良心と欲求は成熟した協調へともたらされる（「倫理B」）。根拠は定かでないものの、賞罰を与える神的立法者がいて、自身の意志を人類に「充分に周知」させているとの信念に、何よりもまずロックは一貫してこだわっていた。

V

「ジェントルマン向けの読書と勉強にかんして」（一七〇三年）において、ロックは政治学を二つの側面に区別した。「一つは社会の源泉、そして政治権力の起源や範囲を含むもの、もう一つは社会における人間統治の術」である。「思索断片集」のいくつかは、人間学と自然学について一つの見取り図を描き出したが、同様にそこでロックは、政治の基礎研究を「政策的判断[2]（prudence）」と対比させた。政策的判断は、国家権力、その秩序と行政、そして軍事力を含む。『統治二論』は政治的正統性にかかわり、他の論考ではロックは政策的判断について述べた。一六九〇年代には、『統治二論』がロックの著であることは一般的に知られていなかったが、それとは別に、彼は「政治」において「優れた判断」をもち、かつ「たいそう情報通」とみなされていた（書簡2880）。

『統治二論』は、著者についてはほとんど沈黙しているが、採用するに賢明だとロックが考えた政体の型については、何も隠されてはいない。それは昔からあるイングランドの「古来の政体」であり、君主制、貴族制と庶民の代表を包含する。それは第二論文の第三節で彼が想定する体制であり、北米にもちこむべく『カロライナ憲法草案』において丹念に再構成された体制である。『カロライナ憲法草案』は、名目的な君主制の下で、世襲貴族と土地所有ジェントルマンによる支配を構想し、「多数者民主制の成立を避けようとした」。またその体制は、「貴顕の士からの手紙」（一六七五年）が明言するところによれば、チャールズ二世の廷臣が擁する絶対主義志向の脅威にさらされていた。さらにそれは、革命体制を一六八九年二月に議論していた暫定議会に、ロックがつきつけた体制だった。彼はエドワード・クラークにこう語った。「平和と安全という堅固な基礎に立つ国家の制定は、古来の統治を復活する以外には、うまくいく方途はありません。その原初の政体の部分部分をすべてまとめて集約すれば、それは、かつて存在した政体のうち、多分最良のものとなるでしょう」（書簡1102）。『統治二論』の逆説的な結論はこういうことになる。統治解体という状況において、人民は彼らが最良だと考える形体の政府を設立してよいが、絶対確実な古来の政体を採用するのが彼らにとって妥当であろう。一六九八年版を修正するさいに、彼は最後の文章を修正し、「新しい形体、または新しい人員でそれを設立する」とあったのを、「新しい形体を設立し、または古来の形体の下で、それを新しい人員で設立する」と直した。名誉革命が後者を達成したことでロックは充分満足した。新しい人員とは王ウィリアム三世をとりまく人々であり、ロックはその奉仕者になった。

ロックはホイッグの言説を裏書きしていた。最良の政体は君主制、貴族制と民主制の三つの純粋政体の混合であるという古典的叡智が、サクソンの自由人が享受したという伝説的特権にかんするテュートン的神話とめでたく融合したものが、古来の政体という考えだった。ロックはこのことにかんして論考を書く必要を感じなかった。そのかわりに彼は他の論考を推薦した。『教育論』と「ジェントルマン向けの読書と勉強にかんして」は、イングランド法制史の広範な読書をすすめた。「慎慮と世の中にかんする知識にとって、歴史は最高の教師」だからである（『教育論』一八二節）。たとえば、ジェントルマンはジェイムズ・ティレルの『イングランド史』とジョン・サドラーの『王国の権利』を読むべきだった。

古きイングランドの統治の細部を知ろうとするロックの熱意はよく看過される。教区は治安官をかかえ、その職は村のエリートによって順番に回される。西部地方では、彼らは十家組長と呼ばれる。「アトランティス」においてロックは、各十家組が、その言葉どおりに、一〇の家族で構成されると説いた。十家組長は住民を登録し、浮浪者を統制し、一カ月に一回各家を巡視し、「どんな暮らしぶりをしているかを見る」。さらに彼は、高齢、疾病、子供の養育のために窮乏している人々に、公的援助を保証した。『カロライナ憲法草案』では、判事、長官、執事卿、陪審、治安官や登録官といった、地方政府官吏の複雑な構造を描き出す。

エリザベス救貧法の下で、教区は貧民監督官を選び、彼は怠惰な者を規律して、救貧に値する貧民を助けた。『救貧法論』でロックは、救貧法行政の改善をねらった。貧民保護官は就労学校を立て、生徒が学校を去った後は徒弟として、地元の職人や農民が雇用するよう要請する。ロックは徳高く勤勉な納税者のコモンウェルスを描き、「美徳と勤勉は……つねに相伴う」としている。こうした住民は、「勤勉、道徳や宗教とはまったく無縁」の輩とは区別され、そうした輩を矯正することになる。彼らは自分たちの共同体を統治するが、また義務も負荷され、怠慢から貧民を死なせでもしたら、罰金を科される。彼らは教会役員と保護官を選出し、後者は三年任期で働き、毎年三分の一が引退する。

イングランド地方行政にかんするロックの展望は、歴史家が近代初頭のイングランドに見出してきた地方自治の広範な実践を反映する。君主制政体の隙間に、小規模の擬似共和制的な多様な「コモンウェルス」が広がっていた。それらは、住民参加の理念（キケロの『義務について』から主として引き出された）と信仰篤き「道徳改革」という双子の理念を実践的に表わすものだった。「ジェントルマン向けの読書と勉強にかんする考察」において、ロックは道徳にかんして読まれるべき二冊を特定した。キケロの『義務について』と新約聖書である。

しかしながら、これと対照的な側面が、政策的判断にかんするロックの考察にはある。彼は国家経済再生の手段として自治という伝統的な手法を用いようとした。「通商」（一六七四年）にかんする彼のノートに始まり、通商委員会にかんする覚書、一六九〇年代の貨幣改鋳や移民の帰化にかんする論考に至るまで、重商主義者が治国策の二本柱とみなすもの、つまり通商の拡大と労働力の増大を、ロックは支持しようとした。『統治二論』への後年になっての追加において、ロックは次のように書いた。「労働力の増大と彼らの正しい雇用は、統治の大なる術策である」（第二論文、第四二節）。『救貧法論』では、教区は織物工房のネットワークを作らねばならず、貧民は「社会のために役に立つ」ようにさせられるべきだった。「物事が秩序立てられていけば、どんな労働も損なわれることはない」からである。労働需要に市場の制約がかかることをロックは考えなかった。働かない者は怠惰か身体的な不能者だった。「政治算術」にかかわる新種の実務家が打ちたてつつあった国家的計算法をロックは用い、次のことが明らかとなった。労働がほぼ可能だが、今のところ怠惰な一〇万人の貧民が一週六日間就労し、一日三ペンス稼げば、王国には年間四〇万ポンドの収益をもたらすであろう。

政治算術家にとって、国家の生産力はその人口と直接的に相関している。人口増大に向けた政府の行動をロックが熱心に訴えるのは、彼の思想の意外な側面である。「アトランティス」において、彼は「強く健康な人々が大勢いることは、あらゆる国に富をもたらす」と書く。旺盛な繁殖力は減税や公務の免除によって促されるはずだった。四〇歳を越える未婚の男性は相続権を縮小させられるべきであり、不妊女性は離婚されてもかまわない。消去された文章では、男性には重婚が認められた。「美徳B」（一六八一年）で、ロックは女性について「彼女の存在の主たる目的は人類の繁殖である」と書いた。

ロック的な政策的判断の領域において、古来の共同体主義は、近代的な国家形成と相並んでいる。名誉革命後のイングランド国家は、それと同様の一筋縄ではいかない性格を抱えていた。一六八九年以降、フランスとの長引く戦争は「財政軍事国家」の前例のない成長を促し、経済学の必要性と政府が管轄する帝国的な通商の必要性をますます強化した。ロックは、イングランドの支配者によって取り組まれるべき国家建設の大綱のうち、もっとも野心的なものを仕掛けていた。消費税訴追委員会委員として、ロックは増大しつつある公共財政事業と取り組み、通商委員会のメンバーとして、帝国と通商政策にかんする覚書を、ロックは忙しく書きつらねた。

ロックの政体は、教区でも国家レベルでも、ともに非常に統制の利いたものであった。彼が最小限の政府を擁護したのは、重要ではあるが、ある一定のやり方においてのみであった。政府が何にかかわってはならないかを、彼は強調したのである。政府は魂を救うために存在せず、また知的な思弁を検閲するために存在するのでもない。それは、この世に幸福な状況を作るためにこそ存在した。好ましい状況は偶然には登場しないから、公共政策策定の努力が求められた。名誉革命は絶対君主制を敗北させたが、執行権を強大にした。政策的判断の理論家としてロックは、一六九〇年代に統治の手綱を握ったホイッグ国家建設者を代弁して、「古来の政体」を利用したのである。

本書に収録されている論考を『統治二論』と並べてみると、ロックの政治思想のこうした特徴が見えてくる。ロックを正当に理解するには、人間の社会性と統治にかんする半世紀間の考察から生まれた私的な文書と、現代自由主義的立憲政治にとっての正典的テキストとの間で、相当骨の折れる比較対照がなされねばならない。

2 ロック略年譜

一六三二年八月二九日、サマセット、リントンで生まれる。
一六三七年　チャールズ一世にたいするスコットランドでの叛乱。
一六四〇年　長期議会招集。
一六四二―五一年　ブリテン内戦。
一六四七―五二年　ロンドン、ウェストミンスター校に在学。
一六四九年　チャールズ一世の処刑、共和国イングランドに。
一六五一年　ホッブズの『リヴァイアサン』出版。

一六五二年　オクスフォード、クライスト・チャーチに入学。一六五六年学士、一六五八年修士。一六六七年までオクスフォードにとどまる。
一六五三―八年　オリヴァー・クロムウェルがプロテクター卿として支配。
一六六〇年　チャールズ二世の復古。
一六六〇―二年　最初の政治論考『世俗権力二論』を書く。
一六六一―四年　クライスト・チャーチでギリシア語、修辞学と道徳哲学の講師を務める。
一六六二年　アングリカンへの信従を強いる統一法。
一六六三―四年　『自然法論』を書く。
一六六五―六年　クレーフェのブランデンブルグ選帝侯に派遣された使節の秘書を務める。
一六六六年　ロンドンの大火。聖職に就かずにカレッジ研究員にとどまる免除措置を得た。アシュリー卿と出会う。
一六六七年　ロンドンのアシュリー卿の家に入る。一六七五年まで通常はロンドンに住む。『寛容論』を書く。
一六六八年　アシュリー卿の命を救う手術を監督する。王立協会の研究員に選ばれる。
一六七一？―五年　カロライナ領主秘書を務める（おそらく一六六九年から）。
一六七一年　『人間知性論』を書き始める。
一六七二年　アシュリー卿がシャフツベリ伯となり、大法官に任ぜられる。王が信仰許容宣言（宗教寛容の勅令）を出す。
一六七二―三年　（聖職録）推薦局主事を務める。

一六七三―四年　通商植民地委員会主事。
一六七三年　王弟かつ継承者のヨーク公ジェイムズのカトリック改宗が明らかとなる。シャフツベリが公職から追放される。
一六七五年　シャフツベリ派の宣言『地方の友人にあてた貴顕の士からの手紙』が公刊される。
一六七五―九年　フランス旅行し、主にモンペリエに滞在する。一六七七年半ばから一六七八年半ばまでパリに滞在。
一六七六年　ニコルの『道徳論』を翻訳する。
一六七八年　教皇陰謀発覚。
一六七九年　トマス・ホッブズ死去。ロックはロンドンへ帰る。
一六七九―八一年　排斥危機、つまりヨーク公ジェイムズを王位継承から排除する企て。「ホイッグ」と「トーリー」の党派名が作り出される。
一六八〇年　ロバート・フィルマー卿の『家父長論』が刊行される。
一六八〇―三年　オクスフォード、ロンドン、そしてジェイムズ・ティレルのバッキンガムシャーでの居宅オウクリーに滞在。『統治二論』を書く。
一六八一年　オクスフォードにおけるチャールズ二世の最後の議会招集と突然の解散。シャフツベリが反逆罪に問われ、ホイッグの大陪審は告発を却下。エドワード・スティリングフリートに対し、ロックは寛容弁護を書く。
一六八二年　ロンドン市でホイッグ支配にトーリーが反撃。シャフツベリはオランダへ逃亡。
一六八三年　ライハウス陰謀。アルジャノン・シドニーとウィリアム・ラッセル卿の処刑。ロンドン塔でエセックス伯自殺、オランダでシャフツベリ死去。
一六八三―九年　オランダへ亡命。一六八七年までは主としてユトレヒトとアムステルダムに、それ以降はロッテルダムに逃亡。
一六八四年　クライスト・チャーチの研究員資格を剥奪される。息子の教育にかんしてエドワード・クラークに最初の書簡を書く。
一六八五年　チャールズ二世死去、ジェイムズ二世即位。モンマス公の叛乱。彼はセッジムアで敗北し処刑される。ロックはアムステルダムに隠れる。『寛容書簡』を書く。
一六八六年　年内に『人間知性論』を実質的に書き終わる。
一六八七年　アイザック・ニュートンの『プリンキピア』刊行。
一六八八年　名誉革命。オレンジ公ウィリアムのイングランド侵入とジェイムズ二世の逃亡。『人間知性論』の「要約」出版。
一六八九年　ウィリアム三世とメアリ二世の即位。権利章典。寛容法。フランス、ルイ十四世に対する戦争。二月ロックはイングランドへ戻る。消費税訴追委員会委員に任命さる。秋に『統治二論』（一六九〇年付け）、『人間知性論』（一六九〇年付け）と『寛容書簡』を公刊。
一六九〇年　ボインの戦い。アイルランドでウィリアムはジェイムズを敗北させる。ロックはエセックス、オウツのダマリス・マッシャムの家に落ち着く。
一六九一年　『利子率低下と貨幣価値上昇の帰結にかんする考察』（一六九二年付け）刊行。
一六九二年　『寛容第三書簡』刊行。ウィリアム・モリヌーとの文通開始。

一六九三年　『教育論』刊行。
一六九四年　定期的に総選挙を求める三年議会法。イングランド銀行創設。
一六九五年　出版検閲終止と貨幣大改鋳にかんする助言。『キリスト教の合理性』とその最初の『擁護』の刊行。
一六九六年　通商植民地委員会委員に任命され、一七〇〇年まで務める。『貨幣価値上昇にかんするさらなる考察』刊行。
一六九七年　『キリスト教の合理性擁護第二』刊行。『人間知性論』をめぐるエドワード・スティリングフリートとの論争が頂点に。
一七〇〇年　ピエール・コストによる『人間知性論』フランス語訳刊行。
一七〇一年　プロテスタント（ハノーヴァー朝）王位継承を確たるものにする王位継承法。
一七〇二年　ウィリアム三世死去、アン女王即位。
一七〇四年　ブレナムでマールボロー公がフランスに勝利。ロックは『パウロ書簡釈義と注解』を完成する。オウツで一〇月二八日死去。エセックスのハイ・レイヴァー教会墓地に葬られる。

3　文献案内

一九世紀以来、十全なロック全集は出版されていない。一八〇一年の第十版がもっともよく引用される。クラレンドン版ジョン・ロック全集として今までに刊行されたものは次である。De Beer 1976-89,

Kelly 1991, Nidditch 1975, Nidditch and Rogers 1990, Wainright 1987, Yolton and Yolton 1989. 政治思想史ケンブリッジテキストシリーズは、ロックの著作の三本を収録している。『統治二論』(Laslett 1960, reissued 1988)、本書、そしてジェイムズ・タリー編集の寛容論考である。[3]『統治二論』には、ラスレット版に加えて多くの版があり、その最新のものが Goldie 1993 である。『人間知性論』については、Nidditch 1975 と Yolton 1976 をご覧いただきたい。『寛容書簡』にもいくつかの版があるが、とくに Tully 1983 と Horton and Mendus 1991 をご覧いただきたい。ロック作品の他の現代版には次のものがある。Aaron and Gibb 1936, Abrams 1967, Axtell 1968, Klibansky and Gough 1968, Lough 1953, Montuori 1963, Viano 1961, Von Leyden 1954, Wootton 1993. 書簡選集が一九九八年にはオクスフォード大学出版局から出版される予定である。[4]

伝記の主たるものは、King 1829, Fox Bourne 1876 そして Cranston 1957 がある。また、Dewhurst 1963 と Ashcraft 1986 もご覧いただきたい。政治的、思想的背景は以下で探ることができる。Appleby 1978, Burns and Goldie 1991, Daly 1979, Dunn 1980, Haley 1968, Horne 1990, Kenyon 1977, Phillipson and Skinner 1993, Pocock 1957, 1975 and 1985, Schochet 1975, Scott 1991, Skinner 1978, Tuck 1979, and Western 1972.

ロック思想の概論は、Yolton 1993 と Chappell 1994 で見ることができる。ロック政治思想の簡略な研究は、Parry 1978 と Dunn 1984、そしてもっと長いものとしては Ashcraft 1987 がある。近年におけるもっとも挑戦的な再解釈は、Macpherson 1962 と Dunn 1969 によって提供された。ブルジョワ・ロックというマクファーソンの見地は形を変えて、Wood 1983 and 1984 と McNally1988 に登場する。ロックの宗教思想の重要性と、それが彼の論理、寛容や世俗社会にもつ意味にかんするダンの強調には、Harris 1994 と Marshall 1994 が後を追う。自然権や私有財産論者としてのロックについては、Schouls 1992, Simmons

1992 and 1993, Tully 1980 and 1993, Von Leyden 1981, Waldron 1988 を見られたい。ロックを保守的リベラルとする「シカゴ学派」については、Cox 1960, Grant 1987, Tarcov 1984 を見られたい。フェミニストアプローチとしては Pateman 1988 がある。ロックの寛容については Horton and Mendus 1991 を見られたい。

『統治二論』をロックが執筆、出版した状況や、急進的政治に自身が巻きこまれた度合いについては、Laslett 1960 と Wootton 1993 が、また Ashcraft 1986 が徹底的に、さらには Franklin 1978 や Marshall 1994 が考察を加えている。アメリカにかんする、そしてアメリカにおけるロックについては、Dworetz 1990 と Tully 1993 がある。貴重な論考集としては、Yolton 1969, Brandt 1981 と Rogers 1994 がある。

ロックにかんする研究論文は、一週一本の割合で登場する。それらの一部を書誌に挙げておいた。[5] 近年の議論を知るには次の雑誌によるとよい。*The Historical Journal*, *History of Political Thought*, *The Journal of the History of Ideas*, *Political Studies* そして *Political Theory*。Ashcraft 1991 はロックにかんする一〇〇を越える論文を収録し、Blaug 1991 はロックの経済思想の背景にかんする論文を集めている。ロックの備忘録やノートに登場する題材に綿密な注意を払う研究として、Cox 1960, Driscoll 1972, Dunn 1967, 1968 and 1969, Gough 1950, Harris 1994, Marshal 1994 そして Tully 1980 がある。

ロックにかんするさらに充実した書誌としては、Attig 1985, Christophersen 1930, Hall and Woolhouse 1983, Yolton and Yolton 1985 がある。*The Locke Newsletter* では毎年新しい文献が追加される。ロックの手稿にかんする記述としては、Long 1959 and 1964, Lough 1953 (Appx C), Milton 1996b, Schankula 1973 がある。本書書誌における他の文献は、ロックのテキストの印刷か、そうしたテキストにかんする技術的な議論を提供するものである。本書において、これらの文献は相応する箇所で引用される。

4　文書の選択について

政治と社会にかんするロックの見解については、実際彼が書いたすべてのもので確かめることができる。『統治二論』や『寛容書簡』をいったん踏み越えると、いくつかの方向へ、とくに『人間知性論』（そして草稿A、BとCとして知られる、その初期の版）、『教育論』、そして経済や貨幣改鋳にかんする一連の文書へと、われわれは向かうだろう。（『人間知性論』の政治的意味についてはTully 1980とWood 1983が、『教育論』のそれについてはTarcov 1984、そして経済論考のそれについてはKelly 1991で議論される。）しかしながら、本書の目的はロックの主要作品の編集にあるのではない。

紙幅の制約上、政治、教会統治や人間行動にかんする見地を示す、重要ないくつかのテキストを除外せざるをえなかった。重大な犠牲の一つは、『知性の正しい導き方[6]』（一六九七年執筆、一七〇六年に初版）であり、これはしばしば看過された作品である。宗教、偏見と神学にかんする、八、一〇、二三節はとくに啓発的である。他の重大な除外作品（補遺での抜粋以外の部分）は、寛容主義的な「スティリングフリートにかんする批判的ノート」（一六八一年頃）である。これは長い論考で、今まで公刊されてこなかったロックの作品のうち、もっとも重要なものであり、クラレンドン版ジョン・ロック全集にはいずれ登場することになろう。他に除外したものは、植民地統治の処方を提供する「ヴァージニア問題」（Ashcraft 1969, Farr 1986, Kammen 1966を見よ）や「利子率四％への引き下げに伴う結果」（一六六八年）がある。後者は一六九〇年代に出版された貨幣にかんするロックの論考の土台となり、彼の経済思想に相当量の光をあてる（Kelly 1988, 1991, Letwin 1963を見よ）。さらに、ロックの「シャフツベリ伯の生涯にかんする覚書」（*Works* 1801, IX, 266-81）が抜け、ほとんど完全に無視されてきたこの作品を、ここでも無視することになってしまった。

もう一つの辞退条例は、[7]ロックの書簡をすべて排除したことである。彼の政治思想を理解する上で、書簡の多くは非常に重要である。しかしながら、本書出版の直後にオクスフォード大学出版局から『書簡選集』が出版されるであろうし、本書とあわせて読まれれば実り多いものとなろう。[8]（ロックの書簡と論考の間には、テキスト的にかなりの重なりがある。たとえば本書にある「熱狂」（一六八二年）は、ダマリス・マッシャムあての手紙と重なり、また休養や几帳面さにかんする論考はデニス・グレンヴィルあての手紙の中身でもあり、それは『書簡選集』で登場する。）

残存するロックの論考や覚書の多くは、政治、哲学と神学の境界上に位置する。これらのものから文書を選択するさいに、認識論よりも倫理学に最大の重きを置く哲学的論考を、また救済論や聖書解釈学よりも寛容や教会論によく関連する宗教的作品を私は選んだ。ロックをつねに悩ませてきた話題、つまり道徳的知識の明証性にかんするロックの議論は、すべて収録するよう努力した。一六七〇年代と一六八〇年代の間に書かれた備忘録の記事のうち、どれほどが『人間知性論』用の準備草稿を意図したものかは、こみ入った問題であり、それには私は取り組もうとしなかった。政治教育にかんするロックの案内としては、彼の「ジェントルマン向けの読書と勉強にかんする考察」、そして補遺で「研究」の抜粋を選んだ。

従来公刊されてこなかったいくつかの文書もここで入れた。しかし、ロックの備忘録やノートには、その大半は短く警句的にすぎないものとはいえ、まだまだ発掘されるべきものがある。たとえば、彼の冷笑的な見解として次のものがある。「自分がやれたことや、なしとげたことを自慢し、または誇示するとき、それは、そのことが彼にとっては新奇、または珍しいものであって、完璧にはモノにしていないという証拠である」(MS Locke, c. 33, fo. 23) とか、「タリー〔キケロ〕の時代の少し前になってようやく、人間の詮索好きな心が哲学を見出した」はずなどないのだから、天地創造の聖書上の日付(紀元前四〇〇四年)は正確であるに違いない(MS Locke, f. 7, pp. 35-6)。

いくつかの文書については、それがロックの筆であるとの信憑性には疑問の余地がある。他の偉大な思想家と同様に、とくに一八世紀の編集者の手によって、正典文書がのさばりがちだった。私は、適正確実にロックの筆とされる文書だけを収録し、かつ疑念があればそのことを編者解題で明らかにしたつもりである。もっとも問題となるのは、ここで全部を活字にした『カロライナ憲法草案』と、補遺で抜粋した「地方の友人にあてた貴顕の士からの手紙」である。本書で『カロライナ憲法草案』を登場させたことには、私の見解では、ロック自身がそれに強くかかわっていたという充分な証拠づけがある。著者問題は、一六九〇年代の末に通商委員会用に準備した、ロックの意見書の事例でも生じる。『救貧法論』がロックの筆であることには確信があるが、委員会の何人かの署名のあるその他の文書を、確実に彼の筆に帰することはできない。このことはアイルランド亜麻布産業にかんする文書にもあてはまる(*Journals of the House of Commons*, 1803, pp. 427-30 と Fox Bourne 1876, II, 263-72 に印刷、また Kearney 1959 や Kelly 1988 で議論される)。通商委員会文書のうち、唯一本書に収められたものが『救貧法論』である。

著者同定の問題にかんしてもっとも危険をはらむ文書は、パブリックレコードオフィスのシャフツベリ文書である。シャフツベリ文書は、さまざまな出所の資料や、シャフツベリ伯側近の意見書を含む資料の寄せ集めであり、筆者の同定が困難である。多くの文書が秘書としてのロックの机を横切った。たとえば「司祭に課する特別審査」はロックの手によるものではないが、彼によって裏書されている。これを本書に収めたのは、あまり問題の余地のないラヴレースコレクションの中に、この文書が現にあるからである。シャフツベリ文書（PRO 30/24/6B/429-30）中の教会管轄権にかんする二つの文書を根拠として、そこでの教会権力にかんする見解をロックのものとしてきた研究者もいる。それはエラストゥス的な調子をもち、一六七〇年頃以降のものである。だが、これらの文書をロックに帰する説得的な理由はなく、私はそれを収録しなかった。シャフツベリ文書には、さらに「医術について」（一六六九年）のような医学文書もあり、ロック哲学にかんする概括的な議論の中で頻繁に引用されたが、これはトマス・シデナムによって書かれたものらしい（Dewhurst 1966, pp. 79-84, Fox Bourne 1876, I, 222-7）。

他の外典もある。一八七六年にフォクス・ボーンは『ローマ共和国にかんする考察』をロックの筆としたが、実は、ウォルター・モイルによるもので、Robbins 1969 に印刷されている。この誤りは、*Dictionary of National Biography* に踏襲された。フォクス・ボーンは、さらに誤って、『古きイングランドの法体制』（一六九五年）をロックに帰した。この誤りはときおり繰り返される。同様に、ロックの父親のノートにある「哲学」と呼ばれる文書も、ロックによらない（BL, Add.MS 28,273, Fox Bourne 1876, I, 70-1）。これはウィリアム・ボールドウィンのピューリタン的古典『道徳哲学論』（一六二〇年）からの要約である。ロックの時代において、ロックのものではない他の作品が彼のものとされることがあった。それは政治的意図によるか、あるいは考え方が類似すると思われたことによる。前者の例は、おそらくロバート・ファーガソンが書いた扇動的ホイッグ文書『プロテスタント陰謀はない』（一六八一年）であり、後者の例は、ダマリス・マッシャムの『神の愛にかんする論考』（一六九六年）である。ロック外典にかんしては、Attig 1985, pp. 159-65, Milton 1996a を見られたい。

ラヴレースコレクションにおけるロック自身の文書ですら、別の理由で、著者同定が困難な場合がある。彼のノートは読んだものから集めた素材に満ち、通常は自分のイニシャルを付して自身の考えを記しているのだが、テキストのどの部分が彼の考えかは、つねに明らかとは限らない。さらに、彼は頻繁に写字生を使ったので、彼のものと考えられるテキストの中には、彼の手によらないものがある。

テキストの研究者は著者同定に苦心し続けるだろう。だがその一方で、著者という概念を解体することに熱心な他の研究者もいる。ピュロン的懐疑に陥らずに、次のように考えて締めくくりをする価値があろう。われわれすべてと同様、ロックはさまざまな方法でさまざまな読者に語りかけ、状況に応じて考えを変え、それぞれの論争の動きの中で適切なことを述べ、「自分の」考えを形づくるために仲間と共同したのである。さらに、一七世紀の大学で実践されたスコラ的定式においては、他人の文書に注釈を加え、それに磨きをかけるという教育上の作業は、今日われわれが剽窃と呼びうる作業と、ほとんど見分けがつかない場合があった。ロックの作品を孤高な、巧まずした創作とみなすことが、いつも有用とは限らないのである。

5　テキストの処理について

ロックにかんして論争にならないものはほとんどない。このことは、彼の思想の解釈と同様、テキストの筆写、日付や題付けにもあてはまる。ロックのテキストに学生と研究者が近づきやすいようにと、本書は意図されたものである。信頼に足る版の提供をねらったが、原典批評研究の提供を望んだのではない。本書で印刷されたテキストのほとんどどれもが、ロックの生存中に公刊されなかった。われわれが依拠するものは、しばしば推敲がなされず、みっしりと修正のほどこされた手稿である。その適切な復元は、こみ入った苦労の多い仕事である。さらに、ロックはときおり速記で書いた。私以前に編集作業を行なった方々に、私は必然的に頼ることになり、収録されたほとんどのテキストは以前に出版されたものである。『世俗権力二論』と『自然法論』は、エイブラムズとフォン・ライデンの版からそれぞれをとり、元の手稿には寄らなかった。他のテキストのほとんども、印刷された版から転写したが、手稿に照らして調べ、修正した。このことで、先立つ編著には重要な修正がほどこされ、また抜け落ちていた部分が復元された箇所もある。補遺に収録されたもの以外は、どのテキストにも省略はない。

ロックのテキストのスペルや大文字使用は現代風にした（詩を除く）。短縮（たとえば ye, yt）は解除し、複合語（たとえば every one, any one）の空白は除去した。句読点は意味を明確にするために変えたところがある。わずかな事例だが、書き誤りは、ロックの本来の意図が明白な箇所では、断りなく修正した。欄外や行間挿入は、概して、断りを入れずに組み入れ、削除された文言は、とくに重要と思われるところ以外では、記載しなかった。角型括弧［ ］は編者の挿入である。

各テキストには編者解題をつけ、テキストの由来、そして英語ですでに印刷されたものについての情報を記した。編者解題には、適宜、テキストの要約とその背景についての簡単な説明を入れた。さらに、テキストの表題にかんする特記事項も記した。ロックはしばしば表題をつけず、研究者がさまざまな表題をつけるために、混乱が生じている。私は、この混乱を増幅させないよう、配慮したつもりである。ロックの備忘録では、表題は、彼が欄外に書きこんだキーワードからとった。

ロックの未公刊文書から抄録して印刷した最初の試みは、キング卿によってなされた。一八二九年版と一八三〇年版では、それぞれ丁付けが異なり、私は両者における登場箇所を明記した。ロックのテキストにかんする現代の議論にかんして、解題部分で広範な言及を行なえば、紙幅を法外に費やし、書誌情報を拡大しすぎることになろう。ただ、ピーター・ラスレットが、『統治二論』の権威ある版の注解において引用しているテキストについては、すべてそのことを示しておいた。テキストに関係のあるロックの書簡についてもそれを明らかにした。

ロックの論考の一部の日付は定かではない。もっとも悩まされるのが「思索断片集一六六一」(Milton 1993 を見よ) にある素材である。表題にもかかわらず、それは一六九〇年代に至るまでの素材を含む。昔の研究者は、これらの論考を時間的にもっと早期にすえた結果、解釈にゆがみが生じた。フォクス・ボーンのロック像(一八七六年)は、若年期から彼を「リベラル」とするが、それは部分的には、この誤りから生じるものである。MS Locke, c. 28 中の素材もまた、日付が困難である。

脚注は最小限にした。脚注は、難解な語や文句の説明と、書籍、人物と事件への言及だけをねらいとする。たまに、テキストの異本を記すが、それは分析的な注釈を提供するものではなく、ごく稀にだけ、ロックの作品の他所の文言への相互参照を示す。私はロック自身の指令に従った。ロックは「各［テキストの］意図と、それが書かれた時」を記録する編集者を好み、「物知り顔の引用や説明を、用もなくひけらかして読者をうんざりさせる」編集者を好まなかったのである (MS Locke, c. 33, fo. 25)。

注

1 〔訳注〕原文では「美徳 A」となっているが、一六八一年という執筆年と内容から判断して、「美徳 B」の誤りである。この訂正についてはゴルディの了解を得ている。

2 〔訳注〕訳書では、「慎慮」と「政策的判断」に訳し分けた。

3 〔訳注〕クラレンドン版ロック全集としては、その後、John C. Higgins-Biddle (ed.): *The Reasonableness of*

Christianity, 1999, そして J. R. Milton and Philip Milton (eds.): *An Essay Concerning Toleration And Other Writings on Law and Politics, 1667-1683*, 2006 の二書が刊行されている。タリー編集の寛容論考は、James Tully (ed.): *Locke on Toleration*, Cambridge University Press, 2005.

4　〔訳注〕この書簡選集は二〇〇三年に出版された。M. Goldie(ed.): *Selected Correspondence of John Locke*, Oxford University Press, 2003.

5　〔訳注〕書誌は、本書第4部「3 参照文献一覧」に、そのまま収録してある。

6　〔訳注〕下川潔『知性の正しい導き方』御茶の水書房、一九九九年。

7　〔訳注〕ロックの文書の除外を、一六四五年の辞退条例にひっかけて表現している。

8　〔訳注〕注4に出てきた、M. Goldie(ed.): *Selected Correspondence of John Locke* のこと。

ロックの文章について

吉村伸夫

1

一七世紀が英国史の分水嶺と言われるのは、故のないことではない。革命級の政治的事件だけでも、大空位時代をはさんで、内戦と王政復古と名誉革命があった。農業や生活文化にも、革命的な変化があった。エリザベス一世とウィリアム三世を並べてみるだけでも、この比喩の適切さが実感されるだろう。このあいだに英国社会では、印刷文化が急激に発展した。[1] そのことも重要な因子となって、世論のようなものが現れてくる。印刷出版物の急激な多様化と増加は、供給者と需要者と政治権力の三者すべてに根本的な変化が起きていたことの、証しである。

この変化の本質は、分水嶺を超えて加速が本格化した一八世紀に、より分明となる。印刷文化に徴すれば、たとえば一七〇〇年にロンドンに一つもなかった日刊新聞が、一八一一年には五二紙を数える。また、一七世紀にはいわゆる出版物以外の印刷物はまれだったが、一八世紀も末になれば、チケットであれポスターであれ各種書式であれ、溢れかえる。この現象が社会総体に起きていた変化の一つの相にすぎないことは、たとえば一八世紀を小説の時代と呼んだり、古典的には産業革命の時代と呼んでいたことを想起するだけでも、直観されよう。

本論文の目的から見て重要なことの一つは、印刷文化が成熟するこの時代、情報供給の専業化がほぼ完成することである。ジャーナリストや文人、また現代風には評論家とも言うべき人びとが情報発信の専門家として活動しており、大衆は言うに及ばず知識人すらも、彼らにたいして一方的な受け手になっていた。同様の事情は人間活動のほとんどの分野に見ることができ、政治・行政も軍事も経済も、近代的な意味での専門家たちに担われ、好事家たちがかつてのように当事者感覚で語れるものではなくなってゆく。この動きの中で、英語の書き言葉もまた、現れてきたその専門家たちによって、いわば規格化が強力に推進されてゆくのである。

一七世紀末頃から氾濫し始める文法書（文章指南書）が、構文・文法・語彙のすべてについて、不正則なもの下品なものへの攻撃を強める中で（ジョンソン博士の辞書も現れる）、一七世紀には決定的勝利をおさめたかに見えた口語的要素が、知識人の書き言葉から排除されてゆく（後注のマッキントッシュはこれを、「上品化・女性化」と──「女性化」の意味には多くの留保をつけてのことだが──喝破した）[2]。その程度たるや、標準的な英文学史で一八世紀散文の代表的な書き手とされるスティールやアディスンやジョンソン博士さえ、一世代もしくは数世代後の文法家たちによって、下品だの不正則だと非難されたほどである。さすがに揺り戻しはあったが、書き言葉としての現代英語散文の原型は、直接にはこの規範化を経て、成立する。

2

あえて紙幅を割いて上の事情を述べたのは、ロックがその前の時代、つまり「もっとも豊饒かつ多彩な英語散文の時代[3]」である一七世紀に書いていたという事実の、重さゆえである。現代人は、ロックの英語散文、ことに今回の訳出に多い短編・草稿には、かなりの違和感を覚えるだろう。というのは、彼の文章（ピリオドからピリオドまで）の構造は、アリストテレスによって「初めあり中あり終わりあり」といわれたようなもの、つまり'periodic'なものからは、はるかに遠いからである。

この'periodic'は現代でも使われる用語だが、当時とくにそう呼ばれたのは（これを、狭い意味での、と言おう）、従属節を絡み合わせ古典語系の語彙を詰め込み、しかも強調点が最後に来るように仕組まれた、キケロ風とも言われる長大複雑な文章である。このような文章は必然的に、前もっての構想とそれを支える修辞学の訓練を前提とするが、その点において、平易な語彙で話しながら考え、とくには'full-stop'としてのピリオドも意識しない口語[4]とは、対蹠的である。こうした狭い意味での'periodic'な文章は、一時は流行したものの、より広範に人々に語りかける言葉が求められた一七世紀にそれが凋落したのは、言ってみれば、当然だろう。人々に語るに適した言葉が意識の上でも主流となったことの、きわめつけの証拠は、トマス・スプラットの有名な『王立協会史[5]』にある。そこにはなにしろ、"preferring the language of Artizans, Countrymen, and Merchants, before that of Wits, or Scholars"とあるのだ！現実に書かれた散文は、もちろん教養人の英語であるのだが[6]、理念的な方向性は明らかだろう。ロックの散文の背景の一つが、これである。

一八世紀の規範化は、いわゆる新古典主義（オーガスタン）である。散文では、語彙面において口語的卑俗さや衒学的奇矯さが斥けられると同時に、構文面では、均整のとれた明快な構造が求められたから、「初めあり中あり終わりあり」が、大前提的要請となった。口語の特徴である、よく言えば'accretional'，悪く言えば'trailing'な性質（あえて芋蔓式と訳してよかろう）は、排除されざるをえない。こうしてできあがった規範が、上でも示唆したが現代英語散文の基盤をなすからこそ、われわれは、ピリオドで論理的に自己完結する文章を、自明のごとくよしとするのである。つまりわれわれの散文感覚は広い意味でまさに'periodic'なのであり、ロックを読んでの違和感は、いわば当然なのだ。このように考えると、自分たちの文章感覚の成立史も問題でありうることが、気づかれるだろう。

こうした次第で、ロックの散文が口語的性質を色濃く帯びていること、また、彼の論究行為自体が談論的であって、その言葉が相手を眼前にして語られるに適していることは、まったく怪しむに足りない。じっさい、本書に訳出した草稿類では、口語的な'trailing'性は辟易するほどであるし、彼の言葉の口語的本性は、たとえばあの『人間知性論』（一六九〇）、第一巻、第二章、第六節にさえ、"This, though it takes nothing from the moral and eternal obligation which these rules evidently have, yet it shows that the outward acknowledgment men pay to them in their words proves not that they are innate principles."[7]といった文章が出現するのを見れば、容易に了解されよう。こうした言葉遣いは、聞いているぶんには自然であるのみならず、むしろ明快に感じられるに違いないのである。

3

一七世紀について濃密な政治性がよく指摘されるのは、この時代が、現れ始めていた公論の場を政治への疎外感や無関心が侵し尽くすまでの、その意味では一回きりの機会だったためもあるだろう。上でも少し触れたが、この激動の時代、どのような言葉が必要とされたかに思いをいたすならば、政治性という言葉も、現代風に狭くとらえるわけにはゆかない。むしろそれは、なまなましい当事者感覚とそれに裏打ちされた強烈な関心の、謂いなのだ。世紀中葉に猖獗をきわめた文書合戦やロンドン市議会を舞台に展開される政争の、あの「熱さ」を見るがいい。そして印刷文化のさらなる成熟過程とは、この意味での当事者感覚がむしろ失われてゆく過程でもある。すでに指摘したごとく、ロックの文章は（本書に多く訳出した草稿や覚え書きではことに）談話的だが、彼における談話はまさにこのような意味での政治性を、濃密に備えている。たとえば、『人間知性論』の画期的考究は知人たちとの談論の行きづまりから始まったが、いかに現代からは見えにくかろうと、この考究には、時代の文脈中で鮮烈な政治性があった。彼の思索は、広い社会に開かれた、談話・談論の言葉で紡がれているのである。

4

ここで、ロックの相対的位置づけのためにも触れておくべきは、ミルトンだろう。彼の知名度を考えるとき、その散文が時代の典型と思われる危険性も、看過できない。

ロックであれミルトンであれ、ラテン語古典作品を範とした文章訓練を受けたことにかわりはないが、時代の大勢が口語的簡明さに向かおうとしているとき（この方向は、セネカ的とも呼ばれた）、ミルトンは、傲然と叛旗を翻す。簡潔で短い文章と平易な語彙を主張するジョン・ホールに向けた"hopping short in a series of convulsion fits . . . instead of well-sized prose he greets uswith a quantity of thumb-ring posies"[9]という嘲罵を見ても、信念と自信が窺えるが、彼にはそれだけの力量があった。彼の文章では、キケロ的に複雑華麗な文章が、ラテン語の文法装置も語彙もない英語によって、見事に実現されている。まさに超人的な力わざであり、現代的符号としてのピリオド間の全域を見渡せば、あまりに長大でときに論理的首尾一貫性を欠くように見えても、狭い意味で考えれば、英語が'periodic'でありうる可能性の、ほとんど極致である。彼の文章では、そうした'periodic'な意味ユニットが、符号としてのピリオドを意に介さず連鎖する傾向があるため、[10]現代文を読む感覚で読む者は、あたかも（額縁絵画に比して）絵巻物を紐解く思いを抱くことになる。それだけに、ときおり挟まれる口語的で簡潔な文章は絶大な効果を発揮するが、これもまた、彼のみがなしえた力わざといわねばならない。ミルトンはこの意味では孤立例であり、時代の散文の典型ではないが、周知の通り、彼は一般に広く訴えることにこだわった。そこに時代性を見るならば、ロック同様にミルトンもまた、時代の子なのだ。

5

しかし、じつはロックもまた、ミルトン風のほとんど英語とも思えぬほど複雑不自然な、それでいて解読可能な'periodic'な構文を操れた。このことは、彼の名誉のためにも、言っておかねばならない。

もっともその例はきわめてまれであり、管見の限りでは、本書に収録した「5　サミュエル・パーカー」の末尾にしか出現しないが、能力証明には十分である。英語はラテン語と違って語順が自由でないため、もっとも強調したい言葉を文末に置くには、修辞法の訓練に培われた技術が必要になる。それを、ロックもまた、やれたのである。[11] 彼が口語的文体を常用したのは、だから意識してのことに違いないが、よく知られた論考の魅力のかなりの部分は、まさにそこから生まれていると言えるだろう。代表作とされる『人間知性論』、『統治二論』、『キリスト教の合理性』などは、あたかも最良の談話に耳傾ける思いに読者を誘うが、いってみれば平易明晰な談話の魅力であって、一般にはむしろこの印象が強いだろう。だが、文体統御の意志レベルが低い場合には、本書に収録した論考の草稿やその断片におけるように、代名詞は氾濫し文章ははてしなく'trailing'になりがちである。彼にはまだ、それが自然だったのだ。そのことを悪いというわけにはゆくまい。ゴードンも言うとおり、一七世紀には一七世紀の、語彙と統語法の規範があった。ちなみに言えば、一八世紀的な意味での紳士然たる「上品さ」を彼に求めるのも、同じ意味で筋違いである。言葉遣い自体が、たとえばアダム・スミスのそれなどとは、まったく違うのだから。

6

ミルトンについては先にも触れたが、ロックが散文を書いていた当時、文才で今に名高いドライデンやマーヴェルも、散文を書いていた。ミルトンを含めた三人はお互いに（関係は複雑微妙だが）知己であり、おそらくはロックもまた、まったく無縁の人ではない。散文家ロックの位置を実感するためには、せめてこの三人の文章に、いわば測量基準点を得る意味で、じかに触れておくことを、勧めたい。[12] 新古典主義の嚆矢ドライデンの、口語的平易さを失わずしかも洗練され均整のとれた文体は一貫したものだが、マーヴェルは、極度に複雑華麗な文体からジャーナリズムのドライで簡潔な文体まで、可能なほとんどの文体のどれをも完璧に使いこなしていた。ミルトンの特異強烈な個性と力量は、すでに上に示唆したところである。どのような散文をどう使うかについて、現代人であるわれわれには想像もつかないほどの選択の幅が、当時は存在したのだ。散文の世界でも、個性豊かな才能がそのいわば乱世に、花開いていた。冒頭で用いた比喩に戻るならば、これもまた、一つの分水嶺現象と言えるだろう。ロックは、そういう時代に生き、思索し、書いていたのである。

注

1 一七世紀の印刷文化の諸相については、手軽には、二〇〇二年五月号の『英語青年』（研究社）で組まれた「印刷文化」の特集を参照されたい。

2 Carey McCintosh, *The Evolution of English Prose 1700-1800. Style, Politeness, and Print Culture* (Cambridge University Press, 1998), p. 5.16

3 Ian Gordon, *The Movement of English Prose* (Longmans, 1966), p. 105.

4 かわりに、さまざまな量のポーズが用いられる。一七世紀以前のカンマ、コロン、ピリオドといった符号は、基本的にこれを表現している。

5 Thomas Sprat, *History of the Royal Society* (1677).

6 本物の庶民の英語を書いたのは、本物の庶民である。たとえば、John Bunyan。ちなみに、この種の勇み足では、英国のロマンティシズム宣言としてさらに有名な Preface to the Lyrical Ballads の第二版

(1800) 序文にある、「日常の言葉を尊重する」という趣旨のウィリアム・ワーズワースの言明も、顕著な例である。

7　冒頭の This は、直後の従属節で it に置き換えられる。主節に回帰しても、その it が主語として用いられてしまうので、結局、This を受ける述語は現れない。なおこの文章は、Oregon State University がネット上に公開している 1690 年版から取った (http://oregonstate.edu/instruct/ph1302/texts/locke/locke1/Essay_contents.html) が、ニディッチ版の当該巻章節には現れない。

8　むろんハーバーマスの議論も意識しているが、この言葉をあまり厳密に使っているわけではない。内戦から大空位時代にかけて、政治に当事者として参加できた階層、またその意識をもちえた階層が、印刷文化の急激な成熟とも関連して、未曾有の膨張をみせた。王政復古後も変質はしながらも存続し成熟を続けた、その情報と議論の空間を、仮にこう呼んでいるにすぎない。

9　この文章は *Apology . . . against Smectymnuus* (1642) にあり、I. Gordon, *Ibid*., p. 107 に引用されている。*Oxford English Dictionary* にも 'Thumb-ring' の項で引用されている箇所だが、参考までに、吉村の訳文を示す (thumb-ring はかつて親指にはめられていた指輪。そこにはよく、紋章や小さな花束 (posy) が彫られていた)。「絶えず痙攣発作を起こしてはぴょんぴょん跳ね回りながら……見事に均整のとれた散文のかわりに彼は、指輪サイズの花束ばかりを、わんさかもってお目見えだ」。

10　ミルトンについては、英語におけるもっとも長大な文章のいくつかを書いた、などと言われることがある。

11　その理由と思われるものについては、「5　サミュエル・パーカー」につけた注5をご覧いただきたい。公刊する時にはけっして見せなかった一面であるはずだから、貴重な例だろう。

12　優れた例だけに触れる危うさは自明だから、触れる例は多種多様である方がよい。その意味では、ロックにも縁のある Samuel Parker や Edward Stillingfleet は、ことに推薦しておきたい。現在では、読む便宜はいろいろとある。

訳者あとがき

本書は、Mark Goldie(ed.): *Locke Political Essays* (Cambridge Texts in the History of Political Thought, 1997) の部分訳である。この編書は、長編、短編、補遺に大別されている。長編には、『世俗権力論第一』(一六六〇年)、『世俗権力論第二』(一六六二年頃)、『自然法論』(一六六三—四年)、『寛容論』(一六六七年)、『カロライナ憲法草案』(一六六九年)、および『救貧法論』(一六九七年)が所収されている。そのうち本書に収録したのは、『カロライナ憲法草案』と『救貧法論』だけである。短編と補遺はすべて収録した。

長編のすべてを本書に収めなかったのは、すでにその一部には翻訳が出ていること、収録した場合、訳書が大部になるという理由からである。また、ゴルディ氏は、日本の翻訳状況を熟知され、とくに『カロライナ憲法草案』と『救貧法論』の収録を望まれた。

本書の魅力はとくに短編にある。短編は、本書ではじめて活字化される文書と、すでに他の編者により活字化された文書を含む。はじめて活字化された文書は、手稿への接近があまり容易ではない日本の読者にとって貴重なものであり、また、すでに活字化された文書についても、さまざまな編著などに散在していたものを、ゴルディ氏が執筆時期順に編集・収録されたおかげで、まとめて読むことができるようになった。

補遺は原書の段階ですでに抜粋となっている。これらもすでに活字化されているが、ゴルディ氏は、議論の特徴をとくに明示するような部分を抜き出して、執筆時期順にまとめて編集された。原書末にある「ロックの読書リスト」、「活字化されたロック手稿」と「書誌」については、原書からそのまま転載した。いずれも、ロック理解の上で重要な書誌情報になると考えられたからである。

翻訳は次の経緯をたどって進められた。

二〇〇一年三月に山田がゴルディ氏にケンブリッジで会ったときに、翻訳を決意し、吉村と共訳で本書を出版することにした。原書が出版されて以降、日本のロック研究者の間で翻訳が待望されていたのと、ゴルディ氏自身が日本語訳に積極的な姿勢を示されたからである。山田が吉村に共訳をもちかけたのは、山田が島根大学に勤務していたときから研究交流があったことと、吉村がアンドルー・マーヴェルの詩集や書簡集等の翻訳を刊行していたことによる。

訳出作業は、まず、『救貧法論』、短編の前半部分（35 政体まで）、補遺の「『人間知性論』の「草稿B」」と「研究」を吉村が、『カロライナ憲法草案』、短編の後半部分（36 臆見以降）、補遺の「貴顕の士からの手紙」と「スティリングフリートにかんする批判的ノート」を山田が訳出し、その後、両者の原稿をつきあわせて、訳語、訳文、注、その他の統一作業をすすめた。訳語や表記等の統一作業は比較的容易だったが、訳文自体には、最初に訳出した訳者のもつ訳文の個性が残った部分がある。

これは、英語を母国語とする研究者さえその難解さを訴えるロックの文章の特質を、どこまで訳文に反映させるかという問題にかかわる。私的な草稿も多いとはいえ、ロックの文章には、代名詞の多用、接続詞や関係詞を頻用したすさまじい芋づる式長文、無主語といった不完全な構造、等々の問題が目立つ。吉村の訳文は、こうした原文の特質を素直に反映させようとするが、日本語文として読みづらさが残りがちであり、一方、山田の訳文は日本語としては比較的読みやすいが、吉村によれば、ロックの文章を現代風に整理して読んでしまう。このギャップを埋める努力は、吉村の場合、読者の理解を妨げるほどの読みにくい日本語にならぬように、山田の場合、ロックが本来伝えたいニュアンスを損なわないように訳文を改訂する、という方向で進めた。

訳出には正確・厳密性を心がけ、学界で定着している訳語を尊重して、読者が誤解や誤読をしないような配慮を最大限したつもりであるが、訳文のもつ個性には統一を徹底できない面が残った。このことについて、訳者は、共同作業に伴う興味深い問題として捉えると同時に、この種の翻訳技術について、検討、改善すべき課題が山積していることを痛感している。ロックの文章の特質については、吉村が英語・英文学の識見を活かして、ロックの文章の特異性に取り組んだ。ロックの文章の問題点や特質の一端に迫るものとして、お読みいただきたい。

本書自体の解説としては、「編者解説」を参照されたい。それは解説にとどまらず、問題示唆の多いものである。解説に続いて原書に登場するゴルディ氏作成のロック略年譜や文献案内等の情報も訳出した。これらは、ベテラン研究者にとっても初学者にとっても、有用な情報を提供すると考えられたからである。

ロックの論考がさまざまな話題を扱っているだけに、訳業は訳者の見識を問う作業でもあった。ロックの関心と研究者の研究分野が多岐にわたるだけに、上に書いた訳出の問題に加えて、各分野の専門家の目を免れ得ない訳語や訳文の欠陥があるのではないかと恐れている。ご指導、ご助言をいただければ幸いである。訳出作業においては、大勢の方々のご助言やご意見を求めることになった。ここでその一部のお名前をあげさせていただき、お礼を申し上げたい。もちろん、本書の訳業についての全責任は訳者にある。

原編者のゴルディ氏は、訳者からの長文の質問状や照会にいちいちお答え下さったばかりでなく、ケンブリッジにおしかけた山田との問答にも、懇切に時間を割いて下さった。早稲田大学（元広島大学）の甲斐克則先生（刑法）からは、一七世紀における心神喪失状態の人間の刑事責任について、広島大学の吉原達也先生（法制史）、そして元阪南大学の六反田収先生からは、ラテン語の難語句の訳文について、ご教示をたまわった。水田洋先生には、法政大学出版局にたいし、本書出版の推薦の労をおとりいただいた。法政大学出版局編集代表の平川俊彦氏からは、出版にかかわり懇切なご配慮をいただいた。

最後に、二〇〇二年十月に逝去された今井宏先生に、本書を捧げたい。吉村と山田が会うきっかけを作って下さったのが、今井先生だった。本書は、今井先生のご紹介の労に応える意味も伴っていただけに、実際にご覧いただけないことが、残念でならない。

二〇〇六年一〇月二八日

山田園子
吉村伸夫

原著者

ジョン・ロック（John Locke　1632–1704）

オクスフォード大学クライスト・チャーチで教鞭をとった後，初代シャフツベリ伯に仕えた．排斥危機に巻き込まれてオランダへ亡命し，いわゆる名誉革命後に帰国する．自然科学，哲学，宗教，政治，経済など，広範な主題にかかわる論考を残した．邦訳として『人間知性論』，『市民政府論』（これらは岩波文庫）等が刊行されている．

編　者

マーク・ゴルディ（Dr Mark Goldie）

ケンブリッジ大学チャーチル・カレッジで政治思想史，近代初期ブリテン政治，宗教史を担当．1660–1750年のブリテンの政治，思想，宗教史にかんして多くの論文を発表．ジョン・ロックの『統治論二論』（1993），『ロック政治学の受容』（6巻，1999），『精選書簡集』（2002）などの編者，『ケンブリッジ政治思想史 1450–1700』（1991）および『ケンブリッジ18世紀政治思想史』（2006）等の共編者であり，クラレンドン版『ジョン・ロック全集』の企画などに関わる．

訳　者

山田園子（やまだ　そのこ）

1954年生まれ．広島大学大学院社会科学研究科教授．政治思想史，イギリス革命史専攻．主著に，『イギリス革命の宗教思想』（1994，御茶の水書房），『イギリス革命とアルミニウス主義』（1997，聖学院大学出版会），『ジョン・ロック「寛容論」の研究』（2006，溪水社）．

吉村伸夫（よしむら　のぶお）

1947年生まれ．鳥取大学地域学部教授．17世紀イングランドの文学，社会，文化専攻．主訳著に，『マーヴェル詩集』（1989，山口書店），『マーヴェル書簡集』（1995，松柏社），『「リハーサル」散文版』（1997，松柏社），『社会と犯罪——英国の場合 中世から現代まで』（ジョン・ブリッグズ他著，2003，松柏社）．

《叢書・ウニベルシタス　844》
ロック政治論集

2007年6月21日　初版第1刷発行

ジョン・ロック
マーク・ゴルディ編
山田園子／吉村伸夫 訳
発行所　財団法人　法政大学出版局
〒102-0073 東京都千代田区九段北3-2-7
電話03(5214)5540/振替00160-6-95814
製版・印刷 平文社／鈴木製本所

Printed in Japan

ISBN978-4-588-00844-3

人名索引

ア　行

アウグストゥス帝　61, 69
アクィナス，トマス　Thomas Aquinas　410
アシュリー卿（「シャフツベリ伯（初代）」を見よ）
アダム，アダムとイヴ　78, 79, 285
アッシャー，ジェイムズ　James Ussher　350
アトウッド，ウィリアム　William Atwood　333
アナカルシス　249
アリストテレス　66, 156, 247, 249, 335, 437
アルバーマール公　Duke of Albemarle (George Monck)　4
アンティオコス　271, 277, 278
井上公正　v
イフォン，ピエール　Pierre Yvon　237, 239
ウィリアム三世　258, 260, 262-264, 417, 435
ウェルギリウス　69
ウォルシュ，ピーター　Peter Walsh　102
エピクロス　414
オーウェン，ジョン　John Owen　61, 82, 83
押村襄　v

カ　行

カートレット，ジョージ　George Carteret　4
キケロ　302, 310, 321, 322, 328, 329, 331, 332, 418, 429, 437, 440
キャムデン，ウィリアム　William Camden　334
クック，エドワード　Edward Coke　215
クラーク，エドワード　Edward Clarke　258, 298, 299, 312, 416
クラレンドン伯　Earl of Clarendon (Henry Hyde)　4
クレイヴン伯　Earl of Craven (William Craven)　4
クレイトン，ロバート　Robert Clayton　36
グレンヴィル，デニス　Dennis Grenville　404
グロティウス，フーゴ　Hugo Grotius　329
グロノヴィウス，ヤコブ　Jacob Gronovius　302
クロムウェル，オリヴァー　Oliver Cromwell　61, 83, 403
ゴードン，イアン・A.　Ian A. Gordon　441
コルトン，ピーター　Peter Colleton　4
コンスタンティヌス帝　98

サ　行

サガール，ガブリエル　Gabriel Sagar　189, 191, 193, 195, 334
サドラー，ジョン　John Sadler　333, 417
サンダーソン，ロバート　Robert Sanderson　271, 278, 350
ジェイムズ二世　258, 260, 262-264,

267, 268
シェルドン，ギルバート　Gilbert Sheldon　82
シデナム，トマス　Thomas Sydenham　299, 430
シドニー，アルジャノン　Algernon Sidney　332
シャフツベリ伯（初代），アシュリー卿　Earl of Shaftesbury (Anthony Ashley Cooper)　4, 215, 344, 347, 404
シャーロック，ウィリアム　William Sherlock　259, 269-278
ジョンソン博士　Dr. Johnson　436
白田秀彰　309
スアレス，フランシスコ　Francisco Suárez　410, 411
スティール，リチャード　Richard Steel　436
スティリングフリート，エドワード　Edward Stillingfleet　363-366
スプラット，トマス　Thomas Sprat　437
スミス，アダム　Adam Smith　441
スミス，サミュエル　Samuel Smith　301
スミス，ジョン　John Smith　227, 233,
セルヴァンテス，ミゲル・ド　Miguel de Cervantes　336
ソメルスダイク，コルネリス・ファン　Cornelis Van Sommelsdyck　237

タ　行

タキトゥス　158
竹本洋　v
田中正司　v
ダンビー伯　Earl of Danby (Thomas Osborne)　258, 344, 345
チャーチル，オーンシャム　Awnsham Churchill　301, 310, 334
チャールズ二世　66, 78
チリングワース，ウィリアム　William Chillingworth　71, 331
テイラー，ジェレミー　Jeremy Taylor　71
ティレル，ジェイムズ　James Tyrrell　333, 363, 410, 417
ティロットソン，ジョン　John Tillotoson　331
テオフラストゥス　233, 234
デメゾー，ピエール　Pierre Desmaizeaux　3, 328, 344
テルトゥリアヌス　149
トムソン，ウィリアム　William Thomson　215
ドライデン，ジョン　John Dryden　441, 442
トワナール，ニコラス　Nicolas Toinard　4

ナ　行

ニコル，ピエール　Pierre Nicole　140, 414
ニュートン，アイザック　Isaac Newton　413
ノーデ，ガブリエル　Gabriel Naudé　146
ノッティンガム伯　Earl of Nottingham (Daniel Finch)　258

ハ　行

パーカー，サミュエル　Samuel Parker　82-88, 409
バークリー，ウィリアム　William Berkeley　4
バーネット，ギルバート　Gilbert Burnet　335
ハウエル，ウィリアム　William Howell　333

バグショー，エドワード　Edward Bagshaw　406
パクストン，ピーター　Peter Paxton 337
ハクルート，リチャード　Richard Hakluyt　334
パスカル，ブレーズ　Blaise Pascal 140
服部弁之助　v
パトリック，サイモン　Simon Patrick 82
ピアール，フランソワ　François Pyard　155
レディー・ピーターバラ　Lady Peterborough　401
平野耿　v
ファーガソン，ロバート　Robert Ferguson　430
ファーミン，トマス　Thomas Firmin 36
プーフェンドルフ，サミュエル Samuel Pufendorf　329, 332
フォシウス，ヨハネス・ゲラルドゥス Johannes Gerardus Vossius　336
福鎌忠恕　337
フッカー，リチャード　Richard Hooker　214, 231, 332, 407
ブラウント，チャールズ　Charles Blount　299
ブラクトン，ヘンリー　Henry Bracton 333
プラトン　413
フリーク，ジョン　John Freke　298, 299, 312
ブレイディ，ロバート　Robert Brady 333
ベイコン，フランシス　Francis Bacon 166
ヘイリン，ピーター　Peter Heylyn 333, 334
ヘイル，マシュー　Matthew Hale　36
ベール，ピエール　Pierre Bayle　320, 322, 336
ペティット，ウィリアム　William Petyt　333
ベラーズ，ジョン　John Bellers　36
ベリー，アーサー　Arthur Bury　306
ベルニエ，フランソワ　François Bernier　188, 230, 334
ペン，ウィリアム　William Penn　4, 237
ヘンリー八世　216, 217, 219, 335
ボイル，ロバート　Robert Boyle　166
ボウルド，サミュエル　Samuel Bold 328
ホッブズ，トマス　Thomas Hobbes 271, 352, 407-409, 413
ホール，ジョン　John Hall　440
ボールドウィン，ウィリアム　William Baldwin　430

マ　行

マーヴェル，アンドルー　Andrew Marvell　82, 83, 441, 442
マッシャム，ダマリス　Damaris Masham　227, 404, 430
ミルトン，ジョン（詩人）　John Milton 83, 88, 439-441
メアリ女王　258
モイル，ウォルター　Walter Moyle 430
モーセ　208, 238
モル，ヘルマン　Herman Moll　333
モンマス公　Duke of Monmouth (James Scott)　81

ヤ　行

ヤドゥス　271, 277, 278
山田園子　116
ユステル，アンリ　Henri Justel　4,

事 項 索 引

ア 行

カ 行

サ　行

タ　行

ナ　行

ハ　行

マ　行

ヤ　行

ラ　行